《历代帝王图》之隋文帝，唐阎立本绘

唐洛阳含嘉仓铭砖（复制品）

《游春图》，隋展子虔绘

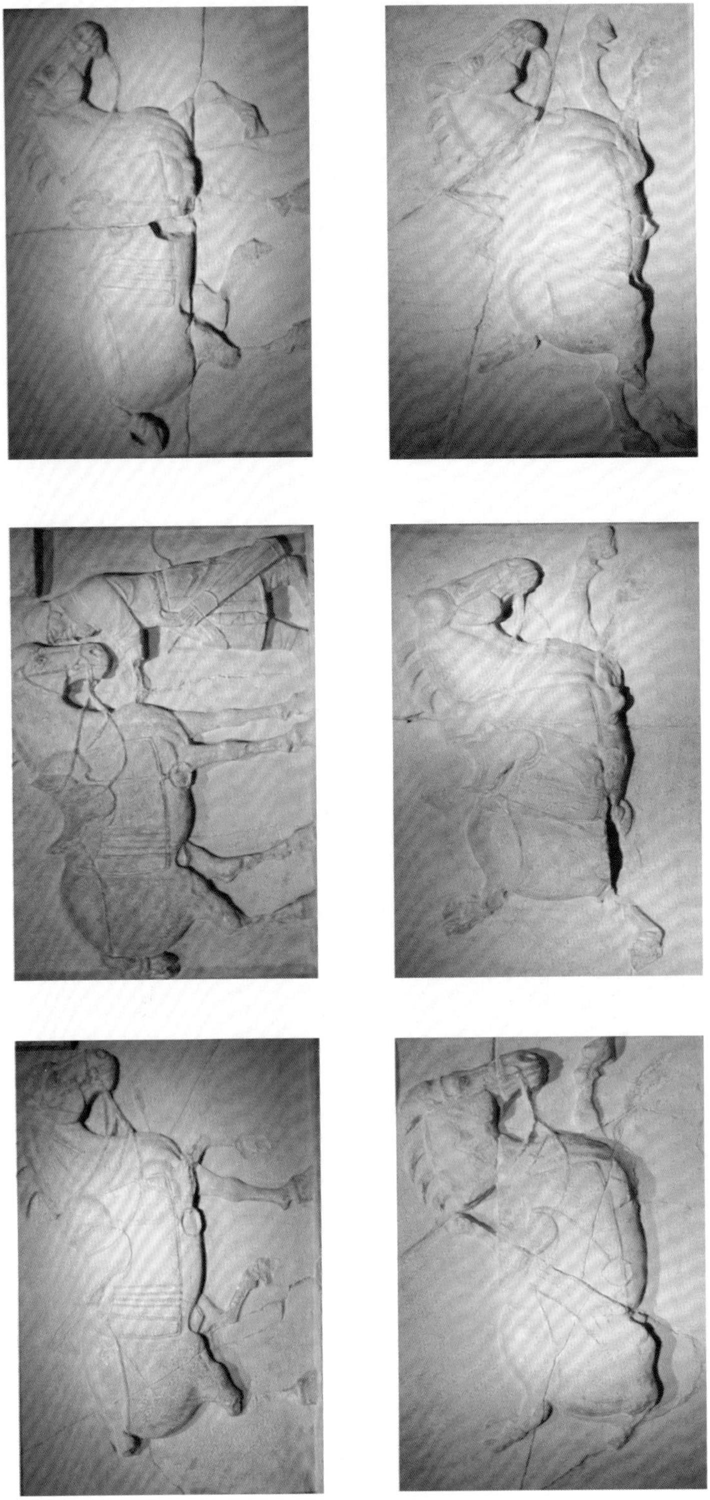

昭陵六骏（复制品）

《捣练图》（局部），唐张萱绘

《步辇图》，唐阎立本绘

隋『五铢』青铜钱、唐『开元通宝』青铜钱

唐突厥石人

《武后行从图》（摹本局部），唐张萱绘

唐三彩釉陶胡人骑卧驼俑

唐玄奘题名石佛座

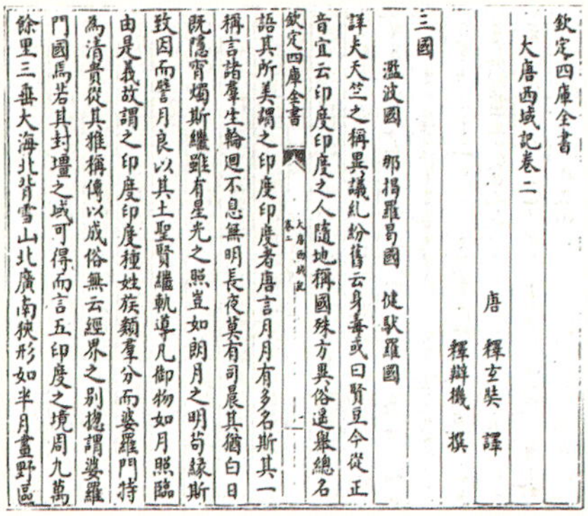

欽定四庫全書

大唐西域記卷二

唐 釋玄奘 譯

釋辯機 撰

三國

濫波國 那揭羅曷國 健馱羅國

詳夫天竺之稱異議糺紛舊云身毒或曰賢豆今從正
音宜云印度印度之人隨地稱國殊方異俗遥舉總名

欽定四庫全書 大唐西域記 卷二

語其所美謂之印度印度者唐言月月有多名斯其一
稱言諸羣生輪迴不息無明長夜莫有司晨其猶白日
既隱宵燭斯繼雖有星光之照豈如朗月之明苟縁斯
致因而譬月良以其土聖賢繼軌導凡御物如月照臨
由是義故謂之印度印度種姓族類羣分而婆羅門特
為清貴從其雅稱傳以成俗無云經界之別摠謂婆羅
門國焉若其封疆之域可得而言五印度之境周九萬
餘里三垂大海北背雪山北廣南狹形如半月畫野區

《大唐西域记》书影

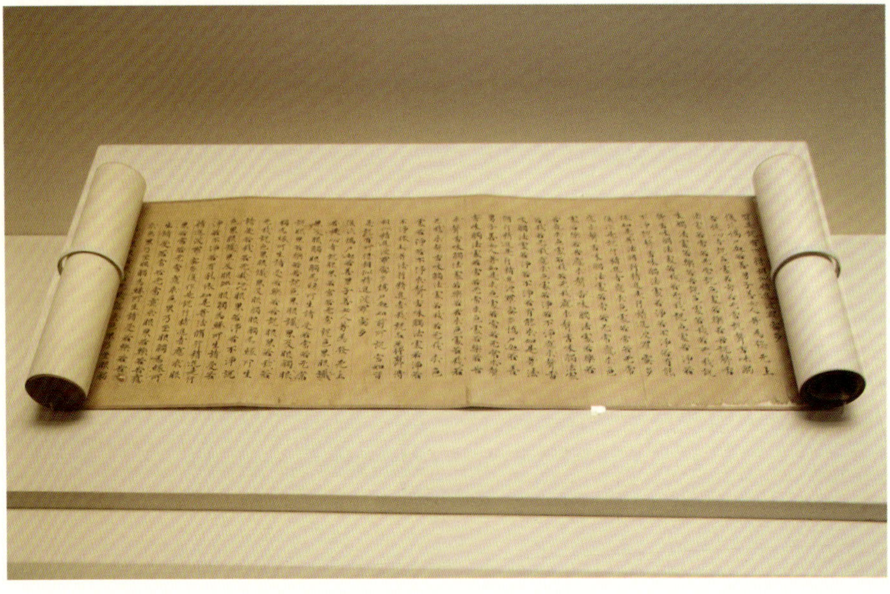

唐写本《大般若波罗蜜多经》

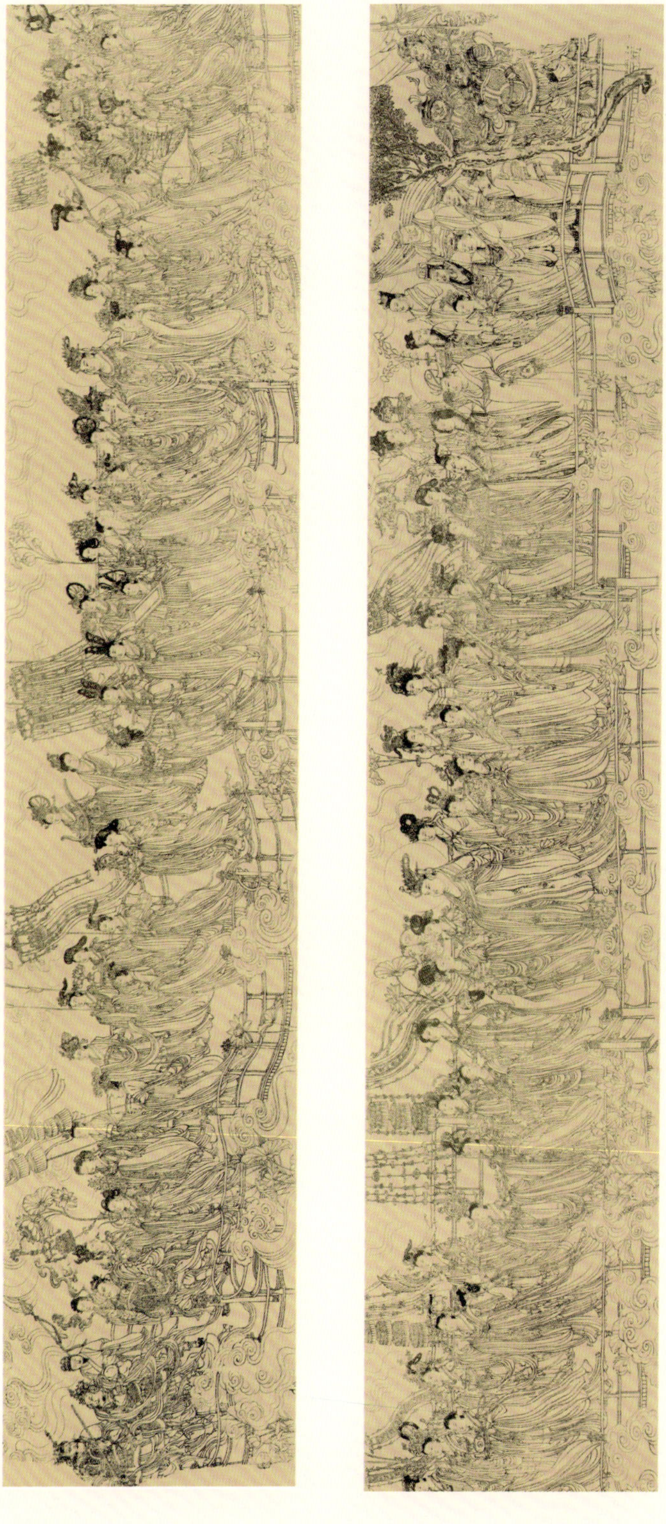

《八十七神仙图卷》，唐吴道子绘

《江帆楼阁图》，唐李思训绘

《明皇幸蜀图》，唐李昭道绘

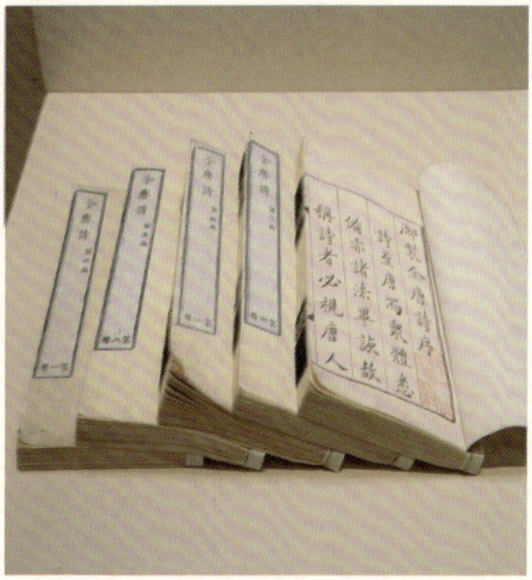

《全唐诗》（部分），清刊本

《伏生受经图》，唐王维绘

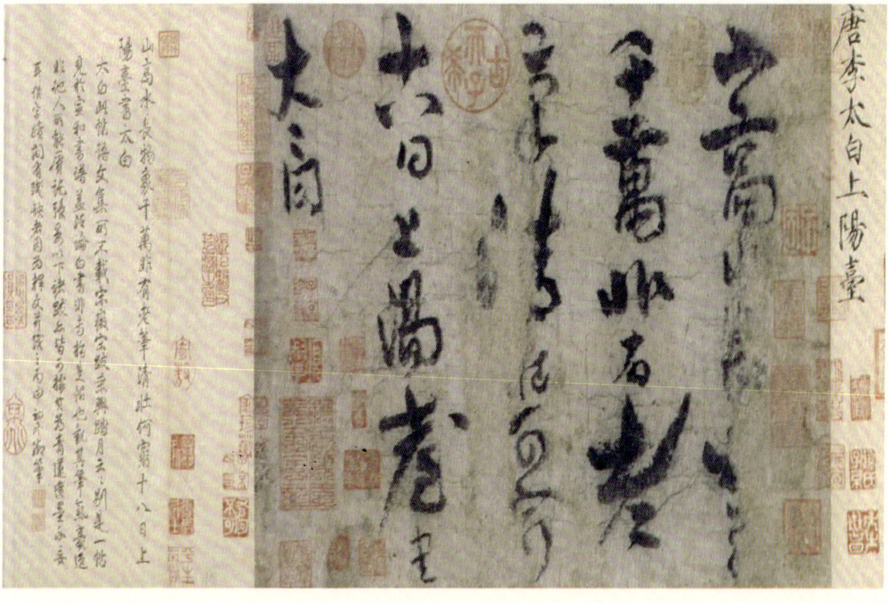

《上阳台帖》，唐李白书

《春夜宴桃李园图》（局部），清冷枚绘，取材于李白《春夜宴桃李园序》

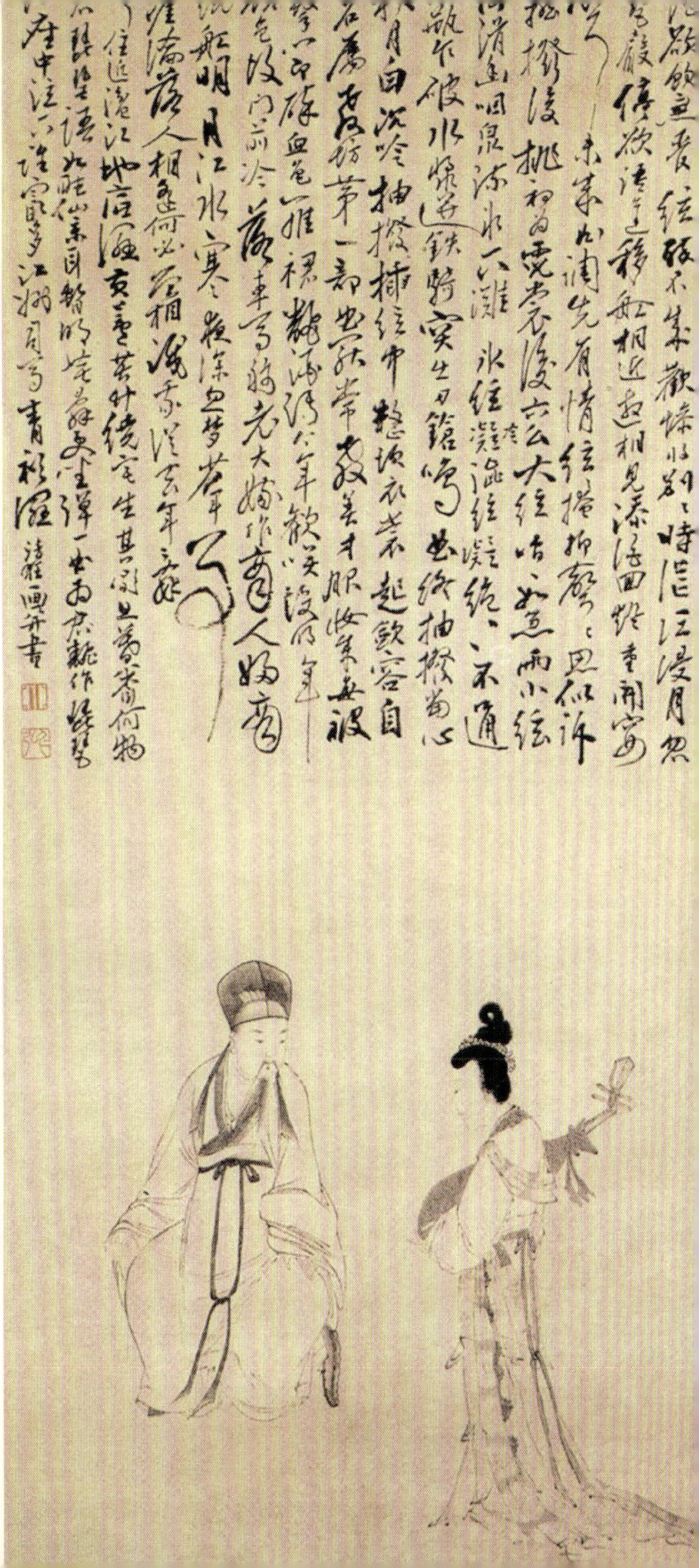

《琵琶行图》（局部），明郭诩绘

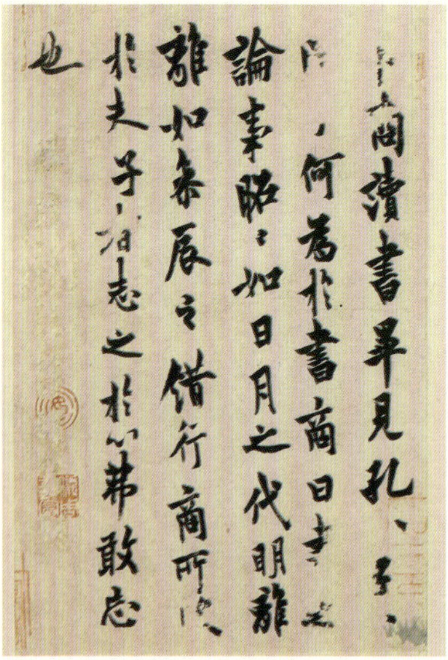

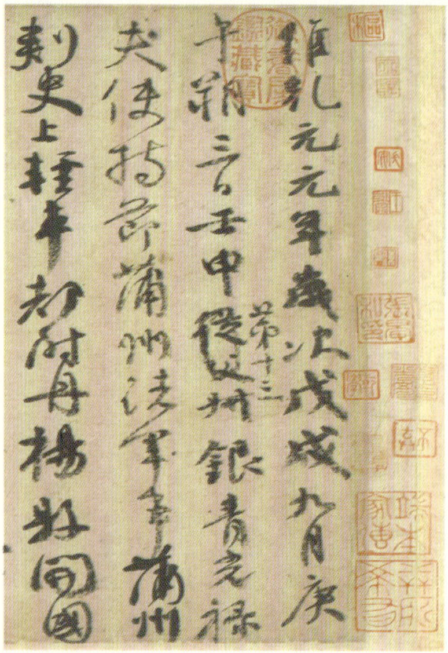

《卜商帖》，唐欧阳询书

《祭侄文稿》（局部），唐颜真卿书

唐南禅寺大殿模型

唐陶磨、碾、碓和井栏

唐白瓷长颈瓶

隋“灵山孕宝”瑞兽纹青铜镜

隋镶金边白玉杯

唐秘色葵口瓷盘

唐陶瓷饺子、点心及食具

《唐人宫乐图》，唐代绘画，作者不详

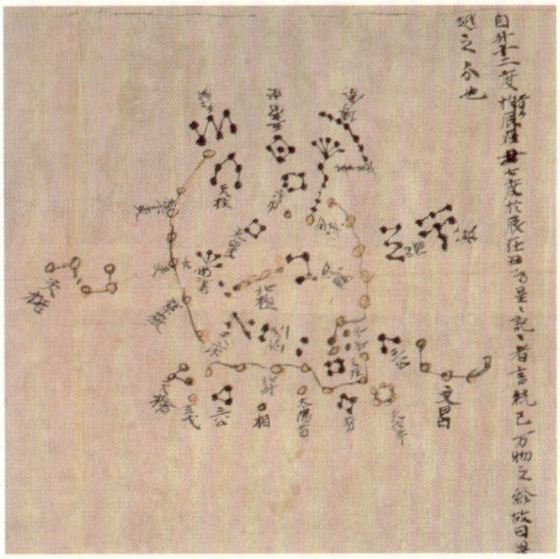

敦煌莫高窟发现的唐代星图

唐三彩釉陶骆驼载乐俑

莫高窟壁画《伎乐图》之反弹琵琶

着交领襦裙配披帛的唐仕女

唐小团花锦

《簪花仕女图》（局部），唐周昉绘

白寿彝史学二十讲

大繁榮

中古时代

【隋唐】

白至德 编著

红旗出版社

红旗出版社
RED FLAG PRESS
推动进步的力量

图书在版编目（CIP）数据

大繁荣：中古时代：隋唐 / 白至德编著．
— 北京：红旗出版社，2017.7（2018.9 重印）
（白寿彝史学二十讲）
ISBN 978-7-5051-4126-1
Ⅰ．①大… Ⅱ．①白… Ⅲ．①中国历史
—隋唐时代—通俗读物 Ⅳ．①K240.9
中国版本图书馆 CIP 数据核字(2017)第 060264 号

书　　名	大繁荣·中古时代·隋唐		
编　　著	白至德		
出 品 人	唐中祥	责任编辑	赵智熙
总 监 制	李仁国	封面设计	王　鑫
出版发行	红旗出版社	地　　址	北京市沙滩北街 2 号
邮政编码	100727	编 辑 部	010-57274504
E-mail	hongqi1608@126.com		
发 行 部	010-57270296		
印　　刷	北京雁林吉兆印刷有限公司		
开　　本	787 毫米 ×1092 毫米　1/16		
字　　数	217 千字	印张	17
版　　次	2017 年 10 月北京第 1 版	2018 年 9 月北京第 2 次印刷	
ISBN 978-7-5051-4126-1		定价	45.00 元

欢迎品牌畅销图书项目合作 联系电话：010-57274627

目　录

前　言　/壹
中古时代·隋唐时期　/001

第一讲　唐皇朝史撰述的兴盛

1. 历史意识的强化和史馆的设立　/003
2. 五代史纪传和《五代史志》　/005
3. 新修《晋书》和《南史》《北史》　/009
4. 吴兢和《贞观政要》　/011

第二讲　史学理论的发展——刘知幾和《史通》

1. 刘知幾著《史通》　/015
2. 《史通》的史学批评理论　/017
3. 刘知幾论“史才三长”　/022

第三讲　典制史的崛起——杜佑和《通典》

1. 杜佑著《通典》　/024

2. 《通典》关于国家职能认识的新发展 /026
3. 杜佑的史学思想和朴素的历史进化观 /027

第四讲 历史思想领域的成就

1. 神灭论与兴亡论 /033
2. 封建论与民族论 /036
3. 《人物志》与帝王论 /039

第五讲 历史文献学的成长

1. 史书部类趋于定型 /047
2. 史注的突出成就 /049
3. 文献整理、总集和类书 /052

第六讲 隋皇朝的建立

1. 杨坚在位的15年 /054
2. 杨广在位只有13年 /065
3. 高颎号称“真宰相” /071
4. 宇文恺创建历史名城 /076

第七讲 隋末农民大起义

1. 王薄揭开了大起义的序幕 /081
2. 窦建德领导的河北起义军 /083
3. 杜伏威、辅公祏的江淮军 /087

4. 翟让、李密领导的瓦岗军 /090
5. 杨玄感起兵反隋 /094

第八讲 唐皇朝的盛世

1. 唐高祖的重新统一 /096
2. 唐太宗与贞观之世 /101
3. 制度的改进与发展 /110
4. 人才的网罗和使用 /117
5. 武曌称制 /117
6. 上承贞观下启开元 /120
7. 唐玄宗的开元盛世 /123
8. 义军的女文佳皇帝 /133
9. 内外关系较为密切 /135
10. 多种宗教国内流传 /136

第九讲 唐中叶的变化

1. 唐中叶的变乱 /140
2. 民族间的不和 /143
3. 文化受到刺激 /143
4. 颜真卿的书法 /163

第十讲 唐皇朝的没落

1. 唐朝的名实俱亡 /165
2. 皇朝统治进一步腐朽 /165

3. 唐的统治在加速没落 /166
4. 一代名相李德裕 /166
5. 安禄山势力的延续 /174

第十一讲 唐末农民大起义

1. 农民大起义的前奏 /184
2. 王仙芝、黄巢起义 /185
3. 藩镇之间的混战 /187
4. 民族关系的演变 /188
5. 唐末文化的衰弱 /188

第十二讲 社会生产力的发展

1. 农业显著的发展 /190
2. 手工业较大发展 /191
3. 商业在逐渐兴盛 /193
4. 天文历算的新绩 /193

第十三讲 封建关系的新发展

1. 门阀社会地位渐弱 /194
2. 新兴的寺院地主层 /194
3. 所谓的庶族地主层 /195
4. 地方性的豪族地主 /195
5. 富商地主资产雄厚 /196
6. 土地私有的广泛性 /196

第十四讲　炼丹术的鼎盛和化学的发展

1．古炼丹术的鼎盛与悲哀　/198
2．孙思邈及炼丹术的贡献　/199
3．古代炼丹家发明火药　/201

第十五讲　中医药学的突出发展

1．基础医学理论的研究　/203
2．《新修本草》是我国的第一部药典　/204
3．孙思邈和《千金方》　/205
4．王焘与《外台秘要》　/206
5．蔺道人与正骨医术　/207
6．太医署和医学教育　/207
7．国内外的学术交流　/208

第十六讲　民族融合的隋唐音乐

1．隋朝的宫廷燕乐　/211
2．唐朝的宫廷燕乐　/212
3．唐朝的音乐机构　/213
4．唐代的民间音乐　/214
5．唐代的乐曲　/215
6．唐代的曲子词　/215
7．中外音乐的交流　/217

第十七讲　独具特色的服饰与礼乐

1．服饰显示时代的精神　/221
2．礼乐主要为“礼”服务　/226

第十八讲　隋唐之巾帼英雄

1．巾帼第一人：冼夫人　/228
2．绝对英雄：平阳公主　/231
3．妇女书与宋氏姊妹　/233

第十九讲　隋唐的交通纵观

1．交通与东南财富　/236
2．国内交通路线　/237
3．运河　/240
4．域外交通　/242
5．大都会　/243
6．唐馆驿　/244
7．交通工具　/245

第二十讲　中国在世界上的地位

1．中国成为世界历史的先导　/247
2．中国成为东方文化的渊源　/250
3．中国成为经济文化交流的中心　/258

前言

《白寿彝史学二十讲》是一套科学普及中国史学知识的丛书，共11册。本书为丛书的第5册，即“中古时代·隋唐时期”册。

中古时代·隋唐时期，论述的是中国中古时代封建社会发展时期后期的历史，主要叙述了中国封建社会的繁荣强盛时代——隋唐两朝的史学。从中可以看到隋唐的史学发展、历史演变的过程以及相关的焦点议题，多方面、深层次地探索了隋唐强盛发展的原因。

隋唐是中国封建社会的盛世，也是当时世界上最强大的封建帝国。隋唐之所以强盛，国家的统一和经济的发展是基础，是根本；社会的开放，汉族与少数民族在经济、文化等方面广泛交流则是推动社会进步繁荣的动力。南北朝以来的民族融合，到隋唐又有更大的发展。隋唐统治者对周边少数民族采取了包容的态度，促使其纷纷向中国内地迁移，在唐初形成一个民族大融合的高潮。这种融合，使以汉族为主体的中华民族焕发出了新的活力，在观念、伦理道德、文化等诸多方面都产生了一种开放的、朝气蓬勃的新气象。隋唐一方面积极地吸收外来文化，一方面输出本国先进的文化。隋唐作为当时世界上最繁荣强盛的帝国，对世界文明的进步和发展起了推动的作用。如果说哥伦布发现了美洲大陆是欧洲人最引以为傲的成就，那么，唐朝在推动欧洲向文明社会进步中曾起到了何等重要的作用，则是中国与世界学者应当认真研究的问题。

在《白寿彝史学二十讲》系列丛书“中古时代·隋唐时期”册中，因为只能讲20个专题，所以也只能讲述白寿彝先生在这个历史时代所涉及的一些史学研究的部分内容，再有还要兼顾广大读者感兴趣的一些史学问题，也就不可能对中国中古时代·隋唐时期的相关史学研究做出全面系统的论述了。在这册书中，力争突出科学性、普及性、趣味性，靠近大众，尽力让广大的读者了解白寿彝的史学观点之精髓，史学研究之深广，并对广大的读者在学习中国史学时有所帮助，也为不同层次的读者提供一些参考，方便阅读，从中不断获得更多的史学知识。我们相信，只要我们用心去触摸史学，就可以感悟历史的真谛，努力做到彰往而知来。

因为《白寿彝史学二十讲》是普及史学科学的读物，所以我们对于材料的来源都没有注明。我们还要特别指出的是，在书中用楷体字的，是白寿彝讲史学的部分；一般宋体字的，是编者插入的辅助文字，这主要是为了使读者更好地了解白寿彝所讲的史学内容，并使全书内容顺畅一致，方便读者的阅读，就此也请读者阅读时加以注意。

《白寿彝史学二十讲》系列丛书的出版，应该感谢我的父亲白寿彝赋予我的力量与勇气，以及他的挚友、同仁、学子和弟子们的热情、广泛而全面的支持和帮助。最后，还应提及我的小孙女白知灵的亲情助力。

如今，我们已经跨入了崭新的21世纪，中华民族奋进的步伐越迈越大，越迈越快，这个崭新的21世纪是属于我们的。让我们用心去触摸史学，就可以深刻地感悟历史的真谛。我们只有重视历史的功能和作用，通过加强历史教育，弘扬和培育我们自己的民族精神，才能最终实现我们中华民族的伟大振兴。

让我们共同努力吧！

白至德

2010年7月8日　林萃书屋

中古时代·隋唐时期

这里论述了隋开皇元年（581年）至唐哀帝天祐四年（907年）的历史。这是中国中古时代封建社会发展时期后期的历史。

公元581年，总揽北周军政大权的杨坚迫使周静帝宇文阐（即宇文衍）让位，建立隋朝，年号开皇。开皇九年（589年），隋灭陈，结束了西晋灭亡以来270余年的分裂局面。隋自公元581年建立，到618年灭亡，历时37年。

武德元年（618年）3月，隋炀帝在江都被杀。5月，李渊在长安逼隋代王杨侑退位，自己做了皇帝，改国号称唐，年号武德。天祐元年（904年），朱全忠迫使唐昭宗迁都洛阳，不久，朱全忠杀昭宗，另立昭宗子李祚（即李柷）为帝，是为哀帝。开平元年（907年），朱全忠废哀帝，自立为帝，另建梁朝，遂开始了五代的历史。唐自公元618年取代隋朝，到907年灭亡，历时凡289年。

隋唐时期，是中国封建社会内部发生重大变化的时期。在田制、税制、官制、军制、法制、选举制度、行政区域的划分上，都有不同程度的变化，对后世有较大的影响。民族的重新组合、社会阶级、阶层所发生的新的变化，都是应当予以阐明的历史性重点。在这一时期，出现了不少杰出人物，政治家如高颎、唐太宗、魏徵、长孙无忌等，军事家如李靖、郭子仪等，史学家如刘知幾、吴兢、杜佑等，经学家如孔颖达、颜师古、陆德明等，散文家如韩愈、柳宗元等，诗人如李白、杜甫、白居易等，名僧如玄奘等，还有书法家、画家、天文学家、数学家、地理学家、医药学家等。这样的盛况，在其他历史时期是很难见到的。

第一讲　唐皇朝史撰述的兴盛

1. 历史意识的强化和史馆的设立

隋朝与唐朝，统治集团的历史意识进一步强化了，这在历史撰述和历史思想上都有明显的表现。隋文帝在撰史方面首先做的一件事情，就是命魏澹“别成魏史”。而魏澹所撰《魏书》“以西魏为真，东魏为伪”，隋文帝“览而善之”。这是通过改撰魏史，为西魏、北周争得合理地位，而最终是为隋朝争得合理地位。隋文帝在撰史方面做的另一件事情，是在开皇十三年（593 年）下了一道诏书：“人间有撰集国史、臧否人物者，皆令禁绝。”这表明皇家垄断“撰集国史、臧否人物”的决心，魏晋南北朝以来私人修史的势头受到了扼制。这是中央集权的重建和强化在修史方面最直接的反映。

“《汉书》学”的兴盛，从另一个方面反映出隋朝统治者历史意识的强化。梁、陈以来，《汉书》地位日显，而“《史记》传者甚微”。隋统一后，发扬了南朝这个传统，“《汉书》学”走向高潮，成了“国学”。当时，刘臻“精于《两汉书》，时人称为‘汉圣’”。杨汪受业于刘臻，刘臻反而说“吾弗如也”。杨汪后为国子祭酒，炀帝“令百僚就学，与汪讲论。天下通儒硕学多萃焉，论难蜂起，皆不能屈”，为一时之盛举。但隋朝“《汉书》学”的泰斗，还要推萧该、包恺二人。史称：大业年间，“于是《汉书》学者以萧、包二人为宗匠。聚徒教授，著录者数千人”。关于《汉书》的著作，“为当时所贵”，“甚为贵游所礼”。这样的盛况，在经学史、佛学史上并不鲜见，在史学史上却是空前的。《汉书》因具有皇朝史典范的性质而有此殊荣，而“《汉书》学”出现如此盛况，自是统治集团提倡的结果。正宗观念、垄断修史、推崇《汉书》，这种历史意识的强化，反映了政治统治上的要求。在这方面，唐初统治者比隋朝统治者要高明得多。

武德五年（622 年），唐高祖根据令狐德棻的建议，诏修梁、陈、魏、齐、周、隋六代史。诏书指出：史官的职责是“考论得失，究尽变通”，史学应起到“裁成义类，惩恶劝善，多识前古，贻鉴将来”的作用。魏、齐、周、隋、梁、陈六代都“自命正朔”，“至于发迹开基，受终告代。嘉谋善政，名臣奇士，立言著绩，无乏于时”；然诸史未备，遂令人惋惜。诏书对撰述六代史提出了总的要求：“务加详核，博采旧闻，义在不刊，书法无隐。”这道诏书，反映出了唐高祖的政治家气度：他是激烈的政治斗争的胜利者，但他并没有去指斥前朝的错误，而是充分肯定它们的历史地位。他重视周、隋的历史，但也没有排斥梁、陈，显示出对于史学工作有一种开阔的视野。这次修史工作没有取得具体成果，但它却为唐初修撰前代史确定了宏大的规模。

贞观三年（629 年），唐太宗复命诸大臣撰写梁、陈、齐、周、隋五代史，以房玄龄、魏徵“总监诸代史”，以令狐德棻主修周史并“总知类会梁、陈、齐、隋诸史”。这是武德年间修史工作的继续。经众议，北魏史有魏收《魏书》和魏澹《魏书》二家，“已为详备，遂不复修”。为实现这次修史计划，这一年，唐太宗对修史机构做了重大改革，正式设立史馆，并“移史馆于禁中”，“自是著作郎始罢史职”。宰相负责监修，后称监修国史，成为定制。修撰史事，以他官兼领，称兼修国史；或以卑品而有史才者任之，称直史馆；凡专职修史者，称史馆修撰。此后，历代修史机构大致袭用此制。唐代以下修史工作绵延不断，史馆起了重要作用。

贞观十年（636 年），五代史同时修成。唐太宗十分高兴，他勉励史臣们说：“朕睹前代史书，彰善瘅恶，足为将来之戒。秦始皇奢淫无度，志存隐恶，焚书坑儒，用缄谈者之口。隋炀帝虽好文儒，尤疾学者，前世史籍，竟无所成，数代之事，殆将泯绝。朕意则不然，将欲览前王之得失，为在身之龟镜。公辈以数年之间勒成五代之史，深副朕怀，极可嘉尚！”

这一段话，阐述了唐太宗对史学的社会功用的认识，尤其是史学与政治关系的认识，阐述了唐初统治者在对待史学的态度上跟秦、隋皇朝的区别。隋、唐统治集团在历史意识强化方面是一致的，在对待修史工作的具体措施上却并不相近，这从一个侧面反映出他们在文化政策上的得失。

贞观年间，唐太宗还诏修《五代史志》，重撰《晋书》；史家李延寿秉承家学，着手撰写《南史》《北史》。至唐高宗时，这些撰述都已完成，显示出官修皇朝史的重大成就。

2. 五代史纪传和《五代史志》

唐太宗贞观十年撰成的“五代史”包括：

——《梁书》56卷：帝纪6卷，列传50卷。姚思廉（557—637年）撰。

——《陈书》36卷：帝纪6卷，列传30卷。姚思廉撰。

——《齐书》50卷：帝纪8卷，列传42卷。李百药（565—648年）撰。后人为区别于萧子显《齐书》，称之为《北齐书》。

——《周书》50卷：帝纪8卷，列传42卷。令狐德棻（583—666年）、岑文本（594—644年）、崔仁师撰，其史论多出于岑文本之手。

——《隋书》55卷：帝纪5卷，列传50卷。魏徵（580—643年）、颜师古（581—645年）、孔颖达（574—648年）等撰，其史论皆魏徵所作。魏徵还撰写了梁、陈、齐三史帝纪总论。

五代史各在不同程度上继承了前人成果，姚思廉、李百药都有家学传承，《周书》《隋书》具有更明显的官史性质。在诸史作者中，大致说来，魏徵长于史论，姚、李长于史文，令狐德棻长于史例。五代史在南北关系的处理上，大致采取了同等看待的态度，这跟《宋书》《南齐书》称北朝为“索虏”，《魏书》称南朝为“岛夷”相比，是一个很大的变化，反映了在政治统一条件下政治家和史学家对南北朝历史的新认识。五代史虽各自独立，但对所记历史内容也有一个全局的安排。对于梁朝、陈朝与少数民族及外域的联系，《梁书》专立《诸夷传》叙述，《陈书》则散见于纪、传之中；在这个问题的处理上，《北齐书》同《陈书》相似，《周书》跟《梁书》相近。《梁书》所记“海南诸国”，《周书》所记突厥、稽胡，都是极重要的历史内容。梁、陈、齐三史都有魏徵撰写的总论，反映出对前代史评价上的总认识。

五代史在编次上讲究以类相从的方法，除各类传外，其他列传也有不少是按“义类”、“类会”编次的。因各朝年代短促，年代与“类会”

之间的关系便于安排，容易做到眉目清晰。但是，五代史在表述上却出现了明显的程式化的趋向。它们的帝纪，于朝代更替之际详载新朝“受命”的各种诏策、玺书，讳恶溢美。它们的列传，必首列传主姓名、郡望、祖、父官职，继而依次叙述幼年生活，性格、相貌、风度；历任官品，行事、文章，有的最后还写出饰终诏书、封赠、谥号、子孙官职、著述名称。像《史记》《汉书》《后汉书》《三国志》中那种气势恢宏的帝纪，生动激越的列传，已难得见到。在门阀意识支配下，纪传体史书逐渐失去原先的活力。从局部来看，五代史中也有少数写得精彩的片断。《梁书》的《韦叡传》写合肥之役和邵阳之役，《康绚传》写堰淮之役，《昌义之传》写钟离之守，《周书》的《韦孝宽传》记玉壁之守，《王罴传》记荆州之守、华州之镇，都写得有声有色，是五代史中少见的佳作。

五代史的历史思想，在它们的史论中反映得最为鲜明。其成就以《隋书》史论价值最高，《周书》《梁书》次之，《陈书》《北齐书》又次之。《隋书》史论全面地总结隋朝得失存亡之故，深刻地分析了“高祖之所由兴，而炀帝之所以灭”的原因，在于“安民”和“虐民”的区别。它从历史比较中得到一个重要结论：“隋之得失存亡，大较与秦相类。”这是很有启发性的历史见解。它指出隋朝之亡“起自高祖，成于炀帝”的发展过程，包含了朴素辩证思想的成分。《循吏传》后论提出的“所居而化，所去见思”，可以看作是对各级官吏“立身从政”的要求；《隋书》卷66后论提出的“大厦云构，非一木之枝，帝王之功，非一士之略。长短殊用，大小异宜，格棁栋梁，莫可弃也”的人才思想，具有历史认识和现实借鉴的价值。魏徵所写的这些史论同他为梁、陈、齐三史所写的总论一样，都贯穿着阐述得失存亡之故的思想，他在唐初的政治家中具有比别人更突出的历史感。

五代史记述了梁、陈相继，齐、周并立，以及隋朝统一南北、由兴而亡的历史，有不可忽视的历史价值。有些记载还具有文献方面的价值。《梁书·范缜传》载范缜的《神灭论》，《北齐书·杜弼传》记邢邵同杜弼“共论名理”，在形神关系上的论难，是思想史上极为重要的文献。《周书》卷38记柱国大将军、大将军元欣等13人名单，是军事制度史方面的重要资料。《陈书·何之元传》载何之元《梁典·序》；《隋书·李德林传》载李德林与魏收论史书起源的往还书信，《魏澹传》载魏澹《魏书》义例，《许善心传》载许善心《梁史·序传》，《裴矩传》载裴矩《西域图记·序》

等，是有关史学的重要文献。

五代史只有纪、传而没有志。贞观十七年（643年），唐太宗诏褚遂良监修《五代史志》，当时亦称“《隋书》十志”。永徽元年（650年），高宗复命令狐德棻监修，首尾14年，至显庆元年（656年）成书，由长孙无忌奏进。参与撰述的有于志宁、李淳风、韦安仁、李延寿等。《五代史志》包括10篇共30卷，其志目、卷帙、编次如下表：

志目	礼仪	音乐	律历	天文	五行	食货	刑法	百官	地理	经籍
卷帙	7	3	3	3	2	1	1	3	3	4

《五代史志》综叙梁、陈、齐、周、隋五朝典章制度，与“五代史”纪传相配合。当时亦称《隋志》，故叙隋朝典制独不称朝代名而详记其年号。《五代史志》是自《史记》八书、《汉书》十志以来最重要的史志著作。首先，它综合并囊括了除前史符瑞志以外的全部内容，是“正史”书志撰述以来的一次总结性成果。其次，它反映出撰述者对于天道、人事在认识上的逻辑发展。《五代史志》前五志即礼仪、音乐、律历、天文、五行，以天道为中心，讲尊天敬神、天人感应，强调天礼、地礼、人礼“所以弥纶天地，经纬阴阳，辨幽赜而洞几深，通百神而节万事”。这是为君权神授和现实的上下长幼之序制造理论根据和神秘的纱幕。这五志中也包含一些社会史内容和科学史资料，但都笼罩上一层神秘主义的幽光。跟这个认识体系相对应的是它的后五志，即食货、刑法、百官、地理、经籍等志，它们以人事为中心，记述了五个朝代的经济制度、法律制度、职官制度、区域建置和唐初皇家所藏以前历代典籍存亡及学术流变。这是按经济、政治、文化的逻辑建立起来的又一个认识体系。这个认识体系虽然还不能完全摆脱“天道”的影响，但在具体阐述上已经把天道撇在一边而着重于人事的分析了。这种还不得不讲天道，但把天道和人事分别开来看待的历史认识，在历史观上是一个很大的进步。这跟五代史中的帝纪多载“受命”诏策，而在有关列传中则写出政权更迭的残酷真相，实有异曲同工之妙。《五代史志》中的《经籍志》，是以目录书出现的学术史专篇，它精练地概括了唐初以前的文化典籍和学术流变，是继刘向、刘歆之后一次更大规模的历史文献整理之总结性成果。它按经、史、子、集四部分类著录历代

文献，以道、佛作为附录，这就奠定了古代文献分类的基础，影响所及，直至明清。它以史书居四部第二位，下分正史、古史、杂史、霸史、起居注、旧事、职官、仪注、刑法、杂传、地理、谱系、簿录13类，从文献分类上确立了史书的独立性和部类的区分，在史学史上有重大的意义，至宋、元、明、清而未有根本性质的变化。《经籍志》著录四部书，一般包含书名、卷帙、作者所处朝代、职官、姓名、本书存亡情况。其所著录书，“大凡经传存亡及道、佛，六千五百二十部，五万六千八百八十一卷”。《经籍志》有总序1篇，四部、道、佛大序6篇，四部各类小序40篇，道、佛小序1篇，共有序文48篇。它们结为一个整体，综论学术源流，是《汉书·艺文志》之作为学术史萌芽的新发展。序文阐述了文献与社会的关系、学术流变、学风得失，以及各具体部类的发展轮廓，撮其精要，论其短长，大致都写得清晰、精练。其史部大序写道：

> 夫史官者，必求博闻强识、疏通知远之士，使居其位，百官众职，咸所贰焉。是故前言往行，无不识也；天文地理，无不察也；人事之纪，无不达也。内掌八柄，以诏王治，外执六典，以逆官政。书美以彰善，记恶以垂戒，范围神化，昭明令德，穷圣人之至赜，详一代之盛宴。

这是对史家修养和史学功用的很高的要求。序文中有不少独立的见解，为后世历代学术思想研究者所重视。

《五代史志》的各志，尤其是它的后五志，从不同的方面和范围反映了社会的风貌和时代的特点，其中于经济、地理、历法、乐舞等方面，都提供了重要的新材料，反映出文明发展的新进程。《五代史志》在撰述思想上不只是有兼容南北的明确要求，而且有上承两汉的自觉意识，显示出一种细致爬梳和宏大气度相结合的格局。《五代史志》的多方面成就，是“正史”书志发展的新阶段，也为独立的典制体史书的问世提供了思想上和撰述上的条件。

3. 新修《晋书》和《南史》《北史》

贞观二十年（646年），唐太宗下达《修晋书诏》，“令修国史所更撰《晋书》”。诏书称赞了《史记》《汉书》以下至“五代史”历代正史，但对唐以前多种晋史却不满意。两晋、南朝时期出现了26种晋史著述，至唐初尚存18种。这些书，只有一两种兼具两晋史事，大多不是完全意义上的晋史。《修晋书诏》批评它们或者“烦而寡要”，或者“劳而少功”，或者“滋味同于画饼”、“涓滴堙于涸流”；有的“不干预中兴”，有的“莫通于创业”，有的只是“略记帝王”，有的仅仅“才编载记”。历来对唐太宗诏令重修晋史有种种说法，其实主要原因在诏书中已讲得十分清楚了：“虽存记注，而才非良史，事亏实录。”

重修《晋书》以房玄龄、褚遂良为监修，参与撰述的有许敬宗、令狐德棻、敬播、李淳风、李延寿等21人。令狐德棻被参撰者“推为首”，他和敬播在制订《晋书》体例上起了重要作用。新修《晋书》以南朝齐人臧荣绪（415—488年）所撰《晋书》为蓝本，采诸家晋史及晋人文集予以补充，重新撰定。刘知幾特别强调它“采正典与杂说数十余部，兼伪史十六国书”。这反映了新修《晋书》在所取文献上和内容上的特点。贞观二十二年（648年），新修《晋书》撰成，包括帝纪10卷、志20卷、列传70卷、载记30卷，叙例、目录各1卷。叙、目已佚，今存130卷。据宋人称，因唐太宗为宣、武二帝纪及陆机、王羲之二传写了后论，故全书曾总题为“御撰”。

《晋书》记事，起于泰始元年（265年），迄于元熙二年（420年），含西晋4帝、东晋11帝，共156年史事，并追叙晋室先人司马懿、司马师、司马昭在东汉末年和曹魏时期的活动，还包括了大致跟东晋同时存在的北方十六国史事。《晋书》对于这样纷繁的历史格局都能从容地表述出来，显示了唐初史家的组织力量和创造才能。《晋书》的成就，首先在于它写出了两晋历史的全貌，弥补了以往诸家晋史的缺憾。因其“参考诸家，甚为详洽”，在内容上也很充实，因此，《晋书》问世后，“自是言晋史者，皆弃其旧本，竞从新撰焉”。《晋书》的成就还突出地表现在它对民族关系在历史撰述上的处理。它继承了《东观汉记》所用的“载记”体例，创造性地以其记十六国君臣事迹、国之兴废，并着眼于僭伪，不再渲染华夷。这跟南北朝史家撰史互以对方之史为“传”且以“索虏”、“岛夷”相称，不仅有表述上的区别，更有认识上的发展；它同“五代史”在处理南北关系上是一致的，反映了隋唐统一后“天下一家”的思想。

《晋书》的10篇志是天文、地理、律历、礼、乐、职官、舆服、食货、五行、刑法，写出了两晋的典章制度。天文、律历写得充实、有序，是《五代史志》中天文、律历二志的姊妹篇。《地理志》的总叙写出了历代地理建置的沿革流变，也写出历代封国、州郡的等级、宽狭，以及户、口增减情况，是一篇很有价值的地理总论。郑樵说：“本末兼明，惟《晋志》可以无憾。”这是对《晋书》志这个特点的肯定。

《晋书》同“五代史”比较起来，据事直书是其优点，不像后者那样采取纪、传不同处置的写法，这跟晋史距唐年代久远有关，这是一方面。另一方面，“好采诡谬碎事以广异闻”，是其缺点。总的来看，如宋人叶适所说：《晋书》“叙事虽烦猥无刊剪之功，然成败得失之际，十亦得七八。史臣语陋，无一可采，然予夺亦不差。”从主要方面来看，这个评论大致是公允的。《晋书》撰成后，次年唐太宗就去世了。但他在《修晋书诏》中说的“大矣哉，盖史籍之为用也”，却成为中国史学史上永久的名言。

《晋书》成书后11年，即唐高宗显庆四年（659年），李延寿秉承家学撰成《南史》《北史》二书。

李延寿，字遐龄，出于陇西李氏，世居相州（今河南安阳）。其父李大师（570—628年），字君威，“少有著述之志，常以宋、齐、梁、陈、魏、齐、周、隋南北分隔，南书谓北为‘索虏’，北书指南为‘岛夷’。又各以其本国周悉，书别国并不能备，亦往往失实。常欲改正，将拟《吴越春秋》，编年以备南北”。李大师在唐初做了一些撰述上的准备，不久就去世了，临终以为没齿之恨。李延寿决心续承父业，利用史馆提供的条件，经过多年的准备，以宋、齐、梁、陈、魏、齐、周、隋八代正史为依据，参考杂史1000余卷，用16年工夫撰成南、北二史。南、北二史经令狐德棻订正后上奏高宗，高宗为之写序，惜序文已佚。《南史》起宋永初元年（420年），迄陈祯明三年（589年），包括宋、齐、梁、陈四代170年史事，编为本纪10卷、列传70卷，合计80卷。《北史》起魏登国元年（386年），迄隋义宁二年（618年），包括魏、齐、周、隋四代232年史事，编为本纪12卷、列传88卷，合计100卷。两书共180卷。李延寿在上书表中说它们是“以拟司马迁《史记》”而作。

李延寿撰《南史》《北史》，在撰述思想上继承了李大师的主旨；在具体撰述上并未采取“编年以备南北”的形式，而有所变通。第一，他“抄录”和“连缀”旧史，“除其冗长，捃其菁华”，这是一个隐括和改编的过程。第二，他“鸠聚遗逸，以广异闻”，博采正史所没有的杂史资料以充实旧史，这跟新修《晋书》有相似之处。第三，是“编次别代，共为部秩”，即以宋、齐、梁、陈四代之史为《南史》，魏、齐、周、隋四代之史为《北史》。李延寿删削旧史，得失两存；所补遗逸，也有当与不当之分。后人见仁见智，多有聚讼。从今天的认识来看，李大师、李延寿父子从隋唐统一的局面出发，重新看待南北朝的历史，试图改变以往历史撰述中不尽符合历史实际的设想和做法，是《南史》《北史》的基本撰述思想，是值得称道的。

《南史》《北史》因部帙紧凑、文字简约而广泛流传。司马光评论二史说：“李延寿之书亦近世之佳史也。虽于讥祥诙嘲小事无所不载，然叙事简径，比于南北正史，无烦冗芜秽之辞。窃谓陈寿之后，唯延寿可以亚之也。”《新唐书》称赞二史说：“其书颇有条理，删落酿辞，过本书远甚。”

从纪传体史书的发展来看，《南史》《北史》的出现，固然有反映时代要求的积极方面，即在统一局面下重新认识南北朝的历史，这是《南史》《北史》的思想精髓。但是，它们只是集旧史而成，马、班、陈、范的创造性的历史撰述思想已难得在二史中表现出来，纪传体史书的生命力已呈现出走向衰竭的状态。还有一点，也限制了《南史》《北史》不可能有重大的创造，这就是它们带着深刻的门阀意识的烙印。二史的列传，也反映出门阀地主之“家传”的特色。史学的发展面临着新的转折。

4. 吴兢和《贞观政要》

唐代史家关于本朝史的撰述，是这个时期皇朝史撰述的一个重要方面，其成果为后人撰写唐史提供了宝贵的文献资料。对本朝史撰述颇多贡献的唐代史家吴兢，还独立著有《贞观政要》一书，对反映贞观年间的君臣风貌和政治决策，有重要的价值和深远的影响。

吴兢（670—749 年），汴州浚仪（今河南开封）人，曾被唐人誉为“当今董狐”。吴兢生于唐高宗总章三年（670 年）。他的一生，经历了唐高宗、武则天、唐中宗、睿宗、玄宗五朝，正是处于“贞观之治”之后，唐皇朝继续兴盛发展的时期。他从少年时代起，就能够专心致志地读书。吴兢一生读了许多书，他不仅是一个史学家，而且也是一个藏书家。吴兢曾经把家里的藏书编了一个目录，题名《吴氏西斋书目》。丰富的藏书，对于他一生的史学事业的发展，是一个很重要的条件。

吴兢在武则天长安年间（701—704 年）担任史官以后，兢兢业业，忠于职守，参与了朝廷的一系列撰史活动。

吴兢勤于著述，一生撰写了许多历史著作和其他著作，而流传于后世并有很大历史影响的，主要就是《贞观政要》了。《贞观政要》的成书与进呈，约在玄宗开元后期或开元、天宝之际。吴兢在《上〈贞观政要〉表》中说：“臣愚比尝见朝野士庶，有论及国家政教者，咸云：若陛下之圣明，克遵太宗之故事，则不假远求上古之术，必致太宗之业。故知天下苍生所望于陛下者，诚亦厚矣！”这几句话所反映出来的社会背景，颇不像是开元前期、中期的所谓“开元盛世”，而倒很像是开元后期的政治环境。吴兢在《上〈贞观政要〉表》中还说：“昔殷汤不如尧舜，伊尹耻之；陛下倘不修祖业，微臣亦耻之。”此种口气，只有那些具有相当地位和影响的地方官员和朝廷官员，才有可能对皇帝这样说话。吴兢在开元末年至天宝初年从邺郡太守、相州长史入为恒王傅，由一个地方官员升为恒王李瀍（后改名李瑱）的老师。恒王李瀍是唐玄宗第二十七子，“授右卫大将军，加开府仪同三司”，地位是很显赫的。《贞观政要》一书很可能是吴兢在这个时期最后写成和进奏的。

《贞观政要》是一部按照专题写成的政治史，它记述了唐太宗贞观年间的政治和历史。

吴兢著《贞观政要》的目的，在他写的《贞观政要》序和《上〈贞观政要〉表》中，说得十分清楚。吴兢在《贞观政要》序中写道：

太宗时政化，良足可观，振古而来，未之有也。至于垂世立教之美，典谟谏奏之词，可以弘阐大猷，增崇至道者，爰命不才，备加甄录，体制大略，咸发成规。于是缀集所闻，参详旧史，撮其指要，举其宏纲，词兼质文，义在惩劝，人伦之纪备矣，军国之政存焉。凡一帙一十卷，合四十篇，名曰《贞观政要》。庶乎有国有家者克遵前轨，择善而从，则可久之业益彰矣，可大之功尤著矣，岂必祖述尧、舜，宪章文、武而已哉！

这里充分显示了吴兢对唐太宗时期的政治的仰慕，认为那时的“政化”，“良足可观，振古而来，未之有也”。在他看来，唐太宗君臣“垂世立教”的美德、“典谟谏奏”的词理，都是可以“弘阐大猷，增崇至道”的，因而具有“焕乎图籍，作鉴来叶”的作用，既能使历史生光，又能做未来鉴戒。这些，便是吴兢撰《贞观政要》的出发点。他的根本目的，是“庶乎有国有家者克遵前轨，择善而从，则可久之业益彰矣，可大之功尤著矣”，希望唐代的统治者都能以太宗君臣为楷模，那么天下就可以长治久安了。

吴兢在《上〈贞观政要〉表》中，把他的这个目的说得更清楚。他写道：

仍以《贞观政要》为目，谨随表奉进。望纡天鉴，择善而行，引而伸之，触类而长之。……伏愿行之而有恒，思之而不倦，则贞观巍巍之化，可得而致矣！

《贞观政要》共10卷40篇，因是“随事载录，用备劝诫”，所以每篇都有一个中心，每卷大致也有一个中心，如：为君之道、求贤纳谏、历史鉴戒、教诫太子、道德规范、正身修德、学术文化、刑法贡赋、征伐安边、善始慎终，等等。它的总的宗旨是：“词兼质文，义在惩劝，人伦之纪备矣，军国之政存焉。”

由于《贞观政要》是一本政治历史书，所以它受到最高统治集团的重视，把《贞观政要》作为座右铭来看待。唐宣宗李忱是唐代后期比较突出的一个君主，他曾经“书《贞观政要》于屏风，每正色拱手而读之”。可见《贞观政要》一书在统治集团政治生活中的重要地位。

《贞观政要》一书在历史编纂学上是有独特成就的。吴兢“缀集所闻，参详旧史”，按照专题分类，记述一朝的历史。这与起居注、实录、国史均有所不同。用这种体例写历史，在吴兢之前是很少见的。“贞观之治”为唐代以后历代统治者景仰和讴歌，这当然是因为“贞观盛世”在历史上占有重要地位的缘故，同时，也是和《贞观政要》一书在历史编纂学上的特点及其得以长期流传分不开的。

《贞观政要》在史料学方面也具有相当重要的价值。这是因为：第一，唐代起居注、实录、国史多已不存，《贞观政要》是现存记载唐太宗贞观年间历史较早的一部史书；第二，吴兢长期担任史官，可以接触实录、国史和其他重要文献，他的《贞观政要》也因此保存了较多的贞观年间的重要史实；第三，比《贞观政要》晚出的《旧唐书》《新唐书》《资治通鉴》等书所记贞观年间史事，有许多方面也都不如《贞观政要》详尽。鉴于上述原因，《贞观政要》就成了反映唐代贞观年间政治历史的一部极其重要的文献。

第二讲　史学理论的发展——刘知幾和《史通》

1. 刘知幾著《史通》

盛唐时期，杰出的史学批评家刘知幾写出了《史通》一书。这是中国古代史学上一部划时代的史学批评著作。《史通》的问世，标志着中国史学进入一个更高的自觉阶段，是史学思想发展和史学理论建设的新转折，对后世史学的发展产生了深远的影响。

刘知幾（661—721 年），字子玄，徐州彭城（今江苏徐州）人。他于高宗永隆元年（680 年）举进士而入仕，武则天长安二年（702 年）开始担任史官，撰起居注。历任著作佐郎、左史、著作郎、秘书少监、太子左庶子、左散骑常侍等职，并兼修国史。长安三年，与朱敬则等撰《唐书》80 卷；中宗神龙时（705—707 年），与徐坚等撰《武后实录》；玄宗开元二年（714 年），与柳冲等撰《姓族系录》200 卷；开元四年，又与吴兢撰成《睿宗实录》20 卷，重修《则天实录》30 卷、《中宗实录》20 卷。其间，他因不满于武则天和唐中宗时史馆修史的紊乱和监修贵臣们对修史工作的横加干涉，曾在中宗景龙二年（708 年）毅然辞去史职，“退而私撰《史通》，以见其志”。他的私人撰述还有《刘氏谱考》3 卷、《刘氏家史》15 卷和一些诗文。《史通》是他的代表作，流传至今；《史通》传本以清人浦起龙《史通通释》流传最广。今人赵吕甫作《史通新校注》，反映了《史通》研究的新成果。刘知幾的其他撰述，多已不存。

刘知幾的史学批评意识，得力于他在史学上的修养。他自称：“自小观书，喜谈名理，其所悟者，皆得之襟腑，非由染习。……其有暗合于古人者，盖不可胜纪。始知流俗之士，难与之言。凡有异同，蓄诸方寸。”

这说明他在史学批评上有多年的积累。他还受启示于当时修史的实践，这也是他撰写《史通》的直接动因。刘知幾深沉地写道：

> 既朝廷有知意者，遂以载笔见推。由是三为史臣，再入东观。每唯皇家受命，多历年所，史官所编，粗惟纪录。至于纪、传及志，则皆未有其书。……凡所著述，尝欲行其旧议。而当时同作诸士及监修贵臣，每与其凿枘相违，龃龉难入，故其所载削，皆与俗浮沉。虽自谓依违苟从，然犹大为史官所嫉。嗟乎！虽任当其职，而吾道不行；见用于时，而美志不遂。郁怏孤愤，无以寄怀。必寝而不言，嘿而无述，又恐没世之后，谁知予者。故退而私撰《史通》，以见其志。

《史通》20卷，包括内篇10卷39篇，外篇10卷13篇，合52篇。内篇的《体统》《纰缪》《弛张》3篇亡于北宋以前，全书今存49篇。内篇是全书的主要部分，着重阐述史书的体裁、体例、史料采集、表述要求和撰史原则，而以评论纪传体史书体例为主。外篇论述史官制度、正史源流，杂评史家、史著得失，并略申作者对于历史的见解。

《史通》以《六家》《二体》开篇，从史书的内容和形式阐述了史学的起源；以《史官建置》《古今正史》勾勒了史学发展大势，以《杂述》概括了史学的多途发展。这五篇，是对史学发展之历史的清理。它的《载言》《本纪》《世家》《列传》《表历》《书志》《论赞》《序例》《题目》《断限》《编次》《称谓》《序传》等篇，是关于史书表现形式的理论，而以论纪传体史书的结构、体例为主。它的《采撰》《载文》《补注》《因习》《邑里》《言语》《浮词》《叙事》《核才》《烦省》等篇，是关于史书编撰方法和文字表述要求的理论。它的《品藻》《直书》《曲笔》《鉴识》《探赜》《模拟》《书事》《人物》等篇，是关于历史认识和撰述原则的理论。《辨职》《自叙》《忤时》3篇，是阐说作者的经历、撰述旨趣和对史学社会功用的认识。《点烦》是对《叙事》的补充。外篇中的其余各篇，杂评前史得失，以证上述诸说。

刘知幾撰述《史通》的目的，是"伤当时载笔之士，其义不纯。思欲辨其指归，殚其体统。"他志在总结历史撰述中的得失利弊，通过历史的回顾和理论的分析，提高史家的认识，推动史学的发展。他自称此书"商榷史篇，下笔不休”，“多讥往哲，喜述前非”，这两句话，概括《史通》全书的精髓在于史学批评。

2. 《史通》的史学批评理论

《史通》对于历史撰述所作的历史回顾和理论分析，贯穿着一条史学批评的主线。从《史通》各篇的编次和涉及的问题来看，它的史学批评理论是有自身的逻辑体系的。这个体系可以概括为：体裁、体例，编撰方法，表述要求，撰述原则，史书内容，史学功用。这几个方面。可以看作是《史通》的史学批评的几个大范畴，而在每一个范畴中还有一些比较具体的原则和标准。现对这个体系的顺序略作变通，并简述其理论要点。

——关于史书内容。这是史家对客观历史的认识和概括，用刘知幾的话说，就是“记言之所网罗，书事之所总括”。《史通·书事》篇引用荀悦和干宝的论点并加以概括：“昔荀悦有云：‘立典有五志焉：一曰达道义，二曰彰法式，三曰通古今，四曰著功勋，五曰表贤能。’干宝之释五志也：‘体国经野之言则书之，用兵征伐之权则书之，忠臣烈士孝子贞妇之节则书之，文诰专对之辞则书之，才力技艺殊异则书之。’于是采二家之所议，征五志之所取，盖记言之所网罗，书事之所总括，粗得于兹矣。”荀悦所谓“五志”重在表达撰述思想和撰述的社会目的；干宝的解释则偏重于撰述内容。刘知幾说“粗得于兹”，表明他并不认为他们所说就已经全面了，所以他接着上文继续写道：“然必谓故无遗恨，犹恐未尽者乎？今更广以三科，用增前目：一曰叙沿革，二曰明罪恶，三曰旌怪异。何者？礼义用舍，节文升降而书之；君臣邪僻，国家丧乱则书之；幽明感应，祸福萌兆则书之。于是以此三科，考诸五志，则史氏所载，庶几无缺。求诸笔削，何莫由斯！”这里补充的“三科”，除“旌怪异”外，其余两科，一是关于典章制度的沿革，一是关于国家盛衰存亡之故，都是历史的重要内容，显示出刘知幾的卓识。可见，刘知幾对史书的内容提出更广泛的认识，还提出了“记言之所网罗，书事之所总括”这个理论上的命题，从而触及史家主观意识同客观历史存在之关系这个重要问题了。

——关于撰述方法。在这个问题上，刘知幾尤其强调史家应谨慎地对待采撰。所谓“采撰”，其核心是史家要严肃地审查和采辑文献。《史通·采撰》篇进而指出：“史文有阙，其来尚矣”，只有“博雅君子”才能“补其遗逸”，故应慎于对待“史文有阙”的问题。同时又指出：自古以来，“征求异说，采摭群言，然后能成一家，传诸不朽”，这是优秀史家成功之途。左丘明“博”而“洽闻”，司马迁、班固“雅”能“取信”，正是他们采撰的成功之处，这里，包含着刘知幾对于采撰的辩证认识。刘知幾认为，自魏晋南北朝以来，史籍繁富，文献渐多，好处是“寸有所长，实广见闻”；流弊是“苟出异端，虚益新事”。他进而概括采撰失误的三方面原因。其一，是“郡国之记，谱牒之书，务欲矜其州里，夸其氏族”。这是狭隘的地方观念和门阀观念的反映，史家未能“明其真伪”而“定为实录”。其二，是轻信“讹言”与“传闻”，以致事同说异，“是非无定”。其三，是没有注意到时间因素的影响：“古今路阻，视听壤隔，而谈者或以前为后，或以有为无，泾、渭一乱，莫之能辨。而后来穿凿，喜出异同，不凭国史，别讯流俗。”这几方面，是从地域的因素、门阀的因素、传闻异说的因素和时间的因素，阐明史家应当慎于采撰。《史通·杂述》篇进一步申述了刘知幾关于采撰理论的辩证认识。他在称赞“五传”、“三史”之后写道：

刍荛之言，明王必择；葑菲之体，诗人不弃。故学者有博闻旧事，多识其物，若不窥别录，不讨异书，专治周、孔之章句，直守迁、固之纪传，亦何能自至于此乎？且夫子有云：“多闻，择其善者而从之”，“知之次也”。苟如是，则书有非圣，言多不经，学者博闻，盖在择之而已。

这种对待采辑文献的辩证认识，是刘知幾史学批评理论极光彩的部分。

——关于体裁、体例。《史通》因善言史书体例而历来备受推崇。它是把体例作为史学批评的一个重大问题来看待的。《序例》篇一字千钧地写道：“夫史之有例，犹国之有法。国无法，则上下靡定；史无例，则是非莫准。”刘知幾认为，体例不只是形式问题，对于史书体例、结构的选择和处置，也跟史家对撰述内容的取舍和思想见解有关，故体例跟“是非”是有关系的。他推崇《春秋》“始发凡例”，《左传》“科条一辨”；称赞干宝《晋纪》“远述丘明，重立凡例”，范晔《后汉书》“纪传例”

的“理切而多功”，萧子显《齐书·序例》“义甚优长”。刘知幾关于史书体例之理论的新贡献，在于他从以往史学发展中，总结出关于史书体例的理论体系。首先，他提出了从总体上把握史书外部形态的特点及相互间的区别的理论。《史通·六家》篇说：“古往今来，质文递变，诸史之作，不恒厥体。榷而为论，其流有六……今略陈其义，列之于后。”所谓“诸史之作，不恒厥体”，是从变化的观点来看史书的“体”的。“六家”，指《尚书》《春秋》《左传》《国语》《史记》《汉书》。这是综合了体裁和内容两个方面提出来的。《二体》篇紧接着说：“既而丘明传《春秋》，子长著《史记》，载笔之体，于斯备矣。”这里讲的“体”就不包括史书内容而只是指它的外部形态了，即编年体和纪传体两种史书体裁。《六家》《二体》及《杂述》所论“自成一家”的10种“偏记小说”，构成了《史通》在宏观方面的史书体例理论。而其所论编年、纪传两种体裁的“长”与“短”得失两存的认识，在中国史学上有长久的影响。其次，他对纪传体史书的内部结构作了理论上的概括，阐述了各种体例在一部史书中所处的位置及相互间的关系。这在《本纪》《世家》《列传》《表历》《书志》《论赞》《序例》等篇，论之甚详。这是自《史记》《汉书》以来，对“正史”体例所作的最全面的总结。在这些论述中，刘知幾对前史的批评，有许多中肯的见解，也提出了一些新的设想。《论赞》篇批评说：“每卷立论，其烦已多，而嗣以赞，为黩弥甚。”《书志》篇提出增立都邑志、氏族志、方物志。《载言》篇提出“宜于表、志之外，更立一书”，“题为‘制册（书）’、‘章表书’”，以保存重要的文献。这都是很有价值的见解。刘知幾对前史的批评，也有一些并不妥帖的论点。《表历》篇认为，以表为文，“载诸史传，未见其宜”；《本纪》篇批评司马迁以项羽入“本纪”；《世家》篇批评《陈涉世家》为不当；《书志》篇批评前史书志“皆未得其最”等。这曾引起后人的不少批评。

——关于文字表述。《史通·叙事》篇说：“夫史之称美者，以叙事为先。”刘知幾推崇《春秋》的“属词比事之言”、《尚书》的“疏通知远之旨”，进而把“意指深奥，诰训成义，微显阐幽，婉而成章”作为叙事的“师范”和“规模”。这是他关于文字表述的总论。在具体原则上，刘知幾提出：“夫国史之美者，以叙事为工；而叙事之工者，以简要为主。”简要的标准是：“文约而事丰，此述作之尤美者也。”可以认为，这是刘知幾从史学审美意识来看待史书的文字表述，进而看待史文的简要原则。换言之，“美”、“工”、“简要”这三个概念的含义反映出他对史文的美学要求。从审美意识来看待史书的文字表述，还有更深一层的含义，这就是“用晦之道”。“晦”与“显”，是存在优劣不同、层次差别的。刘知幾指出：“显也者，繁词缛说，理尽于篇中”。人们读后，思想上没有波澜、涟漪。“晦也者，省字约文，事溢于句外”，人们读后回味无尽，追寻不已。他的结论是：“晦之将显，优劣不同，较可知矣。”关于“用晦”的具体要求，刘知幾说：“夫能略小存大，举重明轻，一言而巨细咸该，片语而洪纤靡漏，此皆用晦之道也。”刘知幾的史文审美要求还有一个重要方面，即史书记述“当时口语”应“从实而书”、不失“天然”，反对“妄益文彩”、“华而失实”。他嘲笑有的史家“怯书今语，勇效昔言”之不可取，提倡“事皆不谬，言必近真”的叙事之风。刘知幾关于史文文采的辩证思想是：一方面强调“史之为务，必藉于文”，要重视史文的文采；一方面反对“虚加练饰，轻事雕彩”、“体兼赋颂，词类俳优”的文风，以避免走上“文非文，史非史”的歧路。

——关于撰述原则。刘知幾的史学批评理论在这方面具有非常鲜明的特色，他提出了“直书”和“曲笔”两个范畴，用以区分史家撰述心态、品格和社会效果的迥异。《史通》的《直书》《曲笔》两篇，首先从人的“邪正有别，曲直不同”，探讨“直书”与“曲笔”产生的社会根源，这是很深刻的见解。其次，是从史学的历史考察上可以看出：“古来唯闻以直笔见诛，不闻以曲词获罪”。这是揭示了曲笔终究不能根绝的历史原因。这些情况的出现，还有社会的多种原因，如皇朝的更替，政权的对峙，等级的界限，民族的隔阂，都可能成为“直书”与“曲笔”分道的缘由。直书同曲笔的对立之所以成为史家的撰述原则，因为它从根本上决定着史书的价值和命运。刘知幾反复指出，直书产生“实录”，其社会影响是“令贼臣逆子惧”；曲笔制造“诬书”，其社会影响是“使忠臣义士羞”。他从史学自身的价值观和史学的社会价值观出发，热情地赞颂历史上那些“直书其事”、“务在审实”、“无所阿容”的史家，说他们的“遗芳余烈，人到于今称之”；他激烈地批评那些制造“谀言”、“谤议”、“妄说”、“曲词”的人，认为他们所作“安可言于史邪？”这里，他把史家应当遵循的撰述原则已作了清晰的阐述。

——关于史学功用。《史通》在很多地方讲到史学功用问题，讲得比较集中的是《辨职》篇，还有《直书》《曲笔》《自叙》《史官建置》等篇。刘知幾在这方面的史学批评思想，反映出来他对于历史、史学、社会相互间的关系比前人有更深刻的见解。《史官建置》篇说：

苟史官不绝，竹帛长存，则其人已亡，杳成空寂，而其事如在，皎同星汉。用使后之学者，坐披囊箧，而神交万古，不出户庭，而穷览千载，见贤而思齐，见不贤而内自省。若乃《春秋》成而贼子惧，南史至而贼臣书，其记事载言也如彼，其劝善惩恶也如此。由斯而言，则史之为用，其利甚博，乃生人之急务，为国家之要道。有国有家者，其可缺之哉！

此论述还不曾有过。刘知幾强调史学的教育作用（即唤起人们的“内省”与“思齐”意识），是他论史学功用的鲜明特色。如果从史学批评的角度来看，刘知幾是从三个层次上分析了史学功用的不同情况。《史通·辨职》篇说：

史之为务，厥途有三焉。何则？彰善贬恶，不避强御，若晋之董狐、齐之南史，此其上也。编次勒成，郁为不朽，若鲁之丘明、汉之子长，此其次也。高才博学，名重一时，若周之史佚、楚之倚相，此其下也。苟三者并阙，复何为者哉？

这里讲的“史之为务”同上文讲的“史之为用”是同一个含义。这里所说的“上也”、“次也”、“下也”，是提出了对史家及其所尽职责产生的社会作用和历史作用的评价标准。“彰善贬恶，不避强御”是一种崇高的献身精神；“编次勒成，郁为不朽”是以传世之作产生长久的历史影响；“高才博学，名重一时”，是史家在其所处的时代发挥了积极作用。三者虽有差别，但都符合“史职求真”的标准；如果“三者并阙”，则无以言“史职”。这里，反映出了刘知幾的史学功用思想，也反映出了他的史家价值观。

《史通》一书所具有的史学批评理论体系，在刘知幾所处的时代是空前的；就是在其身后千余年的史学发展中，亦不曾因岁月流逝而冲刷掉它的影响。刘知幾同时代的著名学者徐坚评价《史通》说："居史职者，宜置此书于座右。"

3. 刘知幾论"史才三长"

《史通》的史学批评理论，是围绕着历史撰述和史学功用的一些重要方面展开的。关于这些问题的讨论，大多不能脱离对史家的评价。这是《史通》作为史学批评著作的鲜明特色。但是，它关于史家的许多评论，一般都是结合历史撰述的某个具体问题提出来的。把许多具体的史家凝聚成一个抽象的史家，并对其作总体性评论，这是刘知幾史学批评理论的另一个重要方面。《旧唐书》本传记：

礼部尚书郑惟忠尝问子玄曰："自古以来，文士多而史才少，何也？"对曰："史才须有三长，世无其人，故史才少也。三长，谓才也，学也，识也。夫有学而无才，亦犹有良田百顷，黄金满籝，而使愚者营生，终不能致于货殖者矣。如有才而无学，亦犹思兼匠石，巧若公输，而家无楩柟斧斤，终不果成其宫室者矣。犹须好是正直，善恶必书，使骄主贼臣所以知惧，此则为虎傅翼，善无可加，所向无敌者矣。脱苟非其才，不可叨居史任。自复古已来，能应斯目者，罕见其入。"

时人以为知言。

刘知幾明确地指出，只有具备才、学、识"三长"的人，方可成为"史才"。这是他的史家素养论的核心，也是他提出的史家素养的最高标准。

从上述引文中刘知幾所做的比喻和说明来看，他说的"才"，主要是指掌握文献的能力、运用体裁、体例的能力和文字表述的能力，上文所说的体裁、体例、文字表述大致属于这个方面。他说的"学"，是指各方面的知识，主要是文献知识，也包括社会知识以至自然知识，上文所说的史书内容、编撰方法都与此有关。他说的"识"，是指史家的器局和胆识，上文所说的撰述原则、史学功用都反映出这种器局和胆识。刘知幾对于史家胆识格外强调，其最高标准是“好是正直，善恶必书”，认为这是“善无可加，所向无敌”的境界。在《史通》中，他以大量的篇幅阐述史书的体裁、体例和文字表述，也多次讲到善恶必书的原则，而其含义之深、口气之重都超过前者。《直书》篇说：“史之为务，申以劝诫，树之风声。其有贼臣逆子淫君乱主，苟直书其事，不掩其瑕，则秽迹彰于一朝，恶名被于千载。言之若是，吁可畏乎！”《曲笔》篇说：“史之为用也，记功司过，彰善瘅恶，得失一朝，荣辱千载。苟违斯法，岂曰能官。”《惑经》篇批评《春秋》有多处“未谕”，如说：“爱而知其丑，憎而知其善，善恶必书，斯为实录。观夫子修《春秋》也，多为贤者讳。……苟书法其如是也，岂不使为人君者，靡惮宪章，虽玷白圭，无惭良史也乎？”在他看来，史学的主要功用在此，史书的历史价值在此，史家的基本素养亦在此。他认为，学者跟良史的区别也就在这里，即所谓“君子以博闻多识为工，良史以实录直书为贵”。他也主张史家应当博闻多识，但仅做到这一点是不能成为良史的。

刘知幾明确地提出了才、学、识这三个史学理论范畴，阐述了三者之间的联系，把才、学、识作为一个整体看待并确定为史家素养的最高标准。把史家素养问题提到了更加自觉的理论认识高度，对促进史家自身修养和史学进步都有积极的作用，在中国史学批评史上有重要的理论价值。其影响所及则已超出史学范围，清代诗歌评论家袁枚认为：“作史三长：才、学、识，缺一不可。余谓诗亦如之，而识最为先；非识，则才与学俱误用矣。”

刘知幾的史学批评理论也存在着明显的时代局限性，这集中地表现为他极力提倡的直书精神和他始终维护的“名教”观念的矛盾。《史通·曲笔》篇说：“史氏有事涉君亲，必言多隐晦，虽直道不足，而名教存焉。”《惑经》篇说：“夫臣子所书，君父是党，虽事乖正直，而理合名教。”这样一来，他就为“实录直书”在理论的彻底性上打了折扣，即使是在阐扬直书原则时，他也有强烈的“激扬名教”的意识。隋唐时期还是门阀观念极重的时代，刘知幾这样杰出的史学批评家，在思想上和著作上都不可能完全不带有时代的印记。

第三讲　典制史的崛起——杜佑和《通典》

1. 杜佑著《通典》

中唐时期，杜佑所著《通典》的问世，标志着典制史的崛起，从而改变了古代历史编撰的格局，成为史学发展的一个重大转折。

杜佑（735—812年），字君卿，京兆万年（今陕西西安）人，出身于名门。杜佑不足20岁，以“荫补”入仕，至78岁致仕，近60年宦途，历玄、肃、代、德、顺、宪六朝。其间，他以任淮南节度使的时间最长，首尾14年；以生命的最后10年历任三朝宰相的职位最高。杜佑从大历元年（766年）开始撰写《通典》，至贞元十七年（801年）成书，历时36年，成此巨制。唐宪宗在批准其请求致仕的诏书中称他：“岩廊上才，邦国茂器，蕴经通之识，履温厚之姿，宽裕本乎性情，谋猷彰乎事业。博闻强学，知历代沿革之宜；为政惠人，审群黎利病之要。”这对他的器局、政绩、人品、学识都做了评价。杜佑是通晓史学的政治家，又是精于政治的史学家，他同时在这两个领域里都获得有重大历史影响的成就。《通典》这部书，也在很大程度上反映了这种双重价值。

《通典》200卷，分食货、选举、职官、礼、乐、兵、刑、州郡、边防九门。每门之下分若干子目，子目之下又有细目。全书条分缕析，结构严谨。《通典》以历代典章制度的历史演变、得失兴革为撰述的中心，兼记与此有关的言论。其记事上起黄帝，下迄唐玄宗天宝末年，有的记载延至德宗贞元年间，距成书上奏只相隔数年。其所据文献，主要是《五经》、群史，以及历代士人的文集、撰述、论议。《通典》创造了综合性的典制体通史形式，奠定了独立的制度史撰述的基础，扩大了历史研究和撰述的领域。

《通典》在内容上和体裁上最显著的特点，是以制度分门立目，“每事以类相从，举其始终，历代沿革废置及当时群士论议得失，靡不条载，附之于事”。在《通典》以前，重要的史书体裁有编年体和纪传体。《通典》创立了以典章制度为中心，分门立目、以类相从、叙其始终的典制体。这是在编年体、纪传体之后发展起来的又一种重要的史书体裁。追本溯源，《通典》之作是“统前史之书志，而撰述取法乎《官礼》”，“正史”的书志和《周官礼》对《通典》的撰述有更多的启示。不过《通典》的分门立目，既不模仿《周官》，也不因袭“正史”书志。同后者相比，它有两个明显的变化，一是不列律历、天文、五行、祥瑞、舆服、艺文（经籍）方面的内容，二是增加了选举、甲兵、边防三个门类。这反映出作者对于人才选拔、用兵之道和民族关系的重视。

《通典》除分门立目外，还有两个特点，一是讲求会通，一是重视论议。《通典》以“典”跟“通”相连，表明了作者的会通之旨。马端临评论《通典》，说它“肇自上古，以至唐之天宝，凡历代因革之故，粲然可考”。章学诚称它是“以典故为纪纲”的通史，是“史部之通”达于“极盛”的唐宋时期的最早著作。这都是说的《通典》在会通方面的特点和成就。《通典》重视论议，包括它详载历代“群士论议得失”，也包括作者对史事所做的许多评论。《通典》的论议，主要目的在于讨论历代典章制度的因革得失，但它在记言、记事的结合上也有新的创造。章学诚举《通典·礼典》为例，指出：凡“博士经生，折中详议”，“入于正文则繁重难胜，削而去之则事理未备。杜氏并为采辑其文，附著《礼门》之后，凡二十余卷，可谓穷天地之际而通古今之变者矣。……斯并记言、记事之穷，别有变通之法，后之君子，所宜参取者也”。还有一种形式，是在同卷正文之中，叙典章制度与记“群士论议”杂而有之。第三种形式，是把“群士论议”附注于有关正文之下。这反映出了作者对“群士论议”的轻重和处置是有所区别的。《通典》中杜佑自撰的论议，有叙、论、说、议、评、按等名目，大多直接反映作者的历史见解，它们在本书中的价值比“群士论议”更为重要。其中，说、议、评也各有不同的含义，表明了作者在对待历史评论方面的认真和严谨。

《通典》以分门囊括制度，以会通贯串古今，以论议指陈得失，开拓了历史撰述的新领域，奠定了中国典制体史书发展的宏伟基础。

2.《通典》关于国家职能认识的新发展

在《通典》一书中，杜佑最重要的思想成果之一，是他在政治思想领域对国家职能的新认识。在这方面，他超过了以前的史家，是当时人们对社会历史认识所能达到的高峰。杜佑的这个认识，集中反映在他写的《通典》自序中：

> 夫理道之先在乎行教化，教化之本在乎足衣食。《易》称聚人曰财。《洪范》八政，一曰食，二曰货。《管子》曰："仓廪实知礼节，衣食足知荣辱。"
>
> 夫子曰："既富而教。"斯之谓矣。夫行教化在乎设职官，设职官在乎审官才，审官才在乎精选举，制礼以端其俗，立乐以和其心，此先哲王致治之大方也。
>
> 故职官设然后兴礼乐焉，教化隳然后用刑罚焉，列州郡俾分领焉，置边防遏戎狄焉。是以食货为之首，选举次之，职官又次之，礼又次之，乐又次之，刑又次之，州郡又次之，边防末之。或览之者庶知篇第之旨也。

在"刑又次之"之下，杜佑自注说"大刑用甲兵"，表明了"兵"与"刑"的关系。杜佑的这篇序文，清晰地勾画出了当时封建社会的经济、政治结构和与之相适应的思想观念以及它们的相互关系。他认为，"理道"的逻辑思路和实施的具体步骤是：从重视"教化"出发而达到"致治"的目的，应首先以"食货"为基础；在这个基础上制定出选举制度、职官制度、礼乐制度、兵刑措施。

杜佑把食货置于《通典》各门之首，然后分别论述上层建筑的一些重要方面，这一认识和表述历史的方法，可以说是在根本点上体现了历史和逻辑的一致。他的这一认识和表述历史的理论根据来自《易》《尚书·洪范》《管子》和孔子的有关言论。这些言论前人也曾征引过，杜佑的高明之处是把它们汇集起来作为首先必须研究社会经济制度的理论根据，这是他继承前人而又超出前人的地方。杜佑以"食货为之首"的撰述思想，自然受到历代“正史”中的《食货志》的影响，是历代史家之历史认识发展的必然结果；同时，它又是现实社会的必然产物，是当时时代精神的反映。自“安史之乱”后，整顿经济和改善财政是人们关注的大事。在肃、代、德、顺、宪、穆、敬、文、武等朝的八九十年间，探索经济问题者相继于世。比杜佑略早或大体跟杜佑同时的有刘晏、杨炎、陆贽、齐抗，比杜佑稍晚的有韩愈、李翱、白居易、杨于陵、李钰等。其间，一些经济改革活动的进行和经济思想的提出，都是现实的产物。以“食货为之首”所包含的丰富思想，是一个卓越的史学家在历史著作中回答了现实所提出的问题。《食货典》共12卷，依次叙述土地制度、乡村组织、赋税制度、户口盛衰，以及货币流通、交通运输、工商业和价格关系。杜佑对于社会经济结构的这种逻辑认识，在他以前的史家中并不多见。

《通典·食货典》以下其余的八门中，职官是最重要的。所谓“行教化在乎设职官”，就是着重强调这一点。“选举”是为了保证职官的素质，“礼乐”是职官的教化职能，“兵刑”是职官的暴力职能，此即所谓“职官设然后兴礼乐焉，教化隳然后用刑罚焉，列州郡俾分领焉，置边防遏戎狄焉”。这里，显然有三个层次，一是选举、职官，二是礼、乐、兵、刑，三是州郡、边防，而职官居于核心地位。这清楚地表明了杜佑对封建国家政权结构及其职能的认识。这种逻辑认识，在他以前的史家中也是没有先例的。

总之，杜佑对国家职能的认识，不论其自觉程度如何，是体现了他对社会历史的认识之逻辑和历史的一致性的。他之所以能够获得超出前人的成就，从主要的或基本的方面来说，是中国封建社会的经济、政治制度经过将近千年的发展已臻于完备，史学家有可能进行系统的总结。此外，前人的思想资料、时代要求的启迪、他本人的学识和器局，也都是不可缺少的条件。

3. 杜佑的史学思想和朴素的历史进化观

经邦、致用，是杜佑史学思想的核心。同以前的历史著作比起来，《通典》具有更明确的经世致用的目的。杜佑在《通典》自序中首先落笔说：

“佑少尝读书，而性且蒙固，不达术数之艺，不好章句之学。所纂《通典》，实采群言，征诸人事，将施有政。”像他这样由史家本人明确地表示，把历史撰述同“将施有政”直接结合起来，在以往的史家中同样是不曾有过的。从唐代史家对史学之社会功用的认识来说，这可以看作是对刘知幾的“史之为用，其利甚博，乃生人之急务，为国家之要道”的史学思想在历史撰述实践上的发展。

杜佑的经邦、致用的史学思想有三个鲜明的特点。第一个特点，是具有勇敢的批判精神。他在《献〈通典〉表》中写道：

夫《孝经》《尚书》《毛诗》《周易》“三传”，皆父子君臣之要道，十伦五教之宏纲，如日月之下临，天地之大德，百王是式，终古攸遵。然多记言，罕存法制，愚管窥测，莫达高深，辄肆荒虚，诚为臆度。每念懵学，莫探政经，略观历代众贤著论，多陈紊失之弊，或阙匡救之方。

在这里，杜佑以婉转的口气指出儒家经典中有许多空泛的言论而“罕存法制”；同时，又直接批评“历代众贤”，说他们大多局限于指陈“紊失之弊”，很少有“匡救之方”。从他的这种批判精神中，更可以看清楚他为什么“不达术数之艺，不好章句之学”了。

第二个特点，是重实际，讲功效，把对历史的认识转化为现实的实践。杜佑撰《通典》着眼于现实而关注于“理道”。他主张“理道不录空言”，必然认真探讨“礼法刑政”，进而研究“政理”的具体措施。贞元十九年（803年），杜佑入朝为相的第一件事，就是辑录《通典》要点，另成《理道要诀》33篇，编为10卷，上奏德宗，重申“详古今之要，酌时宜可行”之旨。《理道要诀》是《通典》的简本，从前者的书名，可以看出《通典》的主旨实在于“理道”的“要诀”，在于历史认识之转化为现实的实践。为《通典》作序的李翰自谓“颇详旨趣”，他在序中强调指出：“今《通典》之作，昭昭乎其警学者之群迷欤！以为君子致用在乎经邦，经邦在乎立事，立事在乎师古，师古在乎随时。必参古今之宜，穷始终之要，始可以度其古，终可以行于今，问而辨之，端如贯珠，举而行之，审如中鹄。夫然，故施于文学，可为通儒；施于政事，可建皇极。”这一段话，把《通典》意在“经邦”、“致用”的主旨阐述得十分透辟。“师古”的目的不是复古，而是“随时”；“随时”是为了“立事”，以达到“经邦”的最高目标。这就是《通典》“将施有政”的“致用”之旨。

第三个特点，是把握了社会的症结、反映了时代的要求。杜佑“经邦”、“致用”史学思想是时代的产物，也是时代潮流的反映。杜佑青年时代经历的“安史之乱”所造成的唐皇朝政治力量的削弱和财政收入的困难，极深刻地影响着他的思想、学风和撰述旨趣。这在《通典》中有突出的反映。他在讲到“历代盛衰户口”时列举了一些统计数字，以衬托“盛衰”之变。建中初年，杜佑上《省官议》，内中写道：“当开元、天宝中，四方无虞，编户九百余万，帑藏丰溢，虽有浮费，不足为忧。今黎苗青，天下户百三十万，陛下诏使者按比，才得三百万。比天宝三分之一，就中浮寄又五之二，赋者已耗，而食之者如旧，安可不革？”他在文中还批驳了一些阻碍“省官”的言论。这些都表明，“安史之乱”前后社会的变化，是杜佑经世致用史学思想的社会根源。他的许多见解，既是政治家对历史的卓识，也是史学家对现实的洞察。

中唐时期，国势衰弱，社会动荡，这种客观情势把一批有识之士推到了历史潮流的前头。杰出的政治家、军事家、理财家、思想家、文学家和诗人，如陆贽、李吉甫、裴度、郭子仪、李晟、李愬、刘晏、杨炎、韩愈、柳宗元、刘禹锡、杜甫、白居易等，都是杜佑的同时代人。他们的言论、行事、著作和作品，大多反映了时代的特点和要求，在思想上有相通之处。杜佑无愧于他的这些同时代的优秀人物，是站在历史潮流前头思考问题的杰出的政治家和史学家。他的“以富国安人之术为己任”的政治胸襟和《通典》的经世致用史学思想，证明他是这个历史潮流中的史学领域里的先驱。故“其书大传于时”，“大为士君子所称”，绝非偶然。杜佑“将施有政”的撰述宗旨，《通典》“经邦”、“致用”的社会目的，充分证明中国史学之具有自觉的和明确的经世致用意识，当自杜佑始，当以《通典》为里程碑。

朴素的历史进化思想是杜佑历史观的核心。杜佑继承了史学史、思想史上的朴素的历史进化思想，同时也提出了一些新的见解，丰富和发展了中国史学上的历史进化思想。杜佑的历史进化思想，一是反对“非今是古”，从人口、地理等物质因素分析历史进化的“势”和“理”；二是主张“变通”和“适时”，以顺应历史进步的趋势。杜佑对于秦、汉、隋、唐以来的政治形势，着重从郡县、封国的利弊分析它们的得失，论证历史的进步趋势。他在《职官典·王侯总叙》中写道：

天生烝人，树君司牧。人既庶焉，牧之理得；人既寡焉，牧之理失。庶则安所致，寡则危所出。汉、隋、大唐，海内统一，人户滋殖，三代莫俦。若以为人而置君，欲求既庶，诚宜政在列郡，然则主祀或促矣。若以为君而生人，不病既寡，诚宜政在列国，然则主祀可永矣。主祀虽永乃人鲜，主祀虽促则人繁。建国利一宗，列郡利万姓，损益之理，较然可知。

在这一段文字的分析中，他从人口庶寡、政治的安危以及“利万姓”和“利一宗”等三个方面，论证了“列郡”代替“建国”的进步性。杜佑还辩证地指出：“立法作程，未有不弊之者，固在度其为患之长短耳。”而历史已经证明：“政在列国也”，“其患也长”；“政在列郡也”，“其患也短”。自南朝以下，“建侯日削，欲行古道，势莫能遵”。杜佑在《兵典·兵序》中，又从政治、军事上的得失，进一步肯定了秦、汉以来“罢侯置守”、“以为强干弱枝之势”，“诚得其宜”。同时又指出，“强干弱枝之势”的破坏造成了玄宗后期的社会动乱，是“地逼则势疑，力侔则乱起，事理不得不然也”。杜佑一方面指出了发展趋势的不可逆转，一方面又看到了具体形势的变化也会影响到总的趋势和进程，其中包含着朴素的辩证思想。

杜佑反对“非今是古”的思想，在对待民族问题和人才问题上，也表现得很突出。他在讲到“三代”的“立尸义”时，分析了“中华”与“夷狄”在礼俗上的同源和后来的变化，认为：“古之人朴质，中华与夷狄同，有祭立尸焉，有以人殉葬焉，有居巢穴处焉，有不封不树焉，有手抟食焉，有同姓婚娶焉，有不讳名焉。中华地中而气正，人性和而才惠，继生圣哲，渐革鄙风。今四夷诸国，地偏气犷，则多仍旧。”杜佑从地理条件不同来说明中华与夷狄在礼俗文明发展进程上产生差别的原因，虽不尽全面，却是很有意义的见解。他从社会心理考察，认为：“人之常情，非今是古。”但他根据丰富的历史事实，明确指出：“古之中华，多类今之夷狄。”这不仅坚持了历史进化思想，也是对上述错误的社会心理和复古论调的有力批评。关于人才问题，杜佑认为：“非今人多不肖，古人多材能，在施政立本，使之然也。”他主张通过“务勤其教”达到培养人才的目的：“若不敦其教，欲求多贤，亦不可及已。”这是强调教育对于培养人才的重要，批评了非今是古的人才观。

杜佑的历史进化思想，还表现在他具有鲜明的“变通”和“适时”的历史见识。他不赞成前人所谓“子产铸刑书，而叔向责之；赵鞅铸刑鼎，而仲尼讥之”的旧说，称颂子产“观时之宜，设救之术，外抗大国，内安疲甿”的政绩，认为把孔子批评“乱制”看作是他反对“法度”，本身不过是一种“臆说”。杜佑再次批评“滞儒常情，非今是古”的陈词滥调。而肯定“秦始皇荡平九国，宇内一家……所以尊君抑臣，列置郡县，易于临统，便俗适时”的历史贡献。他的这种“观时之宜”、“便俗适时”的思想，在《通典》中有多处反映：“随时立制，遇弊变通，不必因循，重难改作”；“弊而思变”；“随时拯弊，因物利用”。这些都表明了杜佑历史进化思想中的时代精神和政治实践要求，这跟《通典》的“将施有政”的主旨是相通的。

然而，杜佑的历史进化思想却同他的传统门阀观念发生了冲突，这使前者的发展受到了限制。《通典》以100卷的篇幅记历代沿革礼和开元礼，又以7卷的篇幅记乐，礼、乐合起来超过全书半数。自两汉以下，历代都重礼，这在史书编著中均有所表现。魏晋南北朝隋唐时期，礼更成了区别士庶界限、维护这种新的等级秩序的工具而受到特别重视。所谓“礼仪繁博，与天地而为量，纪国立君，人伦攸始”，所谓礼可以“弘宣天意，雕刻人理”、“礼亦愆家”，礼还可“增辉风俗，广树堤防，非礼威严，亦何以尚”等。礼，成了门阀时代的一个重要的象征。《通典》以礼乐作为“教化”的主要内容，正是这种象征的集中表现。杜佑在论述到盛唐时期的《贞观礼》《显庆礼》《开元礼》这三部礼书时兴奋地写道：“百代之损益，三变而著明，酌乎文质，悬诸日月，可谓盛矣！”他表明：《通典》论礼，是为了“振端末，备顾问”。在《通典·礼典》的《礼序》中，杜佑在自注里列举自孔颖达以下至韦縚等60个唐代礼学家的姓名；《通典》的论议，大多集中在《礼典》的沿革礼部分。这都反映出杜佑对于礼的非同寻常的重视，反映出他对于门阀制度的热切留恋。

诚然，在门阀时代，礼对于稳定统治阶级内部的等级秩序，曾经起了一定的作用。但在杜佑所处的时代，门阀地主已经走下坡路了。因此，作为反映门阀地主之历史记录的姓氏之书日渐衰微，而作为反映门阀社会之现实秩序的礼书的价值也日渐缩小。贞元、元和年间，尽管还有人在编撰“新礼”，但实际上只是“具有文而意不在焉，此所谓‘礼乐为虚名’也哉！”这种变化，标志着一个时代行将结束，《通典·礼典》似是为这个时代所奏出的一曲悠悠挽歌。

第四讲　历史思想领域的成就

1. 神灭论与兴亡论

魏晋南北朝隋唐时期的史学，在思想领域方面异常活跃，不论是对历史的认识还是对史学的认识，都提出了许多新问题。关于对史学的认识，有南朝梁人刘勰所撰《文心雕龙·史传》篇，是讨论史学问题较早的专文，这样的专文在唐代逐渐多了起来；盛唐时刘知幾所著《史通》，是讨论史学问题最早的系统著作，它在中国史学发展上产生了深刻的影响。关于对历史的认识，情况要复杂得多。这是一个大变动的时代，也是一个大发展的时代，许多重大历史问题提到了当时的政治家、思想家、史学家面前，在激烈的思想斗争中推动了历史思想的进步。其中以关于神灭论、兴亡论、封建论、民族论、人物论、帝王论这六个方面的问题的讨论和辩难尤为重要。

针对佛教的盛行和有神论思想的泛滥，南朝齐、梁之际的无神论思想家范缜曾与齐竟陵王萧子良作不信因果的辩难，认为富贵贫贱，纯属偶然，非命中注定。其后，他又著《神灭论》，指出："神即形也，形即神也，是以形存则神存，形谢则神灭也。""形者神之质，神者形之用，是则形称其质，神言其用，形之与神不得相异也。"此论一出，"朝野喧哗"。萧子良发动僧俗名流数十人与之辩难而终不能屈，于是"子良使王融谓之曰：'神灭既自非理，而卿坚执之，恐伤名教。以卿之大美，何患不至中书郎，而故乖剌如此，可便毁弃之。'缜大笑曰：'使范缜卖论取官，已至令仆矣，何但中书郎耶！'"在有碍"名教"的压力和高官显位的诱惑面前，范缜显示出了在理论上的坚定信念。有神无神，有佛无佛，是当时思想领域的大论争。在这个论争中，史学家也是壁垒分明的。略早于范缜的范晔，“常谓死者神灭，欲著《无鬼论》”，认为“天下决无佛鬼”。而与范缜同时的沈约，在梁武帝发动“王公朝贵”60余人撰文围攻范缜时，连续写出了《神不灭论》《难范缜＜神灭论＞》等文，申言“神本不灭，久所服膺；神灭之谈，良用骇惕”。这种思想上的分野，也反映在他们所撰的史书当中。把无神论思想真正推进到历史思想领域的，是唐代文学家、思想家、史论家柳宗元。柳宗元的无神论思想的一个明显特征，是要把久已存在的“天命”论从对历史的认识和解释中驱赶出去。他在《天说》一文中，批评了“天可赏罚”的论点，认为：“天地，大果蓏也，元气，大痈痔也；阴阳，大草木也。其乌能赏功而罚祸乎！功者自功，祸者自祸，欲望其赏罚者大谬。呼而怨，欲望其哀且仁者，愈大谬矣。”天地、元气、阴阳都是没有意志的物质，怎么能赏功罚祸呢。他的《天对》一文，回答了屈原《天问》中提出的许多历史问题，认为朝代的兴亡、人事的成败，都跟昏昧无知的“天”毫无关系。柳宗元坚持“天人相分”的理论，指出：“夫圣人之为心也，必有道而已矣。非于神也，盖子人也。”“圣人之道，不穷异以为神，不引天以为高，利于人，备于事，如斯而已矣。”这是用跟人事相联系的“道”排斥了“神”和“天”在历史中的作用。他直言不讳地指出：“古之所以言天者，盖以愚蚩蚩者耳，非为聪明睿智者设也。”柳宗元在所著《非国语》67篇中，约有三分之一的篇幅是批评史家在“天人之际”认识上的错误，认为史家用“天命”、梦寐、卜筮、童谣来解释历史，都是不足取的。在这里，他的无神论思想也反映出更鲜明的历史形式。

兴亡论也是这个时期思想领域讨论的大问题。这一方面是由于魏晋南北朝时期皇朝更迭频繁，一方面是由于“风行万里”的隋皇朝的骤兴骤亡，从而使这个问题的讨论始终具有突出的现实意义。三国魏人曹冏的《六代论》，论夏、殷、周、秦、汉的历史经验教训，分析曹魏面临的现实问题，指出：“观五代之存亡，而不用其长策，睹前车之倾覆，而不改其辙迹；子弟王空虚之地，君有不使之民，宗室窜于闾阎，不闻邦国之政；权均匹夫，势齐凡庶，内无根深不拔之固，外无盘石宗盟之助，非所以安社稷、为百代之业也。”作为魏的宗室，曹冏已预感到曹爽、齐王芳将面临“疾风卒至”、“天下有变”的局面。西晋陆机的《辩亡论》两篇，写出了三国孙吴政权兴亡的历史。作者作为吴国的遗民和名将陆逊的后人，对吴国之亡深致惋惜之情，但他也指出：“吴之兴也，参而由焉，孙卿所谓‘合其参’者也；及其亡也，恃险而已，又孙卿所谓‘舍其参’者也。夫四州之萌，非无众也；大江之南，非乏俊也；山川之险，易守也；劲利之器，易用也；先王之策，易循也：功不兴而祸遘者，何哉？所以用之者失也。”这里说的“合其参”、“舍其参”，是指天时、地利、人和这三个因素与政治兴亡的关系。东晋史家干宝的《晋纪·总论》严肃地剖析了西晋灭亡的原因，认为它“创基立本”不广不深，固是其重要原因，而朝风、政风、世风的“淫僻”，人们“耻尚失所”，则是其败亡的直接原因。他指出：“学者以庄、老为宗而黜《六经》，谈者以虚荡为辨而贱名检，行身者以放浊为通而狭节信，进仕者以苟得为贵而鄙居正，当官者以望空为高而笑勤恪。……由是毁誉乱于善恶之实，情慝奔于货欲之途，选者为人择官，官者为身择利。而秉钧当轴之士，身兼官以十数，大极其尊，小录其要，机事之失，十恒八九。而世族贵戚之子弟，陵迈超越，不拘资次，悠悠风尘，皆奔竞之士，列官千百，无让贤之举。……礼法刑政，于此大坏。……‘国之将亡，本必先颠’，其此之谓乎！”这里着重讲了社会风气跟政治得失的关系。这三篇讨论兴亡的文章，文辞都很好，因而被萧统辑入《文选》，有很大的社会影响。隋唐时期，也有许多讨论政治兴亡的名篇。北宋李昉等所编《文苑英华》，内中有三卷为“兴亡”论。所收论议都是隋唐人的撰述。它们是：隋卢思道的《北齐兴亡论》《后周兴亡论》，李德林的《天命论》；唐朱敬则的《魏武帝论》《晋高祖论》《宋武帝论》《北齐高祖论》《北齐文襄论》《北齐文宣论》《梁武帝论》《陈武帝论》《陈后主论》《隋高祖论》《隋炀帝论》，权德舆的《两汉辨亡论》，罗衮的《秦论》上下二首。同书所收卢照邻的《三国论》，李德裕的《鼎国论》（亦作《三国论》）、《宋齐论》，也都是以讨论兴亡为主旨的。朱敬则在武则天时曾兼修国史，“尝采魏晋已来君臣成败之事，著《十代兴亡论》”。《十代兴亡论》原为10卷，今存11篇，可能是它的一部分遗文，从中仍可看出这位史论家的深刻的历史见解。唐代的史学家、思想家、政治家之论兴亡，一是专讲人事，不再空谈“天命”；一是对现实和历史前途显示出来充分的自信，很少回过头去陶醉于对三代、两汉的追寻。这个时期关于兴亡的讨论，有许多精彩的论点，还包含在一些有成就的皇朝史撰述和专史撰述中。

2. 封建论与民族论

关于“封建”的讨论，主要是由当时的政治所引起，其核心问题是朝廷跟地方的关系，但这个问题也涉及对于历史的认识，反映出人们的历史思想。秦汉以后，怎样看待“封建”即分封制，始终是一个重大的历史问题。班固略述了西汉分封的历史，但他并没有作出明确的评论，只是向人们提出了一个问题：“究其终始强弱之变，明监（鉴）戒焉。”曹冏、陆机关于兴亡的讨论，虽各有自己的见解，但他们都是主张分封制的。曹冏的《六代论》认为，秦及两汉之亡，都是废封国、立郡县所致。陆机撰《五等论》，极言秦、汉不尊古制之弊，认为分封制是“治”的保证，郡县制是“乱”的根源：“五等之君，为己思治；郡县之长，为利图物。”唐太宗时，令群臣议封建，大致有三种意见：赞成的，反对的，还有主张“分王诸子，勿令过大”的。魏徵、李百药、于志宁、马周、长孙无忌等都持反对意见。魏徵从唐初的经济、政治状况出发，不赞成分封事。于志宁认为“古今事殊”，“宗室、群臣袭封刺史”事，“恐非久安之道”。马周从历史教训考虑，认为分封之制，易生骄逸，“则兆庶被其殃，而国家受其败”。长孙无忌虽在受封之列，也反对分封。上表称：“缅惟三代封建，盖由力不能制，因而利之，礼乐节文，多非己出。两汉罢侯置守，蠲除昔弊，深协事宜。今因臣等，复有变更，恐紊圣朝纲纪。”李百药作长篇奏论驳世封事，指出：“得失成败，各有由焉。而著述之家，多守常辙，莫不情忘今古，理蔽浇淳，欲以百王之季，行三代之法，天下五服之内，尽封诸侯，王畿千里之间，俱为采地。是则以结绳之化行虞、夏之朝，用象刑之典治刘、曹之末，纪纲弛紊，断可知焉。”他批评陆机、曹冏主张分封的说法是谬妄之言；建议唐太宗“以质代文”，不要忙于“定疆理之制，议山河之赏”。最后，唐太宗终于罢封建事。在这次涉及现实和历史的反复讨论中，一些史学家参与了，并且阐述了朴素的历史进化的观点，在政治决策中发挥了重要作用。中唐以后，藩镇割据，其势盛于诸侯，柳宗元撰《封建论》，以说明历史而审视现实。《封建论》的理论价值在于，它提出了“不初，无以有封建”和“封建，非圣人意也”这两个前后相关联的论点。作者从人类处于“草木榛榛，鹿豕狉狉”的初始阶段，为了“自奉自卫”必须“假物以为用”到“假物者必争”，从“争而不已”到“听命于能断曲直者”，从“告之以直而不改”到“君长刑政生焉”，一直说到里胥、县大夫、诸侯、方伯、连帅、天子的出现。柳宗元认为，这个发展过程就是“封建”出现的过程，跟所谓“圣人之意”是没有关系的。《封建论》还提出“势”这个历史范畴，来与“圣人之意”相对立，这是它的理论价值的又一个方面。柳宗元反复论证，殷周时代实行分封制带有必然的趋势：“圣贤生于其时，亦无以立于天下，封建者为之也。岂圣人之制使至于是乎？吾固曰：‘非圣人之意也，势也。’”同样，自秦而下，废分封而设郡县，也是一种必然的趋势，“其不可变固矣”，不能看作是违背了“圣人”的意愿。这样，柳宗元就接近了把历史进程看作是一个自然发展过程之认识的边缘，从而达到了这个时期历史思想领域里的最高成就。《封建论》在当时的现实意义，是为唐宪宗等人从政治上和军事上对藩镇势力进行斗争，提供了历史的参照和理论的根据。

民族论和民族关系论，也是这个时期极重大的现实问题和历史理论问题。西晋江统著《徙戎论》，强调“《春秋》之义”，即所谓“内诸夏而外夷狄”，对战国、秦汉、三国以来民族关系的发展作消极地看待和评价，主张对于内迁各族，“皆可申谕发遣，还其本域，慰彼羁旅怀土之思，释我华夏纤介之忧”。当时人“服其深识”，而“徙戎”之论对后世影响也很大。唐太宗时，在对待东突厥的安置上引起一场争论：一种主张是“含育之道”，“请于河南处之”；一种主张是强调华夷之辨、族类之别，重申江统“徙戎”之论。唐太宗采纳了前一种意见。《徙戎论》的作用，是从对现实的民族关系的认识，提出了对历史上民族关系的看法，并力图以这种看法来影响现实的处理民族关系的政策。但是，在魏晋南北朝隋唐时期，随着民族斗争的发展、民族关系的密切，不仅“徙戎”的主张在现实中行不通，就是华夷之辨的看法也逐渐遭到人们的否定。这在史家思想和史书编著上都有明显的反映。隋唐之际，李大师已不满于“南书谓北为‘索虏’，北书指南为‘岛夷’”的修史情况，主张“编年以备南北”。这是表明，在历史撰述上要恰当处理南北朝关系，其中自然包含民族关系。唐高祖“修六代史诏”说：“自有晋南徙，魏乘机运，周、隋禅代，历世相仍；梁氏称邦，跨据淮海，齐迁龟鼎，陈建宗枋。莫不自命正朔，绵历岁祀，各殊徽号，删定礼仪。至于发迹开基，受终告代，嘉谋善政，名臣奇士，立言著绩，无乏于时。”诏书对鲜卑族建立的北魏、北周皇朝，不仅承认它们的历史地位，而且毫无贬词。唐修《晋书》，对《徙戎论》的主张并不采取附和态度，指出：“‘徙戎’之论，实乃经国远图。然运距中衰，陵替有渐，假其言见用，恐速祸招怨，无救于将颠也。”这实际上是不同意把西晋之亡归咎于“戎狄”的说法。《晋书·载记》记十六国事，对各族仍不免有微词，但总的认识是肯定其历史存在，有的甚至给予很高的评价。《隋书·经籍志》史部以“戎羯称制，各有国家，实同王者”，批评晋人“党附君亲，嫉彼乱华，比诸群盗”，是“苟徇私忿，忘夫至公，自非坦怀爱憎，无以定其得失”。这些，都反映了力图从历史事实上严肃地看待各民族历史的态度和思想，具有进步的意义。在这方面，杜佑《通典·边防》序所论，具有更高一层的理论价值。他指出：

覆载之内，日月所临，华夏居土中，生物受气正。其人性和而才惠，其地产厚而类繁，所以诞生圣贤，继施法教，随时拯弊，因物利用。三五以降，代有其人。君臣长幼之序立，五常十伦之教备，孝慈生焉，恩爱笃焉。主威张而下安，权不分而法一。生人大赉，实在于斯。……缅惟古之中华，多类今之夷狄。有居处巢穴焉，有葬无封树焉，有手团食焉，有祭立尸焉，聊陈一二，不能遍举。其地偏，其地梗，不生圣哲，莫革旧风，诰训之所不可，礼义之所不及，外而不内，疏而不戚，来则御之，去则备之，前代达识之士亦已言之详矣。

这一段话，从两个方面说明了华夏跟夷狄的关系。一是华夏、夷狄本无根本的差别，夷狄的“鄙风弊俗”，华夏原先也是有的。二是华夏、夷狄所处地理环境不同，前者“随时拯弊”，后者“莫革旧风”，才出现了发展程度上的种种差别。这两点，反映出杜佑的朴素历史进化思想，以及在当时所达到的最为正确的民族理论。杜佑仅仅从地理环境着眼考察，显然是不全面的。但他的这些理论上的认识，对于《徙戎论》所散布的戎狄“性气贪婪，凶悍不仁”的种种偏见，是有力的批驳，是历史思想上的重大进步。

3. 《人物志》与帝王论

品评人物，是魏晋南北朝时期社会风气的重要特点之一。这同东汉末年“月旦评”的遗风有关，而更重要的原因是当时“九品官人法”的需要。一方面是“名节”、“家风”的提倡，一方面是选官任吏的要求。这两点，使人们格外看重品评人物，也推动了品评人物理论的发展。这方面的代表性著作，一是三国时魏人刘邵所著《人物志》，一是前面已经论述到的范晔《后汉书》的人物评论。

刘邵是三国魏初人，曾“受诏集五经群书，以类相从，作《皇览》”，又与人合撰《新律》18篇，著有《律略论》，还“受诏作《都官考课》”，《法论》《人物志》是他的代表作。刘邵谙于典制，精于考课，深于品评人物，时人这样称赞他：

> 深忠笃思，体周于数，凡所错综，源流弘远，是以群才大小，咸取所同而斟酌焉。故性实之士服其平和良心，情静之人慕其玄虚退让，文学之士嘉其推步详密，法理之士明其分数精比，意思之士知其沉深笃固，文章之士爱其著论属辞，制度之士贵其化略较要，策谋之士赞其明思通微，凡此诸论，皆取适己所长而举其支流者也。

刘邵这方面的才识，被认为是“非世俗所常有”的。他所处的时代，以及他本人的经历和才识，是他能够写出《人物志》一书的几个重要原因。

《人物志》3卷20篇：卷上包括九征、体别、流业、材理，卷中有才能、利害、接识、英雄、八观，卷下含七谬、效难、释争。《人物志》的主旨是：“辨性质而准之中庸，甄材品以程其职任。”《人物志》品评人物的理论基础，是以先秦朴素唯物思想的五行说与人体的自然本质骨、筋、气、肌、血相配，再与五常即仁、义、礼、智、信相结合，作为判断人物才性的根据。这是认为人的才性出于自然。《人物志》把人才分为三大类，即兼德、兼材、偏材，认为中庸是最高的品评准则，只有“兼德”才符合这一准则。其开篇《九征》即具体论述了人物才性的九种表现，并由此划分出人物才性的高下，这就是：

性之所尽，九质之征也。然则平陂之质在于神，明暗之实在于精，勇怯之势在于筋，强弱之植在于骨，躁静之决在于气，惨怿之情在于色，衰正之形在于仪，态度之动在于容，缓急之状在于言。

其为人也，质素平澹，中睿外朗，筋劲植固，声清色怿，仪正容直，则九征皆至，由纯粹之德也。九征有违，则偏杂之材也。三度不同，其德异称。故偏至之材，以材自名。兼材之人，以德为目，兼德之人，更为美号。是故兼德而至，谓之中庸；中庸也者，圣人之目也。具体而微，谓之德行，德行也者，大雅之称也。一至，谓之偏材；偏材，小雅之质也。一征，谓之依似；依似，乱德之类也。一至一违，谓之间杂，间杂，无恒之人也。无恒、依似，皆风人末流，末流之质，不可胜论，是以略而不概也。

由五行而五常，由九征而三度，由三度而推崇中庸，这是《人物志》品评人物之理论的基本脉络。此外，它还以中庸为准则，剖析了12种偏材的特点（《体别》）；指出才能无大小之分，而关键在于用其宜，分析了才与能的区别（《才能》）；辨析了英与雄的两种素质的特征，认为“聪明秀出谓之英，胆力过人谓之雄”，只有“兼有英、雄”，才能“成大业”（《英雄》），讨论了鉴定人物才性的具体方法（《八观》）；指出了品评人物的七种误区（《七缪》）：分析了知人之难与荐人之难的种种原因。

《人物志》是一部品评人物的理论著作，一般不结合具体的历史人物进行讨论，只有个别的篇章（如《流业》）采取了列举人物的表述方法。其学术思想渊源，兼有儒、道、名、法诸家。刘知幾论此书说：“五常异禀，百行殊执，能有兼偏，知有长短，苟随才而任使，则片善不遗，必求备而后用，则举世莫可，故刘邵《人物志》生焉。”这几句话，概括地指出了《人物志》的基本理论和撰述目的。《人物志》对于史学的密切关系，是它第一次从理论上有系统地分析了历史活动中的主体在才性上的种种差异，以及认识这种差异的社会实践意义。《人物志》或许受到《汉书·古今人表》启发，但它在理论上的认识已远远超出了后者。明人郑旻说它：“三代而下，善评人品者，莫能逾之矣。”宋人阮逸称它：“王者得之为知人之龟鉴，士君子得之为治性修身之檠栝，其效不为小矣。”

《人物志》强调人的才性出于自然，具有朴素的唯物思想，但书中对于人的后天培养的作用，以及人在社会生活中会发生变化等问题，所论甚少，这是它的不足之处。

《隋书•经籍志三》著录《人物志》于名家类，其文曰：“《人物志》三卷，刘邵撰。”原注：“梁有《士纬新书》十卷，姚信撰，又《姚氏新书》二卷，与《士纬》相似；《九州人士论》一卷，魏司空卢毓撰；《通古人论》一卷。亡。”于此可见，关于品评人物的理论，在魏晋南朝，已成风气。又《颜氏家训•名实》开篇写道：

名之与实，犹形之与影也。德艺周厚，则名必善焉，容色姝丽，则影必美焉。今不修身而求令名于世者，犹貌甚恶而责妍影于镜也。上士忘名，中士立名，下士窃名。忘名者，体道合德，享鬼神之福祐，非所以求名也，立名者，修身慎行，惧荣观之不显，非所以让名也；窃名者，厚貌深奸，干浮华之虚称，非所以得名也。

这里是在讲“家训”，而且仅限于“名实”，但也可看出作者颜之推品评人物的旨趣。通观全书，其意甚明。于此可见，北朝在品评人物的理论认识上，也有所作为。

君主在历史上的作用，以及历代君主对后世的影响，是史学家历来都很重视的问题。虞世南所撰的《帝王略论》采用问答体的通俗形式，比较系统地阐述关于君主的认识。

《帝王略论》是一部记帝王之事略、论帝王之贤愚的著作，其价值不在于“略”而在于“论”。它在评论历代君主方面或由此而涉及对其他历史问题的评论方面，不论在见解上还是在方法上，都有理论上的意义。

第一，提出了关于“人君之量”的见解。如《通历》记东晋末年桓玄所建“伪楚”及其为刘裕所败的史实后，引《帝王略论》说：

公子曰：桓玄聪敏有夙智，英才远略，亦一代之异人，而遂至灭亡，运祚不终，何也？

先生曰：夫人君之量，必器度宏远，虚己应物，覆载同于天地，信晢合于寒暄，然后万姓乐推而不厌也。彼桓玄者，盖有浮狡之小智，而无含弘之大德，值晋室衰乱，威不逮下，能肆其爪牙，一时篡夺，安国治人无闻焉。尔以侥幸之才，逢神武之运，至于夷灭，固其宜也。

这里说的“人君之量”，不只是君主的个人品德方面，它还包含君主在政治上的远见卓识，以及由这样的远见卓识为指导而制定的种种措施和这些措施所产生的社会效果。只有具备这种气度的君主，才能使“万姓推而不厌也”。虞世南认为，像桓玄这样的“浮狡小智”、“侥幸之才”，是不能成就大事业的，而遭到毁灭则是理所当然的。

“人君之量”是一个很高的道德标准和政治标准。在虞世南看来，不独桓玄这样的人与此无涉，历史上有一些看来还说得过去的君主也不曾达到这样的标准。如他论北周武帝宇文邕，是这样说的：

公子曰：夫以周武之雄才武艺，身先士卒，若天假之年，尽其兵算，必能平一宇内，为一代之明主乎？

先生曰：周武骁勇果毅，有出人之才略。观其卑躬厉士，法令严明，虽勾践、穰苴亦无以过也。但攻取之规有称于海内，而仁惠之德无闻于天下，此猛将之奇才，非人君之度量。

“人君之度量”不同于种种“奇才”的地方，在于前者应建立在很高的道德素养和政治素养之上，因而能产生影响于社会的“仁惠之德”。在封建社会里，君主具有至高无上的权力。虞世南提出“人君之度量”的看法，尽管带有很重的理想主义的色彩，但他在主观上是希望人君能对自己提出更高的要求。这一点，还是有积极意义的。

同“人君之度量”的见解相关联的，虞世南还评论了“人君之才”与“人君之德”。《帝王略论》在评论汉元帝的时候，讲到了关于“人君之才”的问题：

或曰：汉元帝才艺温雅，其守文之良主乎？

虞南曰：夫人君之才在乎文德武功而已。文则经天纬地、词令典策，武则禁暴戢兵、安人和众，此南面之宏图也。至于鼓瑟吹箫、和声度曲，斯乃伶官之职，岂天子之所务乎！

人的才华是多种多样的，对于不同身份的人来说，亦要求与之相适应的才华。作为一个君主，其才能应反映在“经天纬地”、“禁暴戢兵”方面，否则将与身份不相吻合。这是提出了怎样看待“人君之才”的标准。在讲到“人君之德”时，虞世南极力称赞刘备，说：“刘公待刘璋以宾礼，委诸葛而不疑，人君之德于斯为美。”他把尚礼和诚信看作是“人君之德”的两个重要方面，这无疑是从儒家传统观念着眼的，但这两条对于当时的李世民和后来的贞观之治，特别对于维系唐太宗统治集团的稳定，或许不无关系。

第二，分别肯定一些君主的历史作用。虞世南对历史上一些君主的评论，往往反映出他的卓越的史识。他对魏孝文帝和宋高祖的评价，就是很典型的例证。下面是关于宋高祖刘裕之评价问题的问答：

公子曰：宋高祖诛灭桓玄，再兴晋室，方于前代，孰可比伦？

先生曰：梁代裴子野，时以为有良史之才，比宋祖于魏武、晋宣。观彼二君，恐非其类。

公子曰：魏武一代英伟，晋宣频立大功，得此二人，以为多矣。季孟之间，何为非类？

先生曰：魏武，曹腾之孙，累叶荣显，濯缨汉室三十余年，及董卓之乱，乃与山东俱起，诛灭元凶，曾非己力。晋宣历任卿相，位极台鼎，握天下之图，居既安之势，奉明诏而诛逆节，建瓴为譬，未足喻也。宋祖以匹夫挺剑，首创大业，旬月之间，重安晋鼎，居半州之地，驱一郡之卒，斩谯纵于庸蜀，擒姚泓于崤函，克慕容超于青州，枭卢循于岭外，戎旗所指，无往不捷。观其豁达宏远，则汉高之风；制胜胸襟，则光武之匹。惜其祚短，志未可量也。

在魏晋南北朝隋唐时期门阀风气很盛的政治氛围中，虞世南这样赞扬“匹夫”出身的宋高祖，不仅要有见识，而且也要有勇气。值得注意的是，在虞世南的时代看历史，西汉开国之君刘邦和东汉中兴之主刘秀，恐怕是最受人尊崇的两位君主了，他把刘裕跟他们相比拟，可以看出他对东晋灭亡的毫不惋惜和对刘宋建立的充分肯定之情。他似乎认识到，晋宋更迭是一个不可扼制的趋势。而他对魏孝文帝的评价是从另一方面予以强调的：

公子曰：魏之孝文，可方何主？

先生曰：夫非常之人，固有非常之功。若彼孝文，非常之人也。

公子曰：何谓非常之人？

先生曰：后魏代居朔野，声教之所不及，且其习夫土俗，遵彼要荒。孝文卓尔不群，迁都渡涧，解辫发而袭冕旒，袪毡裘而被龙衮，衣冠号令，华夏同风。自非命代之才，岂能至此！

这是从民族关系上，特别是从“声教”（这大概是今天人们所说的许多个“文化”概念中的一个）方面高度评价了魏孝文帝的汉化措施，并把魏孝文帝称为“非常之人”、“命代之才”。在当时的历史条件下，作者能够对民族关系有这样的见解，能够对所谓“异族”统治者作这么高的评价，不能不说是一种卓识。

第三，着意于成败得失的总结。《帝王略论》从多方面评论历代君主的贤愚、明昏。根本的一条，是着意于对历代政治统治成败、得失的分析和总结。虞世南论秦始皇和秦朝的历史，即注重于政策的当否，又涉及有关人的才能的高下，包揽的面是很宽的：

公子曰：秦始皇起秦陇之地，蚕食列国，遂灭二周而迁九鼎，并吞天下，平一宇内，其规摹功业亦已大矣。何为一身几殒，至子而亡乎？

先生曰：彼始皇者，弃仁义而用威力，此可以吞并而不可以守成，贻训子孙，贪暴而已。胡亥才不如秦政，赵高智不及李斯，以暗主而御奸臣，遵始皇贪暴之迹，三载而亡，已为晚矣！

这里着重批评了秦始皇一味任用“威力”的政策，殊不知在“守成”时亦需要以仁义相辅；而这种政策作为贻训，又影响到秦二世的统治。联想到贞观初年唐太宗君臣讨论“教化”问题，魏徵力主教化，而封德彝则提出“秦任法律，汉杂霸道”的先例，以致引起一场争论；以及唐太宗与大臣探讨“草创与守成孰难”的问题，引起热烈的争论，可见虞世南的上述评论并不是毫无意义的。他评论的是历史，却包含着对于未来的预见。

在总结历代皇朝成败得失的时候，虞世南还能够指出那些获得巨大成功的君主的失误处，绝不因其功业之大而讳言其短。他论汉高祖刘邦是这样说的：

公子曰：汉高拨乱反正，为一代英主，可谓尽善者乎？

先生曰：汉祖起自卑微，提三尺剑以取天下，实有英雄之度量焉！故班氏《王命论》云……加之以信诚好谋，达于礼爱，见善如不及，用人如由己，从谏如顺流，趋时如响赴，此其所以得天下也。然知吕后之耶（邪）辟而不能正，爱赵王如意而不能全，身没之后，几亡社稷。若无刘章、周勃，吕氏几代汉矣。此之为过，甚于日月之食，岂尽善之谓乎！

作者充分肯定了刘邦在政治上的谋略和成功，但也批评了他在对待吕后的"邪辟"上的迁就和无力，以至弄到"几亡社稷"的地步，这是重大的过失，怎么能说他是尽善尽美的人呢！可见在作者看来，所谓明者可为规范、昏者可为鉴戒，二者也不是截然分开的。这里面包含着作者在评论历代帝王时的朴素辩证观点。

第四，重人事而斥天命。中国古代史学家在论述历史事件或评价历史人物时，常常摆脱不了"天命"的束缚；这种束缚的程度，自然因人而异。不过，也确有少数史学家是不相信"天命"的，甚至对"天命"进行指斥。从总的倾向来看，《帝王略论》属于后一种情形。它关于宋文帝的评价，是涉及对于"天命"的态度的：

公子曰：宋文宽仁之君，享国长久，弑逆之祸，为何所由？善而无报，岂非命也？

先生曰：夫立人之道，曰仁与义。仁有爱育之功，义有断制之用，宽猛相济然后为善。文帝沉吟于废立之际，沦溺于嬖宠之间，当断不断，自贻其祸，孽由己作，岂命也哉！

这一段话表明，宋文帝的"弑逆之祸"，并不是不可避免的，恰恰相反，这正是他自己的种种失误所酿造出来的。"沉吟于废立之际，沦溺于嬖宠之间"，这在历代封建君主中是带有普遍性的现象，也是许多次政治动乱，甚至引起朝代更迭的重要原因之一。作者此论，对宋文帝来说固然不错，对后世的封建君主也有借鉴的意义。在讲到南朝宋齐二代“废主”之多的问题时，作者把自己关于“天命”同人事的看法说得更明确了：

公子曰：宋、齐二代，废主有五，并骄淫狂暴，前后非一，或身被杀戮，或倾覆宗社，岂厥性顽凶，自贻非命，将天之所弃，用亡大业者哉？

先生曰：夫木之性直，匠者柔以为轮。金之性刚，工人理以成器。岂天性哉，盖人事也。惟上智与下愚特禀异气，中庸之才皆由训习。自宋、齐以来，东宫师傅，备员而已，贵贱礼乐，规献无由，且多以位升，罕由德进。善乎哉？！

这里，不仅强调了“人事”的作用，而且把“人事”也讲得很具体，很切实，即教育的作用。《帝王略论》着重于论，但它在这里也从史实上概括了宋、齐二代“废主”之多的原因。这对最高封建统治集团来说，无疑也是一条重要的历史教训。当然，作者对待“天命”，也不是彻底否定的，有时，他还相信“冥数”的存在，这是他的局限性的表现。

唐太宗所撰《帝范》12篇，是专给太子阅读的政治读本，但它包含了丰富的历史见解，涉及历代君主治国安邦的得失，因而也是一本根据历史事实写成的帝王论。它的篇目是：《君体》《建亲》《求贤》《审官》《纳谏》《去谗》《诫盈》《崇俭》《赏罚》《务农》《阅武》《崇文》。唐太宗在序文中写道：

自轩昊已降，迄至周隋，经天纬地之君，纂业承基之主，兴亡治乱，其道焕焉。所以披镜前踪，博采史籍，聚其要言，以为近诫云尔。

唐太宗为一代明君，他晚年所写的这部帝王论，自然也包含了他本人的经验教训，从而使这书具有不同于一般君主论的意义。

魏晋南北朝隋唐时期的史学在历史思想上的进步，不限于以上这几个方面。这几个方面只是更多地反映了时代的特点，反映了客观历史发展跟史学家思想发展的关系。这在一些有成就的史家那里和有影响的史书当中，都会有不同方面的、突出的反映。

第五讲　历史文献学的成长

1. 史书部类趋于定型

随着史学的发展以及史学跟社会生活关系更加密切，人们加强了对于历史文献的整理、研究和使用，从而推动了历史文献学的进步。魏晋南北朝隋唐时期，历史文献学成长起来了。这主要表现在两个方面。一个方面是史书部类趋于定型，另一个方面是史注取得了巨大成就。史书部类的趋于定型，是史书在数量上迅速发展和种类逐渐增多的要求；史注的巨大成就，表明了史学在社会生活中的作用出现了不断扩大的趋势。

史书部类趋于定型，一是看它在整个文献中所占据的部位，一是看它本身内部分类的发展。《汉书·艺文志》以史书附于“六艺略”《春秋》之后，史书在整个文献分类中尚无独立的位置，更不曾有内部的分类。这种情况，在魏晋南北朝隋唐时期不断发生着变化。

在《汉书·艺文志》以后，直到《隋书·经籍志》问世以前，诸家“正史”都没有艺文、经籍之志。史书部类的变化、发展，可以从专门的目录书中加以考察。《隋书·经籍志二》“簿录篇”著录两晋、宋、齐、梁、陈、隋诸家目录书17种（专科目录不在此数）；《隋志》失载而见于《新唐书·艺文志二》“目录类”的，有南朝宋人殷淳《四部书目序录》和隋朝王劭《开皇二十年书目》；上述二志均未著录，而见于别处记载的，隋以前的目录书，也还有一些。根据有关文献对这些目录书的介绍，大致可以看出史书部类趋于定型的发展情况。

这个时期最早的目录书是三国时魏国郑默所著《中经》（亦称《魏中经簿》）。西晋荀勖在此基础上著《中经新簿》（亦称《晋中经簿》），特点是“分为四部，总括群书”。四部，是甲、乙、丙、丁；其丙部书，有史记、旧事、皇览簿、杂事。它在文献分类上，已不同于《七略》和《汉书·艺文志》，这是一大变化。另一大变化，是史书独立为四部之一，这是史书与其他文献在分类上的里程碑。东晋李充著《晋元帝书目》。因荀勖四部之法，“换其乙丙之书”，史书升为第二位，“自是厥后，世相祖述”。自此，史书在文献整体分类上的位置就确定下来了。南朝宋、齐间人王俭著《七志》，梁人阮孝绪著《七录》，以及隋朝许善心著《七林》，都是对文献作七种分类。《七志》对于史书分类，没有多少意义。《七录》作者阮孝绪因“今史家记传，倍于经典”的事实，特“分出众史，序《记传录》为内篇第二”。他说的“内篇”，是指经典、记传、子兵、文集、技术等五录；“外篇”，是指佛、道二录。《七录》继承了李充列史书于第二位的分类法，同时又扩大了荀勖对于史书内部分类的范围，分史书为12类，是史书分类上的又一里程碑。《七林》是仿《七录》而作，它的特点是：“各为总叙，冠于篇首。又于部录之下，明作者之意，区分其类例焉。”《七录》和《七林》，在史书分类方法和文献学思想方面，为史书分类更加完备和走向定型，提供了重要的成果。唐高宗显庆元年(656年)，《隋书》十志（即《五代史志》）修成，其中《经籍志》是《七略》《汉书·艺文志》以来最重要的目录书，是对两志之间目录书的总结性成果。《七录》已有经、史、子、集的文献分类思想，《隋书·经籍志》把前人的四部分类法和按经、史、子、集加以部次的思想结合起来，形成了新的文献分类格局。其中史部又分为13类，每类均有小序1篇，加上史部大序1篇，共14篇序，约4100字。各类小序概说此类史书性质、体例、源流、存佚情况、代表作品；史部大序略述史职要求、史学功用、史官制度。《隋书·经籍志》已超出一般目录书的价值而具有学术史雏形的意义，其史部则具有史学史雏形的意义。至此，史书分类不论在与相关文献之关系的部次上，还是在内部分类的格局上，都基本确定下来。历史文献学在广义的文献学领域里，已卓然自立。

2. 史注的突出成就

这是历史文献学成长起来的另一个突出标志。首先，许多重要的历史著作这时都有了注或新注，其中有相当数量的史注名作。《左传》，有西晋杜预的《春秋左氏经传集解》；《国语》，有三国吴人韦昭的《国语解》；《史记》，有南朝宋人裴骃的“集解”、唐代司马贞的“索引”和张守节的“正义”，习惯上统称为“《史记》三家注”；《汉书》，主要有唐代颜师古注；《后汉书》纪传，有唐代李贤等注；《续汉书》志，有南朝梁人刘昭注；《三国志》，有南朝宋人裴松之注。此外。南朝宋人刘义庆所撰《世说新语》，有梁人刘孝标注；三国佚名氏所撰《水经》，有北魏郦道元注等，皆为名家。这些史注都流传下来，对于后人释读、研究和使用丰富的史学遗产，发挥了很大作用，直至今天，它们都还有参考价值。

其次，是出现了多种注史派别和注史方法，为历史文献的整理、研究开辟了广阔的前景。这些派别和方法主要有：

——补充史事。裴松之《三国志注》和刘孝标《世说新语注》，还有唐人李善《文选注》，是这方面的名注。裴松之肯定《三国志》“铨叙可观，事多审正”，是“近世之嘉史”，惋惜它“失在于略，时有所脱漏”，于是“采三国异同”为之作注。所注内容是：“其寿所不载，事宜存录者，则罔不毕取以补其阙。或同说一事，而辞有乖杂，或出事本异，疑不能判，并皆抄内，以备异闻。若乃纰缪显然，有不附理，则随违矫正，以惩其妄。其时事当否，及寿小失，颇以愚意，有所论辩。”这一段话，说明作注的宗旨和方法，具有理论的价值。从“补其阙”、“备异闻”、“惩其妄”、“有所论辩”来看，裴注的内容是很丰富的，其着眼点在于对文献的搜求，即所谓“务在周悉，上搜旧闻，旁摭遗逸”。因此，裴注重在具有补充文献的价值。从史注发展来说，《三国志注》开创了新的注史方法，在史学史上是值得重视的。

《世说新语》是一部笔记小说集，原为8卷，刘孝标注本为10卷，今传本分上、中、下3卷。这书分德行、言语、政事、文学、方正、雅量等36门，记东汉末年至东晋末年间士大夫的言谈轶事，对于反映魏晋时期门阀地主的思想、生活及清谈放诞的风气，有重要的历史价值。刘孝标仿《三国志》裴注之注，广征博引，采撷文献400余种，以注《世说新语》，这就更加提高了它的历史文献价值。《世说新语》注也兼有考史、评史的作用，但不如《三国志注》在这方面的作用突出。

萧统所编《文选》（后亦称《昭明文选》）30卷，是一部文学总集，选录先秦至南朝萧梁的诗文辞赋，不选经、子，史书也只选录少量"综缉辞采"、"错比文华"的论赞。全书分为38类，共700余首，是梁、陈、隋、唐时的重要文学读本。唐代先后出现了两个《文选》注本，一是高宗显庆年间的李善（？—689年）注本析为60卷，一是玄宗开元年间的"五臣注"本。宋人又把它们合为《六臣注文选》。李善注精于"五臣注"，这是两宋以后的普遍看法。《新唐书》称赞李善："淹贯古今"，"为《文选注》，敷析渊洽"，"居汴、郑间讲授，诸生四远至，传其业，号'《文选》学'"。南宋尤袤指出："五臣特训释旨意，多不原用事所出；独李善淹贯该洽，号为精详。"今传《文选注》，大致保存了李善注文的优点，但已非李注原貌。李注重"用事所出"，征引赅博，储存了唐初以前的丰富文献，这跟《三国志注》《世说新语注》是有同样价值的。这三种注，被认为是"六朝唐人书注最浩博者"。刘知幾指出，"掇众史之异辞，补前书之所阙"，是南朝学人注史的一个特点。齐陆澄的《汉书注》、梁刘昭的《后汉书》注，也是采用搜集同异以为注的方法。

——训释史文。杜预《春秋左氏经传集解》、《史记》三家注、《汉书》颜师古注、《后汉书》李贤等注，是这种注史流派的代表作。它们的特点，是重在训释史文，疏通原著。刘知幾称赞这种史注有"开导后学，发明先义"的作用，又便于"古今传授"。《史记》三家注以前，有东晋徐广作《史记音义》13卷，以注音释义为主，"具列异同，兼述训解"。裴骃"集解"即"以徐为本"，又"采经传百家并先儒之说"加以训释。司马贞在此基础上，"探求异闻，采摭典故，解其所未解，申其所未申者，释文演注，又重为述赞"，撰成《史记索隐》。"索隐述赞"兼有提要和评论的性质，这是"索隐"不同于"集解"的地方。张守节作《史记正义》，自谓："评《史》《汉》诠众训释而作正义，郡国城邑委曲申明，古典幽微窃探其美，索理允惬，次旧书之旨，兼音解注，引致旁通。”三家注虽不尽相同，且有互补之效，但中心都没有脱离音字释义这个基本方法。从《史记正义》的体例说明“论史例”、“论注例”、“论字例”、“论音例”、“音字例”、“发字例”、“谥法解”、“列国分野”，可以看出这一派史注的风格和特点，跟《三国志注》《世说新语注》是迥然不同的。

颜师古的《汉书注》是这一派史注中成就最大的。颜注是在已有20多家《汉书》注的基础上所作的，它包含三个方面的内容。第一，是对待旧注：凡恰当可用者，“具而存之，以示不隐”；凡意有未伸者，“衍而通之，使皆备悉”；凡“越理乱真”者，则“匡而矫之，以祛惑蔽”：凡“泛说”、“芜辞”，“徒为烦冗”者，一概不取；凡旧注阙漏者，则“普更详释，无不洽通”。第二，是对待“六艺”之文：不“追驳前贤”，也不“曲从后说”，而“各依本文，敷畅厥指”。第三，对本书纪传表志所记“时有不同”者，或“笔削未休，尚遗秕稗”，或“后人传授，先后错杂”，都“穷波讨源”，予以甄释。颜注有两个突出特点，一是在字音、字义的注解上一丝不苟，功夫坚深；一是不脱离原著，“翼赞旧书，一遵轨辙，闭绝歧路”，反对“竞为该博，多引杂说，攻击本文”。史载：《汉书注》出，“大显于时”；时人称杜预、颜师古为“左丘明、班孟坚忠臣”。这反映出杜预、颜师古注史的成就，也反映出这一史注流派的学术影响。

——以著为注。郦道元《水经注》在这方面取得了重大的成就。《水经》是一部水利史专书。北魏郦道元为之作注，广搜资料，大加扩充，成《水经注》40卷。《水经注》共记河流1252条，详细记述了各条河流所经过的山陵、郡县、城市、关津、名胜、祠庙、冢墓等地理情况、建置沿革和有关的历史事件、人物、故事、歌谣以至神话传说。注文共约30万字，为原书的20倍。其引用书多达431种，并收录了不少汉魏时期的碑刻，有很高的文献价值。《水经注》跟《三国志注》《世说新语注》相比，可谓貌似而神异，它具有明确的撰述思想和撰述体系，可以说是一部以注代著或以著为注的历史地理名作。

——著者自注。以上几种史注，都是注家注他人之书。自注，是著者自注己书，刘知幾《史通·补注》篇称为“子注”。自注是著者在撰述中对于历史文献的一种特殊的处理方法。这大致有两种情况：一是行文中由此及彼，旁及相关事物，不便书入正文而又可以烘托正文所记者，北魏杨衒之（一作羊衒之）的《洛阳伽蓝记》属于这种情况；一是为简省正文而对正文所做的补充或说明，唐杜佑的《通典》属于这种情况。《洛阳伽蓝记》在流传中正文与注文久已混淆，后人难以复其原貌。《通典》正文约170余万字，注文约20余万字，占正文八分之一左右，是《通典》的重要组成部分。

3. 文献整理、总集和类书

这个时期的历史文献学还有其他方面的一些成就。一是西晋初年对汲冢出土的古文献的整理、研究，其中《纪年》12篇在历史文献上具有重要的价值，它说明早在战国时代，中国已有略具雏形的编年体通史的撰述。

二是关于总集和类书的编纂。总集以萧统编的《文选》最有价值，所收诗文多为历代代表之作，从一个方面反映了社会历史面貌。它所收录的史论和史述赞，尽管是从“辞采”和“文华”着眼，但把史论列为总集的一目，对历史文献学的发展还是有积极作用的。晚唐文宗大和年间，裴潾“集历代文章，续梁昭明太子《文选》，成三十卷，目曰《大和通选》，并音义、目录一卷”。章学诚对其评价甚高，说它“汇公私之述作”，“以词章存文献”，是“史部之通”的一种形式。可惜此书今已不存。类书有隋末唐初虞世南编的《北堂书钞》、唐高祖武德年间欧阳询等编的《艺文类聚》、唐玄宗开元年间徐坚等编的《初学记》，今三书皆存。《北堂书钞》是中国现存最早的一部类书，原有174卷，今存160卷。全书分为帝王、后妃、政术、刑法等19部，851类，按类排比资料。引书除集部书外，多达800余种，而原书今多亡佚，故储存了丰富的文献资料。《艺文类聚》100卷，分为天、岁时、地、州、郡、山、水等44部，720余目。每目之下，“事居于前，文列于后”，征引唐以前文献1431种，今所存十不一二。《初学记》30卷，分天、岁时、地、州郡、帝王等23部，313目。每目之下，依次按“叙事”、“事对”、“诗文”，三个部分采撷文献。《艺文类聚》《初学记》都比《北堂书钞》严谨，而《初学记》在取材精审上又胜于《艺文类聚》。这三部类书因保存了大量的已佚古书中若干资料而备受后人重视，对宋以后类书的发展和校勘、辑佚之学的发展，有很大的推动作用。

三是各种同类性质的文献汇编日渐增多，这跟封建皇朝政治统治的需要和社会风气有直接的关系。《新唐书·艺文志二》故事类著录有《魏名臣奏事》30卷；刑法类著录有陈寿《汉名臣奏事》30卷，有《条钞晋宋齐梁律》20卷；谱牒类有王俭《百家集谱》10卷，王僧孺《百家谱》30卷、《十八州谱》712卷等。按文献性质分类汇编，是历史文献整理的基本工作，这个时期有了明显的进展。

魏晋南北朝隋唐时期的历史文献学的成长，为宋元时期历史文献学的发展创造了很好的条件，也提供了丰富的经验。

第六讲　隋皇朝的建立

隋，正如秦一样，树立了又一次统一的封建皇朝的规模，并且也是一个短命的皇朝。隋共二帝。杨坚，于581年灭周后在位23年；如从灭陈算起，在位15年。604年，他为太子杨广所害。隋炀帝杨广在位也只13年。

隋之世系：隋文帝杨坚（581—604年）至隋炀帝杨广（604—618年），一目了然。

1. 杨坚在位的15年

杨坚建国的当年，就确定了朝廷的官制，有内史省、门下省和尚书省。内史省的主管叫内史令，掌管机要，发布政令。门下省的主管叫纳言，负责政令的审议。尚书省的主管称尚书令，负责处理全国行政事务。这三省的长官都相当于秦汉时的丞相，但把丞相的职权分为三部分，由皇帝直接驾驭。

杨坚，隋文帝（541—604年），弘农郡华阴县（今属陕西）人。西魏大统七年（541年）六月十三日，杨坚是母亲吕苦桃在冯翊般若寺里所生。杨坚长成人，“性严重，有威容，外质木而内明敏，有大略”。

杨坚的父亲杨忠，是一位扶助宇文泰开创北周基业的功臣，位至柱国、大司空，封为隋国公。

杨坚凭着自己的才能，又借助父亲杨忠当年的地位和威望，最初才任得成纪县公、大兴郡公的职位。此后，杨坚继承了隋国公的爵位。建德五年（576 年），杨坚为右三军总管，从北周武帝伐齐，攻克邺城，进位柱国。此后，杨坚又与宇文宪击灭了北齐的最后反抗势力、任城王高湝，并以功除定州总管。

宣政元年（578 年），北周宣帝继位，娶了杨坚的长女杨丽华，并立她为皇后。由此，杨坚得升为上柱国，又大司马。不久，杨坚又迁升为大前疑。宣帝每次出巡，常命杨坚留守京城，因此位望日隆，深得宣帝的信任。然而，宣帝是一个荒淫无耻的暴君。他恣情声乐，“多聚美女，以实后宫”，速立了 5 个皇后。宣帝颁布了《刑经圣制》，用法苛刻，就连群臣、宫女也被杖打。以致“内外恐惧，人不自安，皆求苟免，莫有固志”。宣帝的昏庸，以及杨坚当时所处的地位，对于他野心夺位，独持政权，自然是极为有利的。

鲜卑宇文氏建立的北周政权，本来在很大的程度上要依靠汉族士人的力量。杨坚出自弘农杨氏，士族中也很显赫，拥有宗兵（杨氏私兵）多至 3000 人。杨坚原本在政治上就有野心，他曾经对密友郭荣说过，“吾仰观天象，俯察人事，周历已尽，我其代之”之类的话。他做定州总管的时候，庞晃（后为隋文帝的右卫将军）就曾向他建议：“燕代精兵之处，今若动众，天下不足图也。”当时，杨坚虽然觉得时机还不成熟，但所结纳的人，却是越来越多，这样遂而形成了一个有实力的政治集团。在这个政治集团中，刘昉、郑译、高颎、李德林等人便是支柱人物。大象二年（580 年），宣帝驾崩，他 8 岁的儿子宇文阐继位，做了皇帝。从此，杨坚为首的这个政治集团，乘机开始了篡夺政位的阴谋活动。在内史上大夫郑译等的策划下，下诏举杨坚入总朝政，都督内外诸军事。同时，借以赵王宇文招将要嫁女于突厥为名，把北周在外的藩王都征召到京城来，防止他们在外反抗。这样一来，杨坚便以左大丞相的重职，迅速掌控了北周的军政大权。此时，以相州总管尉迟迥为首的反杨集团的地方势力，并不示弱，发动了武装对抗。继而，郧州总管司马消难、益州总管王谦，起兵响应。尉迟迥以北周重臣，据形胜之地，众至数十万人，“又北结高宝宁以通突厥，南连陈人许割江淮之地”，可谓声势浩大。杨坚此时也摆开了阵式，派韦孝宽率重兵，进攻相州；并以王谊、梁睿分别进击郧、益两地。这表面上看，虽是统治阶级内部的权力之争，但久已厌乱的百姓，却极希望有个“好皇帝”，能使百姓们安居乐业。尉迟迥“昏耄已甚，消难、王谦常人之下者，非有匡合之才”，而“在朝将相，多为身计，竞效节于杨氏”，从这里就可以看出当时的人心有所向背，再加上杨坚在军事上的措置得宜，上述的反杨武装很快就被击破。尉迟迥兵败自杀，司马消难南逃于陈朝，王谦也被杀死。杨坚在这关键的时刻取得了胜利，既扫除了他前进中的障碍，又迅速稳定了统治阶级内部的秩序。

杨坚得势，乘胜追击，紧接着便以谋反的罪名，先后杀掉了北周宗室毕王宇文贤、赵王宇文招、越王宇文盛、陈王宇文纯、代王宇文达、滕王宇文逌等，力削宇氏家族的势力，清除鲜卑族中的反杨力量。与此同时，杨坚又拉拢元谐、元冑、宇文忻等部分鲜卑贵族。杨坚所做的这一切，为他改朝换代，顺利登上皇位，扫除了一切障碍。大定元年（581 年）二月，杨坚由隋国公晋封隋王。“位在诸侯王上”的杨坚，经过一番“禅让”之后，便“理所当然”地正式做了皇帝，国号为隋，改元开皇，定都长安。历史上称他为隋文帝。

隋文帝在开始掌权之时，就一反周宣帝所为，“大崇惠政，法令清简，躬履节俭，天下悦之”。这位皇帝，“勤于为治，每临朝，或至日昃，五品已上，引坐论事，卫士传餐而食”。在如此励精图治的情况下，隋文帝在政治、经济方面都采取了许多革新的措施，用以巩固和发展新建立的隋政权。

隋文帝首先改革行政制度，废除了北周时代从《周官》抄袭来的那一套古老的制度，命苏威等人，综合汉魏以来的历朝官制，制定了新的制度。在朝廷分设了尚书、门下、内史、秘书、内侍 5 省，御史、都水 2 台，太常、光禄、宗正、太仆、大理、鸿胪、司农、太府、国子、将作 11 寺，左右卫、左右领军等 12 府。政权所寄，全在尚书、门下、内史 3 省。尚书省事无不总，是一个执行各种政令的机构。置尚书令 1 人，左右仆射各 1 人，统领吏、礼、兵、都官（后改刑部）、度支（后改民部）、工 6 部。6 部各设尚书 1 人，分别统管 36 侍郎，执行部务。门下省置纳言 2 人，内史省置内史令 2 人。3 省官史共同制令立法，参加决定军政大事，担任宰相的职务。3 省 6 部制度便从此确立起来了。

此外，又进行了地方建置的改革，把北朝以来的州、郡、县三级制改为州、县两级制，后来又改为郡、县两级制。并规定：九品以上的地方官，一律由朝廷任免，每年由吏部考核政绩。以后又规定地方上的正官三年一迁，佐官四年一迁。这些办法都加强了封建专制主义的统治。

在地方上，隋初沿袭前代的州、郡、县三级制。但当时南北各地均置侨州、郡、县，“或地无百里，数县并置；或户不满千，二郡分领”，造成“民少官多”的状况。开皇三年隋文帝根据杨尚希等人的建议，废除了郡级机构，并省州县，裁减冗官。不仅节省了国库开支，而且提高了行政效率。对于地方各级官吏，统由尚书省的吏部负责选任，所谓“大小之官，悉由吏部”。这样就使“执政参吏部之职，吏部总州郡之权”，加强了朝廷对地方的控制。

杨坚还废除了魏晋以来由地方州郡长官负责选拔官吏的制度。他在地方上设立州学和县学，每年推选学习优秀的生徒到朝廷进行考试，根据成绩予以录用。这样，就为入仕多开辟了一条道路，给较多人入仕的机会，有利于扩大封建统治的阶级基础。

在整顿吏治方面，隋文帝“妙简良能，出为牧宰”。擢“仁明著称”的广汉太守柳俭为蓬州刺史，以“奉国尽心”的驾部侍郎辛公义为岷州刺史，擢“治术尤异”的临颍令刘旷为莒州刺史，“清名善政，为天下第一”。任“达于从政”的房恭懿为新丰令，“政为三辅之最”。文帝还经常遣使考察地方官吏，褒奖良能，惩处贪污。治书侍御史柳彧巡省河北 52 州，奏免贪污不称职的长吏 200 余人。库狄士文为贝州刺史，对官吏尺布升粟之赃，无所宽贷，检举了 1000 多人，隋文帝都把他们发配到岭南去了。文帝又以“典吏久居其职，肆情为奸”，下令“诸州县佐史三年一代，继任者不得重居之”。这些措施对澄清吏治，减轻人民的苛刻负担，起到了一定的作用。

隋以北魏、北齐的刑律为基础，制定了新的刑律。隋律计分为 12 篇，刑罚有死刑、流刑、徒刑、杖刑、笞刑等 5 种，比以前的刑律减省了千余条，并规定了有冤屈可以逐级上诉，直告到皇帝跟前。但隋律对于谋反等所谓"十恶"之罪，不予轻恕。

开皇初年，隋文帝力矫北周末年"用法深重"、"诛杀无度"的弊政，命高颎、郑译、杨素、裴政等修订刑律。裴政为主要修订人，上采魏晋旧律，下及齐、梁，讨论折中，制定新律。废除了前代的枭首、轘裂及鞭刑，还废除了大棒、束杖、车辐、鞵底、压踝、杖桄等讯囚酷法。民有枉屈，县若不理，可以逐级上诉至朝廷，凡属死罪，都应上报朝廷，"三奏而后决"，以昭慎重。开皇三年，隋文帝根据刑部的奏报，认为犯罪人数还很多，乃因刑律太严。命苏威、牛弘等再定新律，删去死罪81条、流罪154条、徒杖等罪1000多条，从此"刑网简要，疏而不失"。当然，隋律的职能仍旧是镇压劳动人民，而且相当残酷；但它终究废除了前代许多"苛惨之法"，而且标榜"以轻代重，化死为生"的立法原则，在中国法律史上已是一个很大的进步。

为了查实应纳赋税和负担徭役的人口，杨坚采取了大索貌阅和输籍定样的措施。大索貌阅在585年实行，那是由州县官吏按照户籍上登记的年龄，跟本人的体貌进行核对，检验是否有诳报年龄，诈老诈小的情况。通过大索貌阅，第一次查出40多万壮丁，第二次又查出了20多万壮丁。输籍定样也在同年实行，办法是：由朝廷按照财产和人口的多少，确定划分户等的标准，叫作定样，颁布各州县。每年正月，由县令派人到乡村，根据定样划分户等，征发固定的赋税和徭役。因为朝廷规定的赋税和徭役负担较轻，就能吸引那些在大地主的荫庇下的农民，来改作朝廷的编户，增加了朝廷控制的劳动人手。

灭陈后，杨坚在江南实行了一些抑制地方势力的措施。590年，在地方上有势力的地主纷纷起兵反对。婺州（治所今浙江省金华市）的汪文进，越州（治所今浙江省绍兴市）的高智慧，苏州的沈玄等，都自称天子，一些力量较小的地主则自称大都督。他们攻陷州县，杀死朝廷派去的官吏，弄得局势十分紧张。杨坚派大将杨素去讨伐，征服了这些反抗势力，加强了对江南的控制。

隋文帝对于魏、周以来的府兵制度，也做了重要的改革。因为"府兵制初建立时，在主观上是要以军民分治的形式维持种族矛盾，以部曲制度的形式维持部落组织”，所以起初兵士都是鲜卑人，“自相督率，不编户贯”。随着历史的发展，这一制度也就逐渐发生变化。北周武帝时，“改军士为侍官，募百姓充之，除其县籍，是后夏人半为兵矣”。开始打破了兵制上的民族界限，但仍然“兵农各籍”。开皇十年，隋文帝下令：“凡是军人，可悉属州县，垦田籍帐，一与民同；军府统领，宜依旧式。”于是府兵“始一寓之于农”。这不仅使府兵制的民族意义完全消失，并使大批的劳动力投入生产，对生产的发展起了积极的作用。

隋文帝那时，对于选举制度也做了重大改革。随着南北朝以来封建经济的发展，中小地主与富裕农民的数量日益增多，他们要求打破门阀士族的限制，在政治上得到发展。这一要求与隋朝打击豪强地主，加强中央集权的政策是相符合的。因此，魏晋以来为豪强地主所操纵的选拔官僚的“九品中正制”，就在开皇中废除了。代之而起的是以考试选士的科举制度。开皇三年正月，“诏举贤良”。开皇七年，“制诸州岁贡三人”。开皇十八年，“诏京官五品以上及总管、刺史，并以志行修谨、清平干济二科举人”。这里的贤良，志行修谨、清平干济等科，就是唐代制科的由来。还有词科也在这时出现了。如韦云起“开皇中，明经举”；杜正玄“开皇末，举秀才”；房玄龄“年十八本州举进士”，正当开皇十六年。由此可见，明经、秀才、进士诸科都在开皇时设立了。唐以后得到了很大的发展。

隋文帝建立隋朝之初，周边的一些少数民族，如突厥、吐谷浑等每每劫掠边疆，严重地威胁着隋朝的经济生活和政治的统一，也采取了武装防御的措施，以求得边疆的安定。

突厥是匈奴的别支，兴起于北魏末年。到了木干可汗时，势力极盛，“西破哌哒，东走契丹，北并契骨，威服塞外诸国”，成为北方一个强大的军事政权。北周与北齐对峙时，争与突厥结姻好，输财物以求援。北周末年，曾以赵王宇文招女千金公主嫁与沙钵略可汗。隋文帝夺取北周政权时，沙钵略可汗与营州刺史高宝宁合谋，进拢边地，攻占临渝镇（今山海关）。千金公主又极力劝说沙钵略替她娘家北周报仇，于是突厥大举进攻。武威、天水、安定（今甘肃泾川北）、金城（今甘肃兰州）、上郡（今陕西富县）、弘化（今甘肃庆阳）、延安等地遭到严重的抄掠杀伤，弄得“六畜咸尽”。面对突厥的侵犯，隋文帝坚决进行了还击。他派河间王杨弘、上柱国豆卢勣、窦荣定、左仆射高颎、右仆射虞庆则并为行军元帅，分道迎击突厥，打败了沙钵略的进攻。于是隋文帝一面加强防御工事，兴筑长城和沿边的城堡，一面采取长孙晟“远交而近攻，离强而合弱”的建议，利用突厥首领沙钵略可汗、达头可汗、阿波可汗等人之间的矛盾，进行离间，使他们互相攻击。结果，阿波可汗投归建牙葱岭以西千泉（怛罗斯河畔）地方的达头可汗。此后，达头可汗也正式从沙钵略大可汗的统属之下分裂出去，成为一个独立的势力，于是突厥便分为东西两部分。沙钵略在西突厥和契丹东西两面威胁之下，便在开皇四年上表称臣，愿意“永为藩附”。从此保持了边境的和平。吐谷浑，本为羌族，据有今青海和新疆南部。其首领则为鲜卑人，魏、周之际始称可汗，都于伏俟城，在青海西十五里。隋文帝初立时，吐谷浑统治者吕夸也乘机进扰，致使隋文帝一度废弃弘州，给隋朝很大的威胁。文帝命上柱国元谐率步骑数万出击，吕夸战败逃走。但不久又来寇边。开皇三年，汶州总管梁远又大败吐谷浑。到隋统一南北后，势力强盛，吕夸才不敢再来骚扰。开皇十一年，吕夸死，子世伏立，隋把光化公主嫁给他。世伏为部下所杀，弟伏允立，仍以光化公主为妻，“自是朝贡岁至”，双方保持着良好的关系。此外，地处东北的契丹、靺鞨等族，或款塞归附，或遣使贡献，隋文帝对他们都做了妥善的处置。

隋文帝对周边各族，采取了军事上的防御和政治上的招抚政策，有效地处理了民族矛盾，使各族人民赢得了一个“二十年间，天下无事，区宇之内晏如也”的生活和生产的安定环境，为隋代统一南北，发展经济，提供了有利条件。

隋朝很关心跟边疆各族的关系。台湾，当时称作流求，自从吴的卫温、诸葛直到过那里以后，大陆人民移居去的日渐增多，与当地的高山族人民共同开发了台湾。607 年，杨广派羽骑尉朱宽和海师何蛮到流求视察。第二年，朱宽又去慰抚流求人民。610 年，杨广又派人从义安（今广东省潮州市）出海，进驻流求。当地的高山族人民见大量船舰到来，以为是商旅，许多人拿了土特产到军中来请求贸易。从隋朝起，台湾跟大陆的关系更加密切了。

住在东北辽河流域和黑龙江、额尔古纳河一带的契丹、室韦、靺鞨，住在阿尔泰山以南的突厥，住在祁连山以南、雪山以北的吐谷浑，以及高昌、龟兹、焉耆、于阗等，都跟隋朝有来往，经常派人到内地来交换方物。隋朝曾以宗室女分别嫁给突厥的可汗、吐谷浑的首领和高昌王，并派裴矩进驻张掖（今属甘肃省），主持跟西方边疆的联系和商业交通等事宜。

隋时通西方的商道，共有三条。北道，从伊吾（今新疆维吾尔自治区哈密），经蒲类海（今巴里坤湖）、铁勒等部，至拂国（今叙利亚）。中道，从高昌（今新疆维吾尔自治区吐鲁番），经焉耆、龟兹等地，过葱岭，至波斯（今伊朗）。南道，从鄯善（今新疆维吾尔自治区罗布泊附近），经于阗，过葱岭，到北婆罗门（今印度北部和巴基斯坦一带）。中道和南道，还更向西延伸。

隋文帝在平定南方，统一全国方面，同样做出了巨大的贡献。

隋文帝取代北周之前，内迁的匈奴、鲜卑等少数民族的反抗斗争，迫使晋室南移，逐而形成了南北分裂的局面。各族人民经过长期的生产斗争和阶级斗争，以及汉族经济、文化的影响，促进了北方经济发展和民族组合的进程；南方地区由于北方人民不断南迁，人口增加，生产技术有所进步，南方经济也得到了发展。南北分裂，给人民造成了战乱的苦难，阻碍了南北经济、文化的交流，因此实现统一便成为当时南北人民一致的呼声。

隋文帝取代北周以后，便要吞并江南，即任用贺若弼为吴州总管，镇广陵（今江苏扬州）；韩擒虎为庐州总管，镇庐州（今安徽合肥），以侦察陈国的动静。同时，又在永安（今四川奉节）大造战舰，以为水战的需要。当时群臣竞献平陈之策，虢州刺史崔仲方上书：“今唯须武昌已下，蕲、和、滁、方（今江苏六合）、吴、海等州更帖精兵，密营渡计。益、信（今湖北巴东）、襄、荆、基（今湖北钟祥）、郢等州速造舟楫，多张形势，为水战之具。蜀、汉二江，是其上流，水路冲要，必争之所。贼虽于流头、荆门、延州、公安、巴陵、隐矶、夏首、蕲口、盆城置船，然终聚汉口、峡口，以水战大决。若贼必以上流有军，令精兵赴援者，下流诸将即须择便横渡。如拥众自卫，上江水军鼓行以前。虽恃九江五湖之险，非德无以为固，徒有三吴、百越之兵，无恩不能自立。”隋文帝看了崔仲方对平陈之战的分析，非常高兴，从此也确立了平陈的方略。

开皇七年（587 年），隋文帝因萧琮入朝，遂灭后梁。梁宗室萧岩等投奔了陈国。晋州刺史皇甫绩进言隋文帝，说有三条理由可灭陈国，“大吞小，一也；以有道伐无道，二也；纳叛臣萧岩，于我有词，三也。”于是隋文帝便以陈国收纳萧岩为借口，攻打陈国。于开皇八年3月下诏伐陈，并且宣布了陈后主的20条罪状。10月，命晋王杨广、秦王杨俊、清河公杨素为行军元帅。于是杨广出六合，杨俊出襄阳，杨素出信州，刘仁恩出江陵，王世积出蕲春，韩擒虎出庐江，贺若弼出吴州，燕荣出东海，合总管90，兵518000，都受杨广节制。隋文帝亲自到定城（今河南潢川）誓师，以要必胜。

正当隋军分道进发的时候，消息传到陈朝，施文庆、沈客卿用事，“并抑而不言，故无备御”。及闻隋军临江，陈后主还说：“王气在此，齐兵三度来，周兵再度至，无不摧没，虏今来者必自败。”孔范也说隋军决无渡江之理。这个腐朽的统治集团，在末日已经降临的顷刻之暇，还“奏伎纵酒，作诗不辍”。

开皇九年正月，贺若弼自广陵渡江，攻下京口（今江苏镇江）。韩擒虎自横江渡采石，进拔姑孰（今安徽当涂）。贺、韩两军东西夹攻建康。陈将萧摩诃被俘，任忠出降。隋军直入朱雀门，城内文武百官纷纷逃散，陈后主与张贵妃、孔贵嫔躲到景阳宫内枯井中，为隋军所获。杨素与刘仁恩率水军下三峡，大破陈将吕忠肃，乘胜至汉口，与杨俊会合。此时，建康城已破，杨广使陈后主以手书招降上江诸将及岭南女首领冼氏，于是南方全部平定。

隋文帝的这一平定南方的巨大胜利，结束西晋末年以来270多年的分裂局面，又重新获得了统一。

不久，又镇压了婺州、越州、苏州等地的豪强地主的叛乱，并下令销毁“人间甲仗”，对于江南诸州私造的大船，也“悉括入官”，进一步巩固了全国的统一。

政治上的改革和江南叛乱的平定，使隋初的政局得到了稳定。社会经济很快地发展起来。隋初十几年粮食经常丰收，手工业和商业也有了较大发展。朝廷修建了许多粮仓，如洛阳的含嘉仓，能储粮48万石。洛口（今河南省巩义市）的兴洛仓，能储粮240万石，洛阳北的回洛仓，能储粮240万石。据说到杨坚末年，储藏的粮食能供好多年食用。

隋文帝在发展经济方面也采取了许多措施。首先是继续推行魏、周以来的均田制。除授予贵族官僚大量土地外，农民每户夫妇规定授田 140 亩。开皇十二年（592 年），隋文帝派遣使者到全国各地推行均田法，宽乡农民可以得到足数的土地，狭乡每丁才得 20 亩，老幼所得更少。但无地少地的农民终究得到了一些土地。隋文帝又把北周岁役 1 月的 12 番法，减为岁役 20 日。又改定服役年限，由北周规定的 18—59 岁，改为 21—50 岁。裁减了服役年限，并缩短了每年的役期。隋文帝还注重农田水利的兴修。这些措施有力地促进了农业生产的发展。

开皇二年，隋文帝以长安城“凋残日久”，在城东南龙首山创建了一座新的都城，名叫大兴城。城内有东西二市，东市名都会，西市名利人。因系国都所在，“俗具五方，人物混淆，华戎杂错。去农从商，争朝夕之利，游手为事，竞锥刀之末”，成为当时最大的商业都市。隋文帝鉴于前朝币制的混乱，铸造标准的五铢钱，禁用古钱和杂钱。五铢钱“所在流布，百姓便之”，使货币得到统一。开皇时，又规定以古尺 1 尺 2 寸为 1 尺，以古斗 3 升为 1 升，以古秤 3 斤为 1 斤，采冀州刺史赵煚所定的“铜斗铁尺”，颁行全国，度量衡也统一起来了。至于“除入市之税”，“罢酒坊，通盐池盐井，与百姓共之”，这都有利于商业的发展。

由于隋初以来政治安定，经济发展，呈现出一派繁荣的景象。《隋书》称：“仓廪实，法令行，君子咸乐其生，小人各安其业，强无陵弱，众不暴寡，人物殷阜，朝野欢娱。”这虽不免有溢美之处，但也在一定程度上反映了所谓“开皇之治”的实际情况。

隋文帝与历代的封建统治者相比，算是比较节俭的皇帝。他即位之初，就宣布“犬马服玩，不得献上”。对于以布袋进干姜，以毡袋献香料的官吏，都认为是浪费，“大加谴责”。史称，“其自奉养，务为俭素，乘舆御物，故弊者随宜补用；自非享宴，所食不过一肉；后宫皆服浣濯之衣”，生活特别俭朴。

隋文帝的皇后独孤氏（553—602 年），是北周功臣独孤信的女儿。14 岁嫁给了隋文帝，两人感情一直很好。有一次幽州总管阴寿报告一个情况，在与突厥的互市中，有一箧价值 800 万的明珠，劝她买了。独孤后说：“非我所须也。当今戎狄屡寇，将士罢劳，未若以 800 万分赏有功者。”隋文帝为此十分感动，并很敬重她，许多事情都与她商议。隋文帝临朝时，独孤后一同前去，坐在阁内，派宦官打听情况，“政有所失，随则匡谏”，因此宫中尊称独孤后为“二圣”。

开皇十三年（593年），隋文帝下诏，要杨素于岐州之北，新建仁寿宫。平山填谷，以建宫殿，规模很大。又因督催工期，丁夫死者上万。开皇十五年，仁寿宫修成。隋文帝到了那里，看到宫殿十分壮丽，反而大怒道：“杨素殚民力为离宫，为吾结怨天下。”杨素听了，很是害怕，但是独孤后对这所离宫很是满意，隋文帝的态度也就随之变了。第二天召见杨素，赐钱100万，锦绢3000段。由此于见“二圣”的感召，对于隋文帝来讲，也是很灵的。

独孤后生性嫉妒，后宫不敢进御。尉迟迥的孙女有美色，隋文帝很喜爱她，在仁寿宫得幸。独孤后伺文帝上朝，暗地将她处死。隋文帝得知后，大为愤怒，从苑中单骑出走，入山谷20多里。高颎、杨素慌忙追去，苦谏相劝。隋文帝叹息道：“吾贵为天子，而不得自由！”高颎说：“陛下岂以一妇人而轻天下？”这才把隋文帝劝回宫中。后来皇后听到高颎说她是一妇人，心怀愧恨，便常在隋文帝面前诋毁他，高颎终于被陷害，除名为民。

太子杨勇性宽厚，率意任情，无矫饰之行。他曾经把蜀人所做精美铠甲再加装饰，隋文帝看了很不高兴，告诫他：“当以俭约为先，乃能奉承宗庙。”后来遇到冬至节日，百官都到太子宫，太子张灯奏乐来庆贺。隋文帝又是不快，下诏责难太子，从此父子便生猜忌。独孤后又因太子妃元氏无宠，心疾而死，疑有他故，颇为不平，乃派人暗察太子。而晋王杨广则矫情饰诈，谄媚母后，外结朝士，拉拢权臣杨素，积极进行夺取太子地位的活动。开皇二十年，隋文帝在众口铄金的情况下，废黜了“抚军监国几二十年”的太子杨勇，立杨广为太子。

仁寿四年（604年），隋文帝卧病在床，一次看到宠姬宣华夫人仓促从外面进来，神色有异，问她出了什么事。陈氏不觉流泪说：“太子无礼！”隋文帝大怒道：“畜生何足付大事！独孤诚误我！”又时值杨广与杨素勾结密谋之信为文帝所知，便叫柳述、元岩，让他们草诏，召回杨勇。杨素得知，立刻告诉太子，矫诏逮捕了柳、元二人，派亲信右庶子张衡入寝殿侍疾，把宫人全部赶走。事隔不久，隋文帝就死了，时年64岁。

《隋书》在列举了隋文帝的主要政绩以后，称赞他为“近代之良主”。

并且列举了他的许多不足。但未说明隋文帝在中国历史发展中所起到的重要作用。范文澜先生就此有所评价：

> 隋文帝主要的功绩，在于统一全国后，实行各种巩固统一的措施，使连续300年的战事得以停止，全国安宁，南北民众获得休息，社会呈现空前的繁荣。秦始皇创秦制，为汉以后各朝所沿袭。隋文帝创隋制，为唐以后各朝所遵循。秦、隋两朝都有巨大的贡献，不能因为历年短促，忽视它们在历史上的作用。

2. 杨广在位只有13年

隋炀帝杨广（569—618年），是隋文帝杨坚的第二个儿子。

开皇元年（581年），杨广13岁时，封为晋王，任并州（治所在今山西太原）总管。次年，置河北道行台尚书省于并州，杨广为行台尚书令。文帝特选项城公王韶为行台右仆射，齐安公李彻总晋王府军事，作为他的辅佐。王韶性情刚直，杨广遇事则向他请教，因而难免违背法度。

开皇六年（586年），杨广改任雍州（治今陕西西安）牧、内史令，掌管出纳王命的内史省和京城地区的行政事务。过了两年，他被调往寿春（今安徽寿县）担任淮南道行台省尚书令，主管讨伐陈朝的战事。他以行军元帅，在长史高颎、司马王韶的辅佐下，统领兵马518000人，进攻江南。开皇九年春，攻下建康，灭亡陈朝。杨广下令处死了施文庆、沈客卿等一批邪恶的官吏，又派人收集图书，封存府库，资财一无所取，因此大大提高了他的声望。杨广得胜回朝，进位太尉，再次出任并州总管。不久，隋文帝鉴于江南豪强势力高智慧等人的叛乱，为加强对东南地区的控制，派杨广为扬州总管，镇守江都（今江苏扬州），每年入朝一次。开皇十四年冬，杨广以武侯大将军职从文帝东祀泰山，事毕归藩。开皇二十年夏，西突厥达头可汗入侵，又以杨广为行军元帅，督率杨素、史万岁等分道抗击，西突厥大败，杨广胜利班师。这时他32岁，已经是出将入相，屡建功勋，“声名籍甚，冠于诸王”，因而也就不断滋长了他的政治野心，阴谋夺取太子杨勇的地位，继而伺机为帝。

隋文帝有5个儿子，杨勇为长子，开皇元年立为太子，其他依次为晋王杨广、秦王杨俊、蜀王杨秀、汉王杨谅，都是独孤皇后所生。杨勇为人率意任情，无所矫饰。曾因“文饰蜀铠”，后遇东宫百官朝贺，得罪了隋文帝，从此也对杨勇逐渐产生疑忌。杨勇还很好色，专宠爱姬云昭训，却不爱嫡妃元氏。元氏突然病死，独孤后怀疑她被暗害，经常派人侦察杨勇的过失。当杨广得知这些情况后，特意矫饰自己，表面上装作只与萧妃相处，不近其他女色。每次入朝，车马侍从也很俭约，又虚情假意地讨得父母欢心，说他不知何故得罪太子，太子有意加害于他。独孤后听了愤然说：“我在尚尔，我死后当鱼肉汝乎？”杨广探知皇后已有废立之意，更是积极。那时杨素大权在握，可以左右朝政。他派人联络杨素，取得杨素的支持。杨素一面向独孤后称誉杨广，诋毁太子，与宫内联成一气；一面又在朝外大肆活动，说太子的坏话，连太史令袁充也说：“臣观天文，皇太子当废。”这时杨广又收买了东宫幸臣姬威，探听太子的动静，密告杨素，于是太子的过失便在宫廷内外传开了。隋文帝本来对太子不满，因此更加恼怒，开皇二十年，下令废杨勇太子为庶人。杨广终于夺取了皇太子的地位。

仁寿四年（604年），隋文帝卧病在仁寿宫（在今陕西麟游西），杨广随侍宫中。他写信问杨素如何处理后事，杨素的回信被错送给了隋文帝，隋文帝看后方才明白了杨广与杨素背后搞鬼，非常生气。隋文帝立刻让兵部尚书柳述、黄门侍郎元岩起草诏书，要召见杨勇付托后事。杨素得知此事后，便立刻告诉了杨广。杨广便将柳述、元岩关进了大狱。又派亲信张衡杀害了他的父亲隋文帝，杀死了他的大哥杨勇。在这年7月杨广登上了帝位，改元大业。是为隋炀帝。

东都的营建和大运河的开通，是隋朝的两件大事。杨广即位之初，为了便于对富庶的关东和江南地区的控制，于605年开始营建东都洛阳。营建工程动用了万千工匠，费了一年左右的时间。城的最里面是宫城。宫城外面是皇城，是文武官司的所在地。最外面的是外郭城，是官吏住宅所在和百姓的居住地，也是商业区，有100多个坊和东、南、北三市。洛阳建成后，隋炀帝下令把大批豪族、富商迁到洛阳居住。在营建洛阳的同时，隋炀帝下令调集几十万民工开凿大运河。运河分三段：一段叫通济渠，是从洛阳的西苑引谷、洛二水达于黄河，又从洛阳东面的板渚引黄河水，疏通莨荡渠故道入淮河，直达淮河南岸的山阳（今江苏省淮安县）。再从山阳起，疏导春秋时吴王夫差所开的邗沟，引淮河水在江都（今江苏省扬州市）附近入长江。这一段施工里程，从洛阳到江都，长2000余里。另一段叫永济渠，是从洛口开渠到涿郡（今北京市），引沁水南通黄河，北达涿郡，长亦2000余里。还有一段叫江南河，是从京口引长江水直达余杭（今浙江省杭州市北部），入钱塘江，长800余里。总起来说，大运河是以洛阳为中心，北通涿郡，南达余杭的水路交通动脉，全长5000余里（约合2500公里）。大运河的开通，对于维护统一、繁荣经济是有作用的。

但是，在营建东都和开凿大运河的过程中，对于劳动人民的役使十分残酷，牺牲了很多人的生命。开永济渠时，丁男不足，连妇女也征发来服役了。运河开通以后，杨广为了享乐，一再地游幸江都，更是大量地浪费了人力和物力。

大运河的开通与隋炀帝巡游享乐，不能说没有关系。他即位后的第一年即大业元年，就坐船游江都；三年，北巡榆林（今内蒙古准格尔旗东北黄河南岸十二连城乡）；四年，到五原（今内蒙古五原县西南黄河北岸），出塞，巡视长城；五年，西巡河右（即河西）；六年，再游江都；七年至十年，三次东征高丽；十一年，又北巡长城，被始毕可汗围困于雁门；十二年，第三次游江都，直至十四年被杀，隋炀帝居京时间不到一年。每次出游，“从行宫掖，常十万人，所有供须，皆仰州县”。还按照州县官吏供献的多少，加以奖罚，“丰厚者进擢，疏俭者获罪”。因此官吏都拼命地剥削人民，借供献以饱私囊，无不“家累千金”，而广大人民却要遭到“逆折十年之租”的惨祸。

隋炀帝在修改制度，穷兵黩武方面，也同样做出了“努力”。

隋炀帝对开皇时所定的各种制度做了一些修改，有的出于复古，有的意存改进，对后世也有一定的影响。

大业三年，改内侍省为殿内省，与尚书、门下、内史、秘书并为五省。尚书省各曹原有侍郎36人，改为吏、户、礼、兵、刑、工6曹，各置侍郎 1 人，以副尚书。其余诸曹改称为司，侍郎改称为郎。又从太府寺中分出少府监，下设左尚、右尚、内尚、司织、司染（后并为织染）、铠甲、弓弩（后废此二署）、掌冶等署，专管各项手工业。唐朝的六部侍郎和少府监，即沿此而来。

隋文帝时，废郡留州，实行州县两级制。隋炀帝复古，改州为郡，郡置太守，成为郡县两级制。又设司隶台，派刺史 14 人巡察畿外诸郡。每年 2 月出巡，10 月入奏，加强对地方官的监督。自隋文帝罢九品中正制，始立科举。隋炀帝时设进士等科，并命按十科举人，科举制度有所发展。

在法律方面，大业二年，隋炀帝因“高祖禁网深刻，又敕修律令，除十恶之条”。次年由牛弘等撰成新律，即《大业律》，凡 18 篇，500 条。在某些地方虽较前有所减轻，但随着社会矛盾的加剧，便“生杀任情，不复依例”，法律不过具文而已。

在经济方面，隋炀帝即位之初，因府库盈溢，下令免除妇人及奴婢、部曲之课，男子年 22 成丁，对赋役略有减轻。大业五年，又下诏“天下均田”，继续推行均田制。又以户口多漏，用民部侍郎裴蕴建议，仍用以前“大索貌阅”的办法，普遍检查户口。于是诸郡计账，进丁 243000，新附口 641200。用这种争取劳动人手的政策，来加强官府的经济力量。

在文化方面，隋文帝曾在仁寿元年废除了太学、四门学和州、县学，只留国子学，不久又改国子学为太学。隋炀帝即位，恢复国子监，依旧置国子祭酒，并加置司业一人。四门学和州、县学也恢复了。

文帝时曾采牛弘建议，搜访遗书及平陈朝所得，经籍渐备。藏在宫中及秘阁的书籍，有 3 万多卷，合重复本 8 万卷。隋炀帝命写副本，藏在东都观文殿东西厢。东厢藏甲（经）、乙（史）两部，西厢藏丙（子）、丁（集）两部。殿后起二台，分藏魏晋以来书法名画。还在内道场聚集道经和佛经，分别编写目录。对历代藏书做了大量地搜集整理工作。所以《旧唐书》说：“炀皇好学，喜聚逸书，而隋世简编，最为博洽”。这些书后来虽有损失，但大多为唐朝所得。

隋炀帝以上所推行的这些制度和政策，主要是在大业五年以前，国家尚在承平之时，后来随着阶级矛盾的日趋严重，也就无暇顾及了。

隋炀帝自恃国富兵强，“慨然慕秦皇汉武之事”。即位之后，就对周边各族不断进行各种军事、外交活动，进一步扩张隋朝的国势。大业元年（605 年），契丹侵扰营州（今辽宁朝阳），隋炀帝命通事谒者韦云起，发突厥兵进击契丹。韦云起率突厥骑兵二万，诈称往柳城（治所营州）与高丽交易，乘机偷袭，俘获契丹男女四万和许多畜产。韦云起以功升为治书侍御史。由此加强了东北边防。

大业三年（607 年），隋炀帝北巡，到达榆林（今属内蒙古），突厥启民可汗来朝。为了向突厥示威，隋炀帝出动了大批军队，“甲士五十余万，马十万匹，旌旗辎重，千里不绝”。并命工部尚书宇文恺制造大帐和观风行殿，行殿能容侍卫数百人，可分可合，下施轮轴，移动便捷。大帐可坐数千人，隋炀帝在大帐中，备仪卫，建旌旗，大宴启民及其部落 3500 人，表演“百戏”为乐。这样盛大的军容和奇巧的制作，使突厥人“惊以为神。每望御营，十里之外，屈膝稽颡，无敢乘马”。连启民可汗也亲执佩刀，为隋炀帝芟除牙帐中的秽草。隋炀帝志得意满地写诗道：“呼韩顿颡至，屠耆接踵来；何如汉天子，空上单于台！”但是好景不长，8 年之后，隋炀帝再次北巡长城，就被始毕可汗围困于雁门（今山西代县），差点丢掉了性命。

西突厥，隋文帝时已经来归。隋炀帝西巡河右时，曾遣使召处罗可汗来会，处罗不至。于是用裴矩之议，离间西突厥内部，使处罗部下射匮可汗袭击处罗，处罗大败，东走高昌。大业七年（611 年），处罗朝隋炀帝于涿郡临朔宫，隋炀帝大喜，“接以殊礼”。西突厥的归附，有利于发展与西域诸国的贸易往来。

西部边疆的吐谷浑，正当通往西域诸国的要道。大业四年（608 年），隋炀帝采纳裴矩的建议，利用突厥铁勒部打败吐谷浑。又派观王杨雄、许公宇文述等乘机进击，大败吐谷浑，伏允可汗率众退保覆袁川（今青海湖东北）。五年（609 年），隋炀帝西巡河右，命内史元寿等率兵围攻，伏允逃走，部众多归降，故地尽为隋有。于是高昌王麹伯雅、伊吾吐屯设等及西域 27 国，相率来朝。一时焚香奏乐，歌舞喧噪。隋炀帝复令武威、张掖士女盛饰纵观，“骑乘嗔咽，周亘数十里，以示中国之盛”。吐屯设献西域数千里之地。因置西海、河源、鄯善、且末等郡，命卫尉卿刘权镇守河源郡积石镇（今青海兴海一带），大开屯田，扞御吐谷浑，以通西域之路。

在南方，大业元年，驩州道行军总管刘方，率军进攻林邑（今越南境），连战皆胜，进至国都，林邑王梵志弃城奔海。刘方班师，梵志遣使通好，从此林邑和中国贡使往来不绝。但在这次战争中，兵员损失也很大。大业三年，隋炀帝派遣屯田主事常骏、虞部主事王君政等往使赤土（在马来西亚南部）。从南海郡乘船出发，走了20多天，将要到达时，赤土国派了30条船来迎接，并以极为隆重的礼节招待使者。常骏等回国时，赤土派使者携带厚礼，随同来华报聘。后来婆利（北婆罗洲）、真腊（柬埔寨）等国，也都遣使入贡，因而促进了中国与南洋各国的经济、文化交流。

在东方，最重要的是通使流求，也就是今天的台湾。大业三年，隋炀帝派羽骑尉朱宽入海求访异俗，到达流求。第二年，又派朱宽前往招抚，流求不从，“宽取其布甲而还”。后来，隋炀帝又派虎贲郎将陈稜、朝请大夫张镇周率船队、兵万余人，从义安（今广东潮州）前往流求。当地人见到船舰，“以为商旅，往往诣军中贸易”。从此以后，大陆人民移居台湾的日益增多，海峡两岸的联系进一步加强了。

隋炀帝的这些军事、外交活动，开拓了疆域，保障了边境的安全，促进了中外文化的交流，有一定的积极意义。但对高丽进行的三次战争，遭到失败，从而激化了国内的阶级矛盾。高丽位于朝鲜半岛的北部，西晋灭亡以后，乘机入据辽东。隋文帝时，高丽王高元联合靺鞨侵扰辽西，遭到隋军的反击，遣使谢罪而罢。隋炀帝为欲恢复辽东故地，声言“眷彼华壤，翦为夷类”，并指责高丽“兼契丹之党，虔刘海戍，习靺鞨之服，侵轶辽西”。因此借口高丽王不肯入朝，下令东征。在东莱（今山东莱州市）海口督造战船三百艘，以供水军之用。在河南、淮南、江南等地，制造兵车万辆，以供军需运输之用。大业八年（612年），大军云集涿郡，共113万人，分24军出发，隋炀帝自率6军殿后。首尾相继，鼓角相闻，旌旗绵亘，1000余里，直奔辽东。水军由来护儿率领，从东莱出发，指向平壤。高丽军据城守御，顽强抵抗。水军登陆后虽有小胜，但在平壤城下大败而退。宇文述等率领陆军30多万人进攻平壤，面对坚城。亦因粮尽引还。高丽军四面抄击，隋军大败于萨水（清川江）。士兵战死逃散，回到辽东的只有2700人。“资储器械巨万计，失亡荡尽”。

隋炀帝并不甘心失败，大业九年，又发动了对高丽的第二次进攻。正当陆军进抵辽东作战，水军刚要出海的时候，礼部尚书杨玄感突然起兵黎阳（今河南浚县东南），围攻东都。隋炀帝闻讯，立即撤军回救洛阳，平息内难。高丽军尾随追击，军资器械，损失甚重。

大业十年，隋炀帝仍以“拔海移山”之志，第三次进攻高丽。来护儿军至卑沙城（今辽宁金县东大黑山），打败高丽军，正要进攻平壤，高丽亦因困敝不堪，遣使乞降，囚送叛将斛斯政。隋炀帝看到国内形势不佳，便借此班师，转而镇压国内的农民起义军。

3. 高颎号称“真宰相”

高颎（541—607 年），字昭玄，一名敏，渤海蓨（今河北景县）人。隋代第一名臣，号称“真宰相”。

高颎父宾，仕东魏，因避谗奔西魏，大司马独孤信引为僚佐，赐姓独孤氏。

高颎少时，聪明敏锐，颇富器局，又知文史，善于辞令。17 岁时，北周齐王宇文宪引为记室；武帝时，袭爵武阳县伯。由内史上士，迁下大夫。以平齐有功，拜开府；宣帝即位，隰州稽胡为乱，高颎从越王宇文盛讨平之，初现军事才能；北周末，杨坚为左大丞相，总揽朝政，阴图禅代。素知高颎之高明，又习兵事，要他为辅佐，高颎欣然承命，“愿受驱驰。纵令公事不成，颎亦不辞灭族”。于是高颎做了相府司录，亦为杨坚之心腹。

在高颎欣然承命之时，相州总管尉迟迥却向杨坚开战，反对杨坚。于是杨坚派战将韦孝宽等出击，至武陟（今属河南），与敌隔沁水为阵，僵持不进。在此关键之时，诸将不一，杨坚恐生变故，欲派心腹前往监军。杨坚先后欲派崔仲方、刘昉、郑译等去督阵，这些“心腹”之人，借口“父在山东为辞”，或“没有带兵打过仗”，又“母老不便远行”，而推辞不去。正在杨坚无可奈何之时，高颎临危不惧，挺身而出，自请前往。由此，杨坚非常高兴，一口应允。到了前线，高颎便在沁水上架桥，待军队渡河后，便令焚桥，以绝后退之路，打消士卒反顾之心。紧接着，韦孝宽便率军奋击，大破敌军，敌将单骑逃窜，韦孝宽乘胜追击，至邺下（今河南安阳），尉迟迥全力抗争，孝宽等战不利，只好止步。此紧急时刻，高颎与大将宇文忻、李询等人，设计破尉迟迥之战术，经此一战，遂平尉迟迥。高颎的这一战，便更加得到杨坚的信任。高颎就此进位柱国，改封义宁县公，迁相府司马。

杨坚称帝，以高颎为左仆射，兼纳言，进封渤海郡公，又拜左领军大将军。一时贵宠，“朝臣莫与为比”。在此后将近20年中，高颎辅佐隋文帝，在政治、经济、军事各方面都做出了极为重要的贡献。

开皇元年（581年），高颎与郑译、杨素等修订刑律，“多采后齐之制而颇有损益”，制定新律，奏请颁行。对旧律做了一定程度的改进。

开皇二年，隋文帝以长安旧城自汉以来屡经战乱，凋残日久，在苏威、高颎等人的筹划下，在龙首原创建新都，以高颎领新都大监，“制度多出于颎”。为后来唐代长安的繁荣奠定了基础。除此之外，在高颎的主持下，斟酌损益，行政、官制等方面，也都建立了新的制度，巩固了隋朝的统一局面。

自北齐以来，“暴君慢吏，赋重役勤”，贫苦的农民，大多被迫沦为豪强的荫户，这既严重地损害了农民的最根本的利益，同时也严重地影响了国家的财政收入。高颎此时建议采用“输籍定样”的措施，“定其名，轻其数，使人知为浮客被强家收大半之赋，为编氓奉公上，蒙轻减之征”。这使得“烝庶怀惠，奸无所容”，得到显著的成效。“设轻税之法，浮客自归于编户。隋代之盛，实由于斯”。

开皇八年，高颎以“诸州无课调处，及课州管户数者，官人禄力，恒出随近之州”，不为合理，奏请“于所管户内，计户征税”，这也较妥善地解决了部分官吏的俸禄问题，提高了他们的行政热情。

高颎在军事方面也有突出的表现。开皇二年，高颎参与伐陈之役，因陈宣帝去世，高颎以礼不伐丧，奏请班师。于是隋文帝向高颎询问取陈之策，高颎建议，每值江南秋收之际，“微徵士马，声言掩袭，彼必屯兵御守，足得废其农时”。既收之后，“密遣行人，因风纵火”，烧其“储积”，“由是陈人益敝”。

开皇九年，隋军大举伐陈。晋王杨广等为行军元帅，高颎为元帅长史。“三军咨禀，皆取断于颎”。高颎“区处支度，无所凝滞”。及陈叔宝被俘，高颎先入建康，杨广派人驰告，令留陈叔宝宠妃张丽华。高颎说：“昔太公蒙面以斩妲己，今岂可留丽华！”便把她杀了。杨广得知后，立刻不悦，说：“昔人云‘无德不报’，我必有以报高公矣！”从此对高颎怀恨在心。高颎又与元帅府记室裴矩收图籍，封府库，资财一无所取。这次战争结束了东晋以来南北纷争的局面，实现了全国的统一。高颎以功加上柱国，晋爵齐国公，赐物9000段。隋文帝慰劳他说："公伐陈后，人言公反，朕已斩之。君臣道合，非青蝇所间也。"隋文帝曾命高颎与贺若弼言及平陈事，高颎说："贺若弼先献十策，后于蒋山苦战破贼。臣文吏耳，焉敢与大将军论功！"隋文帝赞扬高颎的谦让美德。

高颎在反击突厥的战争中，也屡立功勋。隋初突厥势盛，屡次寇掠，骚扰边境。开皇三年，隋文帝下诏，大举塞外出击，突厥沙钵略可汗战败逃走。高颎得赐，马百余匹，牛羊以千计。沙钵略后归附于隋朝，边境暂存和平。后来，都兰可汗又来骚扰边境，开皇十九年，诏以左仆射高颎出朔州道，协同合作，大举攻击都兰。高颎使上柱国赵仲卿将兵3000为前锋，至族蠡山，与突厥相遇，交战7日，大破之；追至乞伏泊，又破之，虏获牲口、杂畜甚多。突厥复大举而至，仲卿为方阵，坚持了5天的对抗。待高颎率领大军赶到，合力反击，突厥败走，追度白道，逾秦山700余里而还。杨素也打败了达头可汗，因而大获全胜。

高颎一贯识人。隋朝有名的文武大臣，几乎都是他引荐的。"颎有文武大略，明达世务。及蒙任寄之后，竭诚尽节，进引贞良，以天下为己任。苏威、杨素、贺若弼、韩擒（虎）等，皆颎所推荐，各尽其用，为一代名臣。自余立功立事者，不可胜数。"高颎不但善识人才，而且还保护人才。隋文帝曾因事欲杀大将史万岁，高颎为大将请求道："史万岁雄略过人，每行兵用师之处，未尝不身先士卒。尤善抚御将士，乐为致力，虽古名将未能过也。"史万岁才免一死，后来史万岁在出击突厥时建立了殊功。

高颎对隋文帝的忠诚，也是举世少有的。高颎遇事献策，总是得到隋文帝的采纳。高颎无所畏惧，不计得失，敢于进谏。当时，隋文帝有意废太子杨勇，另立晋王杨广，便对高颎说："晋王妃有神凭之，言王必有天下。若之何？"高颎长跪而言道："长幼有序，其可废乎？"隋文帝听后，默不作声。但此已引起了独孤皇后的猜忌。开皇十八年，高丽一度入寇辽西，隋文帝要出兵讨伐，高颎再三请求，坚决不要用兵。但是隋文帝不听，还是派水陆大军30万攻伐高丽，而且还派高颎为汉王长史，实际上是主持军事工作。无论如何，高颎还是服从了隋文帝的决定，应命出征。不料陆军出临渝关（今山海关），发生疾疫；水军自东莱泛海，遇大风，船多漂没。水陆军士几乎全部不存，空空而归，至此，高颎开始走向失宠。

长期以来，隋文帝对高颎信任与倚重。但高颎却深避权势，一再辞让官爵。隋文帝曾下诏说：“公识鉴通远，器略优深，出参戎律，廓清维海，入司禁旅，实委心腹。自朕受命，常典机衡，竭诚陈力，心迹俱尽。此则天降良辅，翊赞朕躬，幸无词费也。”尽管当时别有用心之人离间他们，结果反被“疏黜”。隋文帝因此对高颎说：“独孤公犹镜也，每被磨莹，皎然益明。”

开皇十年，隋文帝往晋阳（今山西太原市），命高颎居守。隋文帝回京后，赐缣 5000 匹，又赐行宫 1 所以为庄舍。高颎的妻子病重，隋文帝遣使询问，络绎不绝。高颎的儿子高表仁，娶太子勇的女儿为妻，与皇室结亲，赏赐不可胜计。尽管如此，“天性沉猜，素无学术”的隋文帝，由于皇室内部激烈而复杂的争斗，对高颎的信任也并不能够长久。隋文帝有宠姬尉迟氏，被独孤皇后杀了。隋文帝愤而出走，高颎追上，扣马苦谏道：“陛下岂以一妇人而轻天下！”这“一妇人”之说，令独孤皇后从此对高颎心怀不满。那时，隋文帝夫妇正想废掉太子杨勇，另立杨广为太子。高颎表示反对，独孤后便想暗地里将高颎除掉。

高颎的妻子死了，独孤后便对隋文帝说：“高仆射老矣，而丧夫人，陛下何能不为之娶！”隋文帝把这话告知高颎。高颎流泪致谢道：“臣今已老，退朝之后，唯斋居读佛经而已。虽陛下垂哀之深，至于纳室，非臣所愿。”隋文帝因此作罢。不久，高颎的爱妾生了个男孩，隋文帝得知后，很是高兴，独孤皇后却并不这样。当隋文帝询问她为何时，独孤后却说：“陛下当复信高颎耶？始陛下欲为颎娶，颎心存爱妾，面欺陛下。今其诈已见，陛下安得信之！”隋文帝听而信之，便开始疏远高颎了。

征伐高丽的战争，高颎本来不同意，结果师出无功，独孤后便对隋文帝说：“颎初不欲行，陛下强遣之，妾固知其无功矣！”隋文帝又以元帅汉王杨谅年少，专委军事于高颎。“颎以任寄隆重，每怀至公，无自疑之意，谅所言多不用。”杨谅因此对高颎很不满意，回京后，哭诉于独孤皇后道：“儿幸免高颎所杀。”隋文帝听了这番话，很为不平。隋文帝加深了对高颎的不满和不信任。

开皇十九年，凉州总管王世积因事被杀。当审讯时，有宫中秘事，说是从高颎处得知，隋文帝为此极为震惊。法司又奏高颎曾与王世积交通，收受王世积赠送的名马，为此而被问罪。此时，上柱国、吴州总管、刑部尚书、民部尚书、兵部尚书等人，都出面为高颎作证无罪。为此，更加激怒了隋文帝，便把为高颎作证的人们拘留起来，从此，朝臣中没有再敢为高颎说话的人了。这年8月，高颎罢官，以齐公就第。不久，隋文帝在秦王杨俊府中召高颎侍宴。高颎感叹至悲，所在之人都为高颎而落泪。隋文帝却对高颎说："朕不负公，公自负也。"并且指责高颎"不可以身要君，自云第一也"。紧接着高颎的国令上书揭发他的阴事，说高颎的儿子表仁对他说："司马仲达初托疾不朝，遂有天下。公今遇此，焉知非福！"于是隋文帝大怒，把高颎囚禁起来加以审讯。法司又奏称：沙门真觉曾对高颎说："明年国有大丧。"尼令晖也说："十七、十八年，皇帝有大厄，十九年不可过。"隋文帝听了，更加大怒，当着群臣说："帝王岂可力求！孔子以大圣之才，作法垂世，宁不欲大位邪？天命不可耳！颎与子言，自比晋帝，此何心乎？"法司请斩高颎。隋文帝说："去年杀虞庆则，今兹斩王世积，如更诛颎，天下其谓我何！"于是除名为民。高颎欢然，也无悔恨之色。

开皇二十年，为高颎被黜后的第二年，在杨素、杨广等阴谋策划下，太子杨勇被废，杨广当了太子。四年后，杨广谋害隋文帝，登上了皇位。高颎被起用为太常卿。那时突厥启民可汗将入朝，隋炀帝要以富乐相夸。下诏征集周、齐乐家子弟及天下散乐。高颎上奏道："此乐久废，今若征之，恐无识之徒弃本逐末，递相教习。"隋炀帝不悦。高颎此后连连对隋炀帝所作有异，隋炀帝认为高颎诽谤朝政，便下令将67岁的高颎杀了，此年正是大业三年（607年）。

高颎是一位杰出的政治家和军事家，对隋代的统一和发展做出了历史的贡献。《隋书》："当朝执政将二十年，朝野推服，物无异议。治致升平，颎之力也。论者以为真宰相。及其被诛，天下莫不伤惜，至今称冤不已。""历观制作之旨，固非易遇其人。周之兴也得太公，齐之霸也得管仲，魏之富也得李悝，秦之强也得商鞅，后周有苏绰，隋氏有高颎，此六贤者，上以成王业，兴霸图，次以富国强兵，立事可法。"这是杜佑的评论。

4. 宇文恺创建历史名城

唐代都城长安，以及东都洛阳，都是在隋代建造的，创建这两座历史名城的第一功臣是杰出的建筑学家宇文恺。

宇文恺，字安乐，鲜卑人，西魏恭帝二年（555年）生于长安，出自北朝后期的一个显赫的豪门。

宇文恺的父亲宇文贵，“少从师受学，尝辍书叹曰：‘男儿当提剑汗马以取公侯，何能如先生为博士也！’”后来从军，屡建军功，地位也扶摇直上。北魏时，即爵封革融县侯，官拜武卫将军，阁内大都督。西魏时，晋爵化政郡公，先后任车骑大将军、仪同三司，侍中，骠骑大将军、开府仪同三司，大将军，兴州刺史，大都督，小司徒，益州刺史。北周时，进位柱国，拜御正中大夫，封许国公，历大司空、大司徒、太保等重要官职。北周天和二年（567年）故去，赠太傅，谥曰穆。

宇文恺的长兄宇文善，西魏和北周时历位开府仪同三司、大将军，柱国，洛州刺史，上柱国。

二兄宇文忻，十七岁时即以军功被北周政权赐爵兴国县公，拜仪同三司，后又因战功进位开府、骠骑将军，晋爵化政郡公，北周末位至上柱国，晋爵英国公。

宇文恺一反常规，出生在这样一个武功将门的家庭，不好弓马，却偏偏喜好读书。宇文恺二岁时，就被赠爵双泉县伯；六岁时，袭祖爵安平郡公，但是“恺少有器局。家世武将，诸兄并以弓马自达，恺独好学，博览书记，解属文，多伎艺，号为名父公子。”

北周末，宇文恺累迁右侍上士、御正中大夫、仪同三司。大象二年（580年），杨坚任北周宰相后，宇文恺又被任命为上开府、匠师中大夫。

杨坚建立隋朝时，为了自己的统治地位，大肆诛杀北周宗室宇文氏，以清除北周残余势力。宇文恺原也难逃诛杀之列，但因宇文恺的二兄宇文忻拥戴隋文帝，并有战功，再加上宇文恺本人才华出众，深得隋文帝的赏识，便幸免一死。隋文帝“修宗庙”，宇文恺被起用，任营宗庙副监、太子左庶子，负责宗庙的兴修事务。宗庙建成后，被加封为甑山县公，邑千户，随后将投入隋代都城大兴城，即世界第一城的营建工程。那是581年的事情了。隋朝建立时，仍以长安城为京都。那时的长安城，按照当朝通直散骑常侍庾季才的奏曰：“汉营此城，经今将八百岁，水皆咸卤，不甚宜人。”自汉代以来，长安城已近800年了，已显得狭小和朽蠹，供水污染，排污聚浊，供、排水严重不畅，已经置于社会发展和生活需要之后。隋文帝嫌弃长安城之“制度狭小，又宫内多妖异”，于是决定另建新都。

开皇二年（582年）六月，隋文帝为建新都下诏：“此城从汉，凋残日久，屡为战场，旧经丧乱。今之宫室，事近权宜，又非谋筮从龟，瞻星揆日，不足建皇王之邑，合大众所聚”，“今区宇宁一，阴阳顺序，安安以迁，勿怀胥怨。龙首山川原秀丽，卉物滋阜，卜食相土，宜建都邑，定鼎之基永固，无穷之业在斯。公私府宅，规模远近，营构资费，随事条奏。”于是“诏左仆射高颎、将作大匠刘龙、巨鹿郡公贺娄子干、太府少卿尚龙义等创造新都”。“以太子左庶子宇文恺有巧思，领营新都副监”。由于杨坚在北周时曾被封为大兴公，故此新都就命名为大兴城。

大兴城的营建，“制度多出于颎”，“高颎虽总大纲，凡所规画，皆出于恺”。宋代《长安志》中也指出：在隋大兴城兴建时，“命左仆射高颎总领其事，太子左庶子宇文恺创制规模，将作大匠刘龙、工部尚书巨鹿郡公贺楼（娄）子于、大（太）府少卿尚龙义并充使营建”。由此可见，高颎为建新都城，提出了总的制度，负责总的施建方针，并要完成具体的规划、设计，至于施工和材料管理等事务则由副使协助完成。

大兴城的兴建，是要在短时间内，按周密的规划，完完全全地兴建成一个崭新的城市。新城需要先建宫城，再建皇城，最后建郭城，工程浩大。开皇二年（582年）六月开土兴建，12月基本竣工，次年三月即正式迁入使用，总共9个月的时间，其建设速度，确实令人惊叹。整个工程的规划、设计、人力、物力的组织和管理都应是相当严谨细致的。在规划设计和建设施工中，包括地形、水源、交通、军事防御、环境美化、城市管理、市场供需等的配套，以及都城作为政治、军事、经济、文化中心的特点等诸多方面的内容，都要统统纳入和解决，可谓庞大的系统工程。大兴城的兴建，完全可以显示出当时中国的经济和科学技术的超高水平。仅就世界古代10座城市的面积而言，由大至小排列，隋大兴城（唐长安城），583年建，面积84.1平方公里，为最大；第二为北魏洛阳城，493年建，面积约73平方公里；第三为明清北京城，1421—1553年建，面积60.2平方公里。再顺序下去，则元大都，1267年建，面积50平方公里；隋唐东京（洛阳城），605年建，面积45.2平方公里；明南京，1366年建，面积43平方公里；汉长安（内城），建于公元前202年，面积35平方公里；巴格达，800年建，面积30.44平方公里；罗马，300年建，面积13.68平方公里；拜占庭，447年建，面积11.99平方公里。由此可见，中国古代都市的规模之大，在世界上是独一无二的，其中大兴城应堪称世界第一城。

大兴城的规划传承吸取了曹魏邺城（故址在今河北临漳邺镇东）、北魏洛阳城的优势，在方整对称的原则下，沿着南北中轴线，将宫城和皇城置于全城的主要地位，郭城则围绕在宫城和皇城的东、西、南三面，北宋吕大防曾在《隋都城图》的题记中，赞其布局，“隋氏设都，虽不能尽循先王之法，然畦分棋布，间巷皆中绳墨，坊有墉，墉有门，逋亡奸伪无所容足。而朝廷官寺，居民市区不复相参，亦一代之精制也。”清代徐松也说：“自两汉以后，至于晋、齐、梁、陈，并有人家在宫阙之间。隋文帝以为不便于事，于是皇城之内惟列府寺，不使杂居，公私有辨，风俗齐整，实隋文之新意也。”

大兴城的设计和布局之思想，不但对中国后世的都市建设有着很大的影响和借鉴，而且对日本、朝鲜的都市建设也有着深刻的影响。如日本飞鸟、奈良时代的都城藤原京、平城京，就是仿效大兴城的布局特点而建造的。

开皇四年（584年）六月，宇文恺又受命开凿广通渠工程。

开皇六年闰八月，宇文恺的二兄宇文忻，位上柱国、杞国公，因谋反被诛，宇文恺受株连，“除名于家，久不得调”。

开皇十三年（593年）二月，隋文帝令杨素在岐州（今陕西凤翔）北营造仁寿宫。杨素知宇文恺的才干，“奏前莱州刺史宇文恺检校将作大匠”，负责仁寿宫工程的筹划和设计。“于是夷山堙谷以立宫殿，崇台累榭，宛转相属”，整个宫殿区“制度壮丽”，营造了整个宫殿群，宏观雄伟。3年后，仁寿宫建成，宇文恺被任命为仁寿宫监，授仪同三司，接着又被任命为将作少监。

仁寿二年（602 年）八月，隋文帝皇后独孤氏卒，杨素和宇文恺受命于闰十月，营造皇陵太陵。此后，宇文恺复爵安平郡公，邑千户。

仁寿四年七月，杨广继位，鉴于大兴城位置偏西，又水陆交通不便，也为了更进一步加强对河北、山东以及江淮地区的控制，决定在洛阳故都附近建造新城，作为东京。大业二年春正月辛酉，“东京成”，其营建过程前后仅 10 个月，是一座继大兴城后，在短时间内，同样周密规划、设计、建造而成的大型城市，也是宇文恺在城市建设方面的另一重大成就。

宇文恺在营建东京时，“揣帝心在宏侈，于是东京制度穷极壮丽”，博得隋炀帝的欢心，因此被进位开府仪同三司。其间，宇文恺还受命在河南郡寿安县（今河南宜阳）营造显仁宫，“南接皁涧，北跨洛滨”，为此，曾“发大江之南、五岭以北奇材异石，输之洛阳；又求海内嘉木异草，珍禽奇兽，以实园苑”。

宇文恺于晚年，大业三年（607 年）六到八月，跟随隋炀帝北巡。在此期间，他奉命修筑长城，创制了三项活动性的建筑物。

宇文恺创制的三项活动性建筑物，反映了他在机械制造方面也同样有很高的造诣。活动性建筑物，一为“大帐”。“时帝北巡，欲夸戎狄，令恺为大帐，其下坐数千人。”又“帝欲夸示突厥，令宇文恺为大帐，其下可坐千人。甲寅（十五日）帝于城东御大帐，备仪卫，宴启民及其部落，作散乐。诸胡骇悦，争献牛羊驼马数千万头。”“甲寅，上于郡城东御大帐，其下备仪卫，建旌旗，宴启民及其部落三千五百人，奏百戏之乐。”大帐当是大型帐篷。

活动性建筑物，二为“观风行殿”。“又造观风行殿，上容待卫者数百人，离合为之，下施轮轴，推移倏忽，有若神功。戎狄见之，莫不惊骇。”又载“令宇文恺等造观风行殿，上容侍卫者数百人，离合为之，下施轮轴，倏忽推移。”观风行殿应是一种活动性木构建筑，上面为宫殿式建筑，可拆卸可拼装；下面设置轮轴机械，可推移，具体形制、结构不详。观风行殿是否即是大业三年宇文恺所造的，抑或是重造，也录以备考。

活动性建筑物，三为“行城”，“又作行城，周二千步，以板为干，衣之以布，饰以丹青，楼橹悉备。胡人惊以为神。”行城应是一种板装并附有布屏的围城，亦是宇文恺负责制作的。

隋文帝平陈之后，也把建立明堂制度提上了议事日程。

开皇十三年（593年），诏命礼部尚书牛弘等议定明堂制度，当时任检校将作大匠的宇文恺曾献上明堂本样。宇文恺“依《月令》文，造明堂木样，重檐复庙，五房四达，丈尺规矩，皆有准凭”。此明堂木样，虽受隋文帝的赞赏，但诸儒异议，日久作罢。隋炀帝继立后，约大业六年底至七年初之间，宇文恺又上《明堂议》及明堂木样，此已引经据典。考证明堂制度，并附建筑设计图和立体木制建筑模型。宇文恺“远寻经传，傍求子史，研究众说，总撰今图。其样以木为之，下为方堂，堂有五室，上为圆观，观有四门”。当时，宇文恺所绘制的建筑图和据此制作的木制立体模型，可以推断他已经使用了比例尺，这在中国建筑史上具有重大的科学意义，是一大创举。《明堂议》同样是一篇很有学术价值的建筑考古学文献。

大业八年三月，隋炀帝征伐辽东（今辽宁辽阳）时，宇文恺随行。为了渡过辽水（今辽宁大凌河），“帝命工部尚书宇文恺造浮桥三道于辽水西岸，既成，引桥趣东岸，桥短不及岸丈余。……更命少府监何稠接桥，二日而成”。宇文恺所造浮桥虽因测量河宽不准确而未能成功，但却为何稠的接桥工作奠定了基础，他因此“以渡辽之功，进位金紫光禄大夫”。

宇文恺的建筑学著述有《东都图记》20卷，《明堂图议》2卷，《释疑》1卷，其中《明堂图议》的部分内容保存在《隋书·宇文恺传》《北史·宇文贵传》和《资治通鉴》等史籍中，其余部分后都亡佚。

大业八年（612年）十月，57岁的宇文恺卒于工部尚书之位，谥曰康。

第七讲　隋末农民大起义

杨广是个好大喜功的人，他因高丽王不肯来朝，于612年、613年、614年，三次派兵进攻高丽。为此，他动员了全国的大量人力、物力和财力，更加剧了国内的阶级矛盾。

早在杨广开始进攻高丽以前，人民已在酝酿着大规模的反抗。当时全国有几百万农民被征集去当兵和服徭役。在东莱海口修造战船的工匠，被迫昼夜赶工，因长时间站在水中干活，腰以下都生了蛆，累死的达到十分之三四。

1. 王薄揭开了大起义的序幕

山东、河北一带为出兵高丽的基地，兵役、力役最为严重。

611年，农民领袖王薄，自称“知世郎”，作了一首《无向辽东浪死歌》，进行宣传鼓动，在长白山（在今山东省章丘市境内）发动起义，揭开了隋末农民大起义的序幕。

王薄（？—622年），隋齐郡邹平（今山东邹平西北）人。

隋炀帝大业七年（611年）十月，王薄与同郡孟让首先起兵反隋，占据了长白山（今山东章丘境内），转战山东诸郡，自称“知世郎”，表示王薄是个能够预知世上将发生的一切变化的人。王薄作有《无向辽东浪死歌》一首：

无向辽东浪死歌

长白山前知世郎，纯著红罗锦背裆。

长矟侵天半，轮刀耀日光。

上山吃獐鹿，下山吃牛羊。

忽闻官军至，提刀向前荡。

譬如辽东死，斩头何所伤！

以此召集农民群众，拒绝出征高丽。《无向辽东浪死歌》带有明显的反徭役、反兵役的内容，百姓们为了躲避徭役，争相追随王薄。一年后，义军队伍就发展到数万人。王薄在山东活动多年。大业九年，为隋将张须陀击败于泰山下。遂引余众渡黄河，北上与孙宣雅（渤海人，为今山东阳信县，位惠民县东北。隋炀帝大业九年，即613年，起义于豆子航，为今山东省惠民县境，聚众10万余人，称“齐王”。除与王薄、郝孝德等起义部队，南攻章丘外，还与张金称、高士达部合兵攻破黎阳仓，活动于河北一带。）、郝孝德（平原人，为今山东省平原县，位德州市东南人。后被隋将张须陀击败。此后活动于黄河以北。617年，归瓦岗军后被封为平原公。曾配合徐世绩等攻占粮仓黎阳仓。）等部联合，聚众至10余万。后攻章丘（今山东章丘西北），却遭张须陀军的袭击，败走。唐高祖武德二年（619年），他投降了起兵反隋的隋将宇文化及，共守聊城。同年，宇文化及被河北高鸡泊义军的领袖窦建德擒杀，王薄又归顺了窦建德。不久，又投奔了唐廷，任齐州总管，参与镇压徐圆朗。唐高祖武德五年（622年）被仇家所杀。王薄揭开了隋末农民起义的序幕，虽然起义后多有反复起伏，但在隋末他率先起兵发难隋廷，其在历史上的作用是应该肯定的。王薄在长白山起义后，很快便得到黄河下游一带农民的响应。仅在山东一带，就有张金称在鄃县（今山东省夏津县）、刘霸道（当地豪强，累世仕宦，资产富厚，喜游侠，食客常数百人。隋炀帝大业七年，即611年，领平原农民起义，起义者聚于其周围，很快达10余万人，号称“阿舅军”。）在豆子航（今山东惠民）等处起义的响应，他们攻占郡县，杀死贪官污吏和豪强地主，沉重打击了隋王朝的统治，形成了隋末全国农民大起义的大好局面。

王薄与同郡孟让首先起兵反隋，孟让在其中，同样起到了隋末农民起义军首领的重要作用。孟让，齐郡（今山东省济南市）人。隋炀帝大业九年（613 年）起义，曾一度与王薄联合占有长白山。因隋将张须陀进逼，遂转战于江淮地区。次年占盱眙（今江苏省盱眙县，位洪泽县西南），部众达 10 余万人。以都梁山为根据地，后分兵南攻，被隋江都（今江苏省扬州市东北）丞王世充击败，北走归附瓦岗军，任总管，封齐郡公。后因入都城掠夺居民财产，隋军乘机攻击，失败北逃，此后记录不详。

张金称（？—616 年），隋末清河鄃县（今山东省夏津县，位高唐县西北）人，隋末山东农民起义首领。隋炀帝大业七年（611 年）率众起义，后发展至几万人。后于清河（今河北省清河县，位南宫市东南）击毙隋军将领冯孝慈。隋炀帝大业十二年（616 年）连克平恩（今河北省邱县西，位曲周县西北）、武安（今河北省武安县，位邯郸市西北）、巨鹿（今河北省巨鹿县，位邢台市东北）、清河（今河北省清河县）等地。后因轻敌，为隋将杨义臣所败，逃至清河，又为杨善会俘获，英勇牺牲，余部后归窦建德。

起义很快得到了各地的响应，在今山东、河北、陕西、广东、浙江等省和宁夏回族自治区，也陆续出现了许多支起义军。窦建德、杜伏威、辅公祏、翟让等，都是当时有名的农民起义军领袖。农民起义军，有的几万人，有的十几万人。他们主动出击，攻占郡县，杀死贪官污吏和土豪恶霸。

2. 窦建德领导的河北起义军

在瓦岗军发展的同时，原在高鸡泊（今山东省恩县西北）一带活动的窦建德领导的起义军，从今山东省打到河北地区，于 617 年消灭了由大将薛世雄统领的隋朝主力部队，占领了河北的许多郡县。

窦建德（573—621 年）是清河郡漳南县（河北故城）人，他家因世代务农，所以同情穷苦农民，肯帮助别人。他当过里长，曾因犯法出逃，遇大赦才得回家。窦建德父亲死时，乡里送葬的有 1000 多人。人们给他赠送的财礼，一概不收。他在当地的威信很高。

大业七年（611 年），隋炀帝征兵农民，进攻高丽，窦建德被选为二百人长。他的同乡孙安祖，因家遭水灾，妻子饿死，被选为征士，但不愿应征，就遭县令鞭笞。孙安祖忍无可忍，刺杀了县令，投奔窦建德。“丈夫不死，当立大功，岂可为逃亡之虏也。”窦建德对他说，并要他到高鸡泊中去聚众起义。于是，孙安祖带着窦建德给他招募的几百人，到高鸡泊正式起义了。由于起义军不断打击着隋朝的黑暗统治，地方官就搜捕与起义军有关的窦建德。窦建德的全家人被杀，十分气愤，万般无奈，聚集了 200 多人，就参加了高士达（？—16）的起义军。

窦建德起义后，作风简朴，与众连心，同甘共苦，作战英勇，屡立战功，威望也就越来越高，很快就成为一支大起义军的领袖。大业十二年，郭绚率领 1 万多人进攻高士达。高士达命窦建德负责指挥作战，自己守卫辎重。窦建德率 7000 精兵，假称投降，麻痹郭绚。待郭绚松懈后，窦建德突击，大败隋军，杀其数千人，得马千匹。郭绚带数十骑逃走，又被窦建德追上斩首。隋军闻风丧胆。此后，窦建德的威望大为升高。不久，高士达在与隋军作战中牺牲，窦建德就成为这支起义军的领袖。

河北起义军的第二次重要战绩，是大败隋涿郡留守薛世雄。薛世雄很受隋炀帝赏识，曾三次进攻高丽。进攻高丽失败归来，他当了涿郡留守。大业十三年，瓦岗军逼近东都，隋炀帝命他率军 3 万人南下，镇压沿途的起义军，并解东都之围。

窦建德领导的河北起义军，于大业十三年（617 年）正月在乐寿建立政权，自称长乐王。武德元年（618 年）11 月，乐寿出现了五只大鸟，还有几万只相从的鸟，窦建德以为祥瑞，改元五凤。又有宗城人献玄珪一枚，景城丞孔德绍说：“昔夏膺箓，天赐玄珪，今瑞与禹同，宜称夏国。”于是改国号为夏，以宋正本为纳言，孔德绍为内史侍郎。这时，起义军已发展到 10 余万人。正当薛世雄南下，兵行至河间七里井时，窦建德的河北起义军声东击西，将重兵埋伏起来，声称要远去豆子航。此时，薛世雄误为窦建德逃跑，便麻痹大意，窦建德认为战机已到，亲率敢死队 1000 人，向薛世雄的隋军猛烈进攻，打得隋军措手不及，死 1 万余人，全军溃乱。当薛世雄逃入河间城内，已忧郁成疾，待回到涿郡，就郁闷而死。此战，隋朝的北方主力军被灭，壮大了农民军的声威，加速了隋炀帝政权的灭亡。

河北起义军的再次战功，是消灭以宇文化及为首的隋军残余势力。

宇文化及本为隋右屯卫将军，在江都缢杀了隋炀帝，立秦王杨浩为帝，率领10余万隋军，沿通济渠北归。由于瓦岗军的阻击，不能在中原立足，就转向北去，到了魏县（今河北大名西南）。宇文化及在穷途末路的时候，又杀了傀儡皇帝杨浩，自己当了皇帝，国号许，建元天寿。窦建德此时闻讯，即攻魏县。宇文化及战败，退往聊城（今山东聊城东北）。起义军又追击而去，攻破聊城，活捉了宇文化及，彻底消灭了这支追随隋炀帝多年的支柱队伍。窦建德领导的河北起义军，在推翻隋炀帝的黑暗统治过程中，功绩卓著，发挥了非常重要的作用。

武德三年7月，李世民带兵出关，攻打洛阳，河南郡县大半归唐，洛阳成了孤城。王世充（？—621年，隋末割据者之一。隋新丰，即今陕西临潼东北人，字行满，祖籍西域，本姓支。仕隋历为江都郡丞，大业九年，即613年，以镇压江南刘元进等部农民起义军，坑杀降众3万人，升江都通守。十三年，被调北援东都洛阳，为李密所败，遂入据洛阳以自固。及隋炀帝被弑，他拥越王杨侗为帝，得以专权。旋废杨侗，自立称帝，国号郑，年号开明。后降唐，被仇家所杀。）几次派人向窦建德求援。窦建德开始不予理睬，想在唐、郑斗争中坐收渔人之利。十一月，窦建德率军渡河南下，攻打济阴孟海公。次年二月，克周桥（今山东定陶），虏孟海公，遂并其众。这时洛阳的形势日趋危急。中书舍人刘斌建议："今唐有关内，郑有河南，夏居河北，此鼎足相持之势也。闻唐兵悉众攻郑，首尾二年，郑势日蹙，而唐兵不解。唐强郑弱，其势必破郑。郑破，则夏有齿寒之忧。为大王计者，莫若救郑。郑拒其内，夏攻其外，破之必矣。若却唐全郑，此常保三分之势也。若唐破后，而郑可图，则因而灭之，总二国之众，乘唐军之败，长驱西入，京师可得而有，此太平之基也。"窦建德认为这是"良策"，决定援救王世充。于是三月，窦建德亲率10余万大军，向洛阳进发。一路攻城略地，直抵荥阳，泛舟运粮，水陆并进，驻军成皋（今荥阳西北汜水镇）的东原，筑宫于板渚（今荥阳高村西北牛口峪附近），以示必战。窦建德一面派人通知王世充，内外相应；一面致书李世民，要求唐军退至潼关，把侵占的地方还给王世充。唐军面对这一新的情况，有人主张退守新安（今属河南，在洛阳西），等待时机进取。李世民认为，王世充士卒精疲力竭，粮食已尽，上下离心，不须大力进攻，就可取胜。窦建德新破孟海公，将骄卒惰，并不可怕，只要扼守虎牢（今荥阳汜水镇），使敌军无法西进，王世充很快就会崩溃。那时城破兵强，气势自倍，就可收到“一举两克”的奇功。于是李世民分兵围困洛阳，并亲自率军据守虎牢，阻击敌军。此时，窦建德迫于虎牢之险，不能西进，而且和唐军相持月余，数战不利，人心思归。粮运又被唐军抄袭，大将张青特被俘，形势更为不利。国子祭酒凌敬建议：渡河攻取怀州（今河南沁阳）、河阳（今河南孟州市南），然后越太行山而入汾、晋，趋蒲津（在今山西永济蒲州镇）。如此，一则师出万全，二则拓土得兵，三则郑围自解。窦建德本想接受此议，但因部将收王世充使者的贿赂，将凌敬之议贬低为“书生”之见，因此不予采纳。窦妻曹氏也向窦建德劝说：“祭酒之言可从，大王何不纳也？请自滏口（今河北磁县西北鼓山）之道，连营渐进，以取山北，又因突厥西抄关中，唐必还师以自救，此则郑围解矣。今顿兵武（虎）牢之下，日月淹久，徒为自苦，事恐无功。”窦建德自为，“此非女子所知也。且郑国悬命朝暮，以待吾来，既许救之，岂可见难而退，示天下以不信也！”窦建德一心决战，听不进别人的劝告。

这时窦建德想乘唐军刍草已尽、牧马河北的时机，袭击虎牢。李世民侦悉这一情况，于五月一日渡河，察看敌情，当晚回营。留马匹千余，放牧河边，引诱窦军。第二天早晨，窦建德果然全军出动，自板渚出牛口（今荥阳西北）布阵，北拒大河，西薄汜水（今荥阳市东北），南连鹊山（今荥阳西南），长达 20 里。李世民登高瞭望，对诸将说，窦军“度险而嚣，是无纪律，逼城而阵，有轻我心。我按甲不出，彼勇气自衰，阵久卒饥，势将自退，追而击之，无不克者”。窦军士兵等到中午，不见唐军出战，又疲劳，又饥饿，有的坐在地上，有的到河滩上去取水喝。李世民看到窦军显得疲乏，阵势已经松动，时机已到，就命令将士渡过汜水，向窦军发动猛烈攻击。这时窦建德正在举行朝会，仓卒应战，阵势大乱。李世民率领精骑插入窦军阵后，树起唐军的大旗。窦军将士见势，以为唐军占领了大营，无心再战，纷纷逃散。窦建德在混战中被刺伤，退至牛口渚，为唐军所俘。李世民将窦建德等解至洛阳城下，令与王世充相见，王世充见大势已去，便投降了唐军。

窦建德妻曹氏，及左仆射齐善行带领几百名骑兵逃回洺州，余众要继续抗争。齐善行主张“不如委心请命，无为涂炭生人”，便将府库财物分给士卒，各令散去。齐善行乃与裴矩、曹旦及窦建德妻等率官属举山东之地投降唐朝。七月，窦建德解至长安被害，年仅 49 岁。

窦建德自起兵至败亡，共历 11 年。“建德义伏乡闾，盗据河朔，抚驭士卒，招集贤良，中绝世充，终斩化及，不杀徐盖，生还神通，沉机英断，靡不有初。及宋正本、王伏宝被谗见害，凌敬、曹氏陈谋不行，遂之亡灭，鲜克有终矣。”窦建德的失败在于“愎谏”，这是一个重要的历史教训。但窦建德的遗爱，仍然长期存留在河北人民的心中。河北大名县有“窦王庙”，父老群祭，历久不衰。大和三年（829 年），魏州书佐殷侔有感于其事，特在庙中立了一块纪念碑。

3. 杜伏威、辅公祏的江淮军

杜伏威、辅公祏起义是在大业九年（613 年）底。杜伏威是齐州章丘（今山东章丘）人，由于其“家贫无以自给”，遂和有“刎颈之交”的辅公祏聚众起义。在和官军作战时，他非常勇敢，“出则居前，入则殿后”，从而受到群众的拥护和爱戴，很自然地成了领袖人物。

在江淮一带活动的杜伏威、辅公祏领导的起义军，也打败了隋军的进攻，收编了许多小股起义军。618 年初，他们的势力发展到长江沿岸，直接威胁到了杨广正在巡游的江都。

杜伏威（？—624 年），少时落拓不羁，不事生产，家境极为贫困。辅公祏（？—624 年），齐郡临济（今山东济阳东章丘西北）人，家境同样贫苦。杜伏威与辅公祏，少年时就交谊很深，常共率乡里伙伴，劫富自给，或接济贫苦人。那时，辅公祏姑家因以牧羊为业，辅公祏就暗地里多次送羊给杜伏威，辅公祏姑家认为他们在偷盗羊只，举报了他们，官府为此缉捕很急，杜伏威与辅公祏便逃脱在外，聚众起义。那时，杜伏威只有 16 岁，并且很勇敢，每次战役，“出则居前，入则殿后”。所以部众都很佩服他，推他做起义军首领。

当时山东人民苦于隋炀帝的征役，王薄、左君行等首先起义于长白山。隋大业九年（613 年）十二月，杜伏威与辅公祏率起义队伍反上长白山，与左君行的起义军会合。但杜伏威与辅公祏并没有得到左君行的重视。他们便离开长白山南下，辗转到达淮南，自称将军。当时下邳（今江苏宿迁东南）有苗海潮部起义军，杜伏威派辅公祏前去对苗海潮说："今同苦隋政，各兴大义，力分势弱，常恐见擒，何不合以为强，则不患隋军相制。若公能为主，吾当敬从，自揆不堪，可来听命，不则一战以决雄雌。"苗海潮不敢违抗，便率众归附了杜伏威。辅公祏这次逼成苗海潮就附后，在起义队伍中的威望日隆。由于他与杜伏威是好友，又年长，杜伏威常以兄称之，起义军中也呼辅公祏为"伯"，对辅公祏的敬畏程度不亚于杜伏威。慢慢地，杜伏威心中便有了芥蒂。为了削弱辅公祏的威势影响，杜伏威在与苗海潮合军后，就以自己的养子阚稜为左将军、王雄诞为右将军，而推辅公祏为仆射，名为尊崇，实际上架空了辅公祏。从此，辅公祏与杜伏威两人之间便有了隔阂。

不多日，江都留守派校尉宋颢领兵攻击杜伏威，杜伏威佯为败走。将隋军诱入芦苇丛中，顺风纵火，把陷入沼泽中的隋军全部烧死。海陵（今江苏泰州）义军首领赵破陈听说杜伏威兵少，有些轻视他。派人要求杜伏威合并过去。杜伏威叫辅公祏领兵在外待变，自己带了10来个人抬着牛、酒去见赵破陈。赵破陈很高兴，把杜伏威请进营帐中，召集所有头领，纵酒高会。杜伏威突然在酒席上杀死了赵破陈，在座的人惊慌不及救，杜伏威又接连杀了几十个，辅公祏的兵及时赶到，便把赵破陈的部众合并过来，共有几万人，势力更强了。

大业十一年，起义军李子通部1万来人，也从长白山到达淮南，和杜伏威部联合。杜伏威选军中壮士养为假子，凡30余人，以王雄诞、阚稜最为强勇。不久，李子通要谋杀杜伏威，派兵袭击，杜伏威受重伤落马，王雄诞背负他逃到芦苇丛中，收集散兵，重整旗鼓。隋将来整乘机进攻，黄花轮一战，杜伏威大败，又被重创。部将西门君仪的妻子王氏，勇而多力，背负杜伏威逃走。王雄诞率壮士10余人随行保卫，与隋兵力战，才得脱险。杜伏威收集余兵8000人，在盐城（今属江苏）歼灭了隋将公孙上哲的军队。

大业十三年（617年），隋炀帝又派右御卫将军陈稜带精锐部队8000人进攻起义军。陈稜慑于杜伏威军的威力，闭壁不战，不敢正面进攻。杜伏威为了激怒陈稜，派人送去一套妇人衣服，说陈稜怕死不战，并致书称他是"陈姥"。陈稜恼羞成怒，率全军士倾巢而出。杜伏威身先士卒，农民起义军奋力冲杀，隋军全线溃乱，陈稜仅以身免。杜伏威乘胜破高邮

（今江苏高邮西北），引兵渡淮，据有历阳（今安徽和县），自称总管，以辅公祏为长史。分遣诸将掠取属县，江淮间义军纷纷归附。杜伏威常选敢死之士 5000 人，称为“上募”，待遇优厚，与同甘苦。每有攻战，使上募先击。战斗完了，查看背上受伤的就杀掉，因为这种人是“退而被击”的。所获资财，都赏给战士。士卒有战死的，把他的妻子殉葬，“故人自为战，所向无敌”。杜伏威领导的这支队伍也就成了江淮一带力量最强大的起义队伍了。

宇文化及杀了隋炀帝后，以杜伏威为历阳太守，杜伏威不受。仍上表于东都洛阳，皇泰帝（即越王侗）以杜伏威为东南道大总管，封楚王。不过，当时隋朝的统治已经分崩离析，越王侗并不能支配杜伏威，所以，事实上杜伏威的起义军仍然是一支独立活动的力量。

武德二年（619 年）九月，唐高祖遣使招抚杜伏威，杜伏威请降。唐高祖以杜伏威为扬州总管、东南道行台尚书令，封楚王。逾年又以为使持节总管江淮以南诸军事、扬州刺史、东南道行台尚书令、淮南道安抚大使，进封吴王，赐姓李氏。以辅公祏为行台左仆射，封舒国公。

武德三年（620 年），大江南北已展开了错综复杂的斗争。陈稜（据江都）、沈法兴（据毗陵，今常州）既已为李子通（据海陵）击溃，杜伏威（据历阳）遣辅公祏将卒数千攻李子通。辅公祏渡江攻下丹阳（今南京），进屯溧水（今属江苏），大败李子通。李子通弃江都保京口，江西之地尽入于杜伏威。杜伏威徙居丹阳，从此“进用人士，大修器械，薄赋敛，除殉葬法，其犯奸盗及官人贪浊者，无轻重皆杀之”。采取了一些强化政权、安定社会的措施。

武德四年（621 年）冬，杜伏威遣王雄诞进攻李子通，李子通迎战于苏州，大败，退保杭州。王雄诞追败李子通于城下，李子通穷蹙请降，杜伏威执送长安。王雄诞又破汪华于歙州（今属安徽），于是杜伏威“尽有江东淮南之地，南接于岭，东至于海”，成为南方最大的力量。

武德五年（622 年），唐高祖既平河南、河北，遣使征杜伏威入朝。杜伏威“俯首应诏，不悦于躬”。时李世民新平刘黑闼，进攻徐圆朗，声震淮泗，杜伏威心怀畏惧，又经李百药等劝说，终于西行入朝。唐拜杜伏威为太子太保，仍兼行台尚书令，留居长安，位在齐王李元吉上，以示尊宠。这年 7 月，杜伏威到了长安。

杜伏威降唐后，中原的农民起义军相继失败，全国农民战争接近尾声，辅公祏对此十分焦虑。杜伏威被召居唐都长安。临行前，他对辅公祏和王雄诞说：“我到长安，若有官职，你们也可同去，否则，便不要放下武器。”又单独告诫王雄诞，要他监督辅公祏。那时，杜伏威已隐约感到，他走后，辅公祏必反。杜伏威赴京，长期没有音讯。辅公祏便借王雄诞卧病之机，假托杜伏威来信让他举事反唐。

武德六年（623 年）七月到八月间，辅公祏杀掉王雄诞，发动了第二次起义。很快，辅公祏便在丹阳（江苏南京）称帝，国号宋，年号天明，聚众 10 余万，设置政权机构和文武百官，任协同他起事的左游仙为兵部尚书、东南道大使、越州总管，镇守会稽（浙江绍兴）；以江州农民起义军首领张善安为西南道大行台，联合起来共同反唐。他增修军械，储备粮食。在准备充分后，一方面，派大将徐绍宗攻海州，陈正通攻寿阳；另一方面，派张善安出兵北伐，扼制长江中游。使几近沉寂的隋末、唐初农民战争，又出现了兴旺的苗头。

辅公祏举兵反唐，唐高祖命襄州道行台尚书左仆射赵郡王李孝恭、岭南道大使李靖、齐州总管李勣（原名徐世勣）等，分别进军淮南，镇压辅公祏。

武德七年（624 年）二月杜伏威暴卒。死因是杜伏威“崇尚佛理”，尤信道教，“好神仙长年术”，服食云母中毒。那时，辅公祏早在丹阳起兵反唐，诈称杜伏威之命，以蒙蔽部众。唐将李孝恭既平辅公祏，把辅公祏的反书送给唐廷，高祖信以为真，乃夺杜伏威官爵，没收家产。唐太宗即位，知道杜伏威蒙受冤屈，恢复了他的官爵，并以公礼成葬。这年 3 月，唐军攻破丹阳，辅公祏战败，出走途中被俘。

4. 翟让、李密领导的瓦岗军

由翟让领导的一支农民起义军，在今河南省活动，占据瓦岗寨（今河南省滑县附近）作为根据地。616 年，参加过杨玄感起兵的贵族李密，参加了瓦岗军。他说服了附近许多支规模较小的起义军，到瓦岗寨聚义，使瓦岗军的势力迅速发展起来，成为隋末农民大起义的主要力量。617 年，瓦岗军攻下兴洛仓，开仓散粮，得到了广大人民群众的热烈拥护，势力更加扩大，控制了今河南省的大部分地区，兵力扩充到几十万人。东都洛阳已处在瓦岗军的重重包围之下。

李密（582—618 年），字玄邃，一字法主，京兆长安（今陕西西安）人。前辈自北魏、北周以来，都是做大官的。李密的父亲李宽，为隋上柱国、蒲山公，“骁勇善战，干略过人”，号为名将。开皇中，李密袭父爵为蒲山公。大业初，以荫为左亲卫府大都督、东宫千牛备身。他生得“额锐角方，瞳子黑白明澈”。隋炀帝见了，便追问许公宇文述，说：“左仗下黑色小儿为谁？”宇文述答曰：“蒲山公李宽子密也。”隋炀帝说：“个小儿视瞻异常，勿令宿卫。”宇文述因此便劝李密当以“才学取官，三卫丛脞，非养贤之所。”李密听了很是高兴，便辞去宿卫，专心读书。师事国子助教包恺，受《史记》《汉书》，励精忘倦。李密多筹算，才兼文武，志气雄远，常以济物为己任，与杨素的儿子杨玄感为刎颈之交。杨玄感，后为起兵反隋之人。

翟让（？—617 年），隋东郡韦城（今河南滑县东南）人。

大业七年（611 年），东郡法曹翟让，因犯罪入狱，后被狱吏黄君汉私自放了。翟让出狱后，逃到瓦岗（今河南滑县东南），聚众起义，组成了瓦岗军。同郡的单雄信、徐世勣也都前往参加瓦岗军。他们在永济渠沿岸劫夺来往船只，以致“资用丰给，附者益众”，瓦岗起义的队伍逐步扩大起来了。

大业九年（613 年），隋炀帝再伐高丽，征兵调粮，海内骚然，人心思乱。在黎阳督运军粮的杨玄感起兵反隋，以李密为谋主。密献三计，上策是挥师入蓟（今北京西南），截住隋炀帝的归路，可以不战而擒；中计是西入长安，据险自固，必克万全之势；下计是就近进攻东都，顿兵坚城之下，胜负未知。杨玄感却以李密的下计为上策，久攻东都不下。隋炀帝回师攻打杨玄感，杨玄感败死。李密在逃亡中被捕。时隋炀帝在高阳，李密等在解送途中用计逃脱。自此数年，李密辗转于平原、淮阳间，过着亡命的生活，十分潦倒。

大业十二年（616 年），各地农民起义军有了很大的发展。韦城（今河南滑县）法曹翟让据有瓦岗寨，李密因翟让的部将王伯当之荐，走投翟让。他为翟让划策，自往游说邻近的小股义军，所至皆附，因此得到翟让的信任。李密对翟让说："今兵众既多，粮无所出，若旷日持久，则人马困敝，大敌一临，死亡无日。未若直趋荥阳，休兵馆谷，待士马肥充，然可与人争利。"翟让采纳了这个意见，引兵攻破要塞金隄关（今河南滑县南）和几个县城。李密从长远考虑，从眼下着手，建议翟让尽早尽快发展瓦岗军的势力，扩大瓦岗军的影响。翟让在李密的建议下，决定攻取荥阳。荥阳是中原的战略要地，向东是一片平原，向西是虎牢关。虎牢关以西的巩县，有隋的大粮仓洛口仓。取得洛口仓，便可筹措到大量的军粮，也可逼近东都洛阳。夺取荥阳一战，是进一步发展和巩固瓦岗军势力的关键一战。荥阳地势险要，自古为兵家必争之地。隋炀帝派张须陀为荥阳通守，带精兵 2 万前往镇压。翟让曾经屡次被张须陀打败，听说他又来了，有些害怕，想引军退避。李密说："须陀勇而无谋，兵又骤胜，既骄且狠，可一战而擒。公但列阵以待，保为公破之。"翟让不得已，勒兵将战，李密分兵 1000 余人埋伏在大海寺北丛林中。翟让与战不利，稍向后退，伏军突然从敌后杀出，张须陀陷入重围，兵败身亡，这使得隋军"昼夜号哭，数日不止"，这是瓦岗军第一次获得全歼敌军的大胜。由于李密作战有功，翟让叫他建立牙帐，别统所部，号蒲山公营。李密躬行俭素，所得财宝都赏给部众，因此很得军心。这时李密又提出袭取兴洛仓（一名洛口仓，在今河南巩义市境内）的建议，说："今东都士庶，中外离心，留守诸官，政令不一，明公亲率大众，直掩兴洛仓，发粟以赈穷乏，远近孰不归附，百万之众，一朝可集，先发制人，此机不可失也。"

大业十三年（617 年）二月，瓦岗军攻取洛口仓，并开仓济贫。贫苦农民大量参加起义军。隋朝在洛阳的越王侗派遣虎贲郎将刘长恭率军 25000 人前往镇压。翟让、李密预先侦知了隋军的动向，做了周密的部署。刘长恭对瓦岗军的情况则一无所知，表面看到瓦岗军的人数不多，就麻痹大意起来，瓦岗军乘隋军初来乍到，饿饥疲惫之时，大举进攻，隋军大败，死者十之五六。刘长恭仓皇逃回东都。瓦岗军得到大量的辎重器甲，力量壮大，军威大振。四月，瓦岗军逼近东都城郊，攻破回洛仓（在今河南洛阳东北），致使东都粮食缺乏，陷入困境。九月，瓦岗军又攻破黎阳仓（在今河南浚县东南），开仓济贫，起义军增加了 20 多万。控制了中原广大地区，达到了鼎盛时期。

瓦岗军还公开宣布了隋炀帝的十大罪状，如云：“广立池台，多营宫观，穷生人之筋力，罄天下之资财”；“科税繁猥，不知纪极，头会箕敛，逆折十年之租，杼轴其空，日损千金之费”；“年年历览，处处登临，家苦纳秸之勤，人阻来苏之望”；“恃众怙力，强兵黩武，义夫切齿，壮士扼腕”；“愎谏违卜，蠹贤嫉能，直士正人，皆由屠害，遂令君子结舌，贤人缄口。”总之是“罄南山之竹，书罪无穷；决东海之波，流恶难尽。”号召各地起义军同心协力，明确表示要推翻隋炀帝的政权。

正当李密兵锋甚锐，威逼东都的时候，隋炀帝命监门将军庞玉、虎贲郎将霍世军将关内兵，江都通守王世充将江淮劲卒，增援东都。东都驻军 10 余万人都由王世充指挥，进击李密于洛口，与李密军夹洛水互击，各有胜败。

在瓦岗军日益强大的时候，其领导集团内部矛盾激化了。由于李密在屡次作战中发挥了较大的作用，其威望也就越来越高，翟让就主动把领导权让给了李密。后来，翟让的哥哥翟弘以及王儒信等人，又劝翟让夺回领导权。如此一来，翟让与李密便产生了矛盾，并日益激化，以致最后李密与翟让的仇恨不共戴天，李密便杀了翟让。瓦岗军的内讧，导致了瓦岗军的分裂，大大削弱了瓦岗军的力量。

瓦岗军是当时最强大的一支农民军队伍，在中原消灭了大量的隋军，割断了江都与洛阳的联系，迫使隋炀帝陷入江都孤岛，不能控制全国。

大业十四年（618 年）三月，隋右屯卫将军宇文化及在江都发动兵变，杀死隋炀帝。武德元年（618 年）六月，宇文化及率江都隋军北上，瓦岗军虽然对宇文化及作战取得胜利，但也损失严重。九月，隋军乘机发动进攻，瓦岗军全面失败，李密走投无路，于十月奔赴长安，向新建的唐朝投降。随从李密入关的还有 2 万人。李密西行途中，唐派遣迎劳的使者相望于道。李密喜道：“我拥众百万，一朝解甲归唐，山东连城数百，知我在此，遣使招之，亦当尽至；比于窦融，功亦不细，岂不以一台司见处乎！”及至长安，礼数渐薄，唐以李密为光禄卿、上柱国，封邢国公。执政者又来求贿，意颇不平。过了不久，李密向唐高祖建议，愿往关东招抚旧部，以图报效。高祖令与王伯当同行，分其部众半留华州（今陕西华县），半随李密出关。李密至稠桑驿（今河南灵宝北），唐高祖改变了主意，驿召李密回京，更受节度。李密早就听说有人反对他出关，因此大为疑惧，不听王伯当等的劝告，杀了来使，袭破桃林县（今河南灵宝北老城），打算投奔故将伊州刺史张善相，以图再举。中途为唐军截击，李密被杀，时年 37 岁。徐世勣表请收葬于黎阳山南，坟高七仞。《旧唐书》评论李密："心断机谋，身临阵敌，据巩、洛之口，号百万之师，窦建德辈皆效乐推，唐公给以欣戴，不亦伟哉！及偃师失律，犹存麾下数万众，苟去猜忌，疾趋黎阳，任世勣为将臣，信魏徵为谋主，成败之势，或未可知。至于天命有归，大事已去，比陈涉有余矣！"由此可见，李密在组织群众，摧毁暴隋，扫除虐政方面起到重大的历史作用。

5. 杨玄感起兵反隋

农民起义的爆发，促成了统治集团内部的分化，贵族杨玄感见农民军的力量日渐壮大，牵制了朝廷的大量兵力，也乘机于 613 年起兵反隋。他的队伍发展到了 10 多万人，虽然很快被隋军击溃，但参加过这支队伍的很多人后来投入了农民军，进一步壮大了农民军的力量。

大业九年（613 年），正当隋朝第二次进攻高丽的时候，其贵族杨玄感在黎阳起兵反隋。杨玄感的父亲杨素，是隋炀帝的亲信，曾协助隋炀帝夺取帝位。杨玄感因他的父亲有功，而位至柱国，又迁礼部尚书。正当第二次进攻高丽时，杨玄感在黎阳督运军粮，并亲视隋炀帝倒行逆施，天怒人怨，认为有机可乘，就起兵反隋。杨玄感举兵南下，进攻东都，顺利到达洛阳城下，众至 10 余万人。杨玄感进军顺利，迅速地得以发展，并壮大了杨玄感的势力，正是因为他反对隋炀帝的行动，迎合了广大人民的要求。

在杨玄感起兵的影响下，农民起义的浪潮更加高涨了。大业九年七月，刘元进在余杭拥众数万人，响应了杨玄感。八月，吴郡朱燮起义，"民苦役者赴之如归"；管崇在晋陵起义，众至 10 万人。正当杨玄感围攻东都时，梁郡韩相国也举兵响应起义，很快发展到 10 余万人。杨玄感于八月失败，九月就有东海彭孝才起义，有众数万人；十月，吕明星进攻东郡，十二月，扶风向海明起义。众至数万。另外，还有杜伏威、辅公祏、苗海潮等人在各地起义。这些起义军，虽然没有直接打起响应杨玄感的旗号，但在杨玄感狠狠打击了隋炀帝的残暴统治之后，至少说是使上述多处起义相对减少了困难，为起义军增加了有利的条件。那时，杨玄感起兵，对于隋末农民起义来讲，起到了推波助澜的极大作用。全国各处的起义军不断发展，使得隋炀帝失去了统治全国的能力。长安、洛阳、江都，尽都成了农民起义包围中的孤独城都。到大业十二年（616 年），农民战争进入一个新的阶段，即由分散走向集中，由原来遍布各地的起义军，逐步形成了三支强大的农民军队伍。

隋炀帝一向用严酷的刑法残暴地镇压人民的反抗。下令为“盗者”随获随杀，甚至抄没全家。樊子盖在镇压汾、晋间起义军时，大肆烧杀；王世充镇压刘元进领导的起义军时，一次坑杀 3 万人。但是屠杀只能激起人民更大的愤怒，起义队伍越来越多，越来越强大。大业十二年，隋炀帝不顾廷臣的劝谏，第三次南巡江都。他写诗留别宫人说：“我梦江都好，征辽亦偶然。”面对土崩瓦解的形势，他却说得如此轻松！他在江都一年多的时间里，生活更加荒淫。自知末日快到，对萧后说：“外间大有人图侬，然侬不失为长城公（陈后主），卿不失为沈后（陈后主妻），且共乐饮耳！”又对镜对萧后说：“好头颈，谁当斫之！”萧后惊问其故，他笑道：“贵贱苦乐，更迭为之，亦复何伤！”这些话表现出了隋炀帝在农民起义的强大压力下，狼狈不堪的残景。

大业十四年（618 年）三月，虎贲郎将司马德戡、元礼和监门直阁裴虔通等，利用骁果的不满情绪，推右屯卫将军宇文化及为首，发动兵变，把隋炀帝用腰带勒死，时年 50 岁。历时 38 年的隋朝统治，到此便告结束了。

三支大规模的起义军，再加上一些小规模的起义军，农民起义的烈火已燃遍了隋皇朝大半个统治地区。隋皇朝所能控制的，只剩下东都洛阳、行都江都等几座孤城了。许多地方官吏和地主贵族，见隋朝的大势已去，为了保存自己，并企图乘乱扩张势力，纷纷宣布脱离隋朝，自行称王称帝。617 年，贵族李渊起兵太原，进占长安。618 年春，杨广在江都被杀。不久，李渊就自立为帝，国号唐，他就是历史上的唐高祖。

第八讲　唐皇朝的盛世

1. 唐高祖的重新统一

唐高祖李渊称帝，是由于次子李世民和晋阳令刘文静等的策划。李渊称帝后，主要靠李世民的活动，招降了李密和杜伏威，镇压了窦建德，又陆续削平了地主割据势力，到 623 年重新统一了中国。

唐高祖（566—635 年）是唐朝的开国君主，姓李，名渊。祖籍陇西狄道（今甘肃临洮）人，其后屡经迁徙，至渊高祖李熙、曾祖李天赐，均居赵州昭庆县（今河北隆尧）。祖父李虎，西魏时赐姓大野氏，拜柱国大将军，与宇文泰、独孤信等为著名的“八柱国家”，北周时追封为唐国公。父李昞，北周安州总管、柱国大将军，袭唐国公爵。母独孤氏，与隋文帝的皇后独孤氏，都是独孤信的女儿。妻子窦氏是隋定州总管神武公窦毅之女，其母为北周武帝姊襄阳长公主。可谓历代高宫，显赫家族。因此，李渊与隋朝上层统治集团，有着千丝万缕的密切关系。

李渊 7 岁时，袭封唐国公。隋初，他为千牛备身，得到独孤皇后的关爱，累转谯（今安徽亳县）、岐（今陕西凤翔）、陇（今陕西陇县）三州刺史。大业初，为荥阳（今河南荥阳）、楼烦（今山西静乐）二郡太守，征为殿内少监。大业九年，迁卫尉少卿，掌管宫廷禁卫事。从此，李渊由文转武任职。

隋炀帝第二次征辽时，派李渊往怀远镇（今辽宁辽中附近）督运；杨玄感起兵反隋，又命往镇弘化郡（今甘肃庆阳）兼知关右诸军事；大业十一年夏，山西一带农民起义，便命为山西、河东抚慰大使，“承制黜陟选补郡县文武官，仍发河东兵讨捕群盗”。李渊率军至龙门（今山西河津西北），打败了毋端儿部的起义军。又代樊子盖，进攻绛郡起义军敬盘陀、柴保昌部。李渊又对降人“引置左右”，软硬兼施，于是降者“前后数万人，余党散入他郡”。大业十二年，迁右骁卫将军，这年十二月任太原留守。这时的农民起义，已遍布全国。

与此同时，隋廷内部矛盾加剧。杨玄感兵变之后，隋炀帝越加猜忌文武大臣，先后杀害了宿将鱼俱罗和董纯，逼死了名将吐万绪。又以郕国公李浑名应“李氏当为天子”的谶语，杀了他一家 32 人，为此人人自危。李渊任山西、河东抚慰使时，副使夏侯端就对他说：“天下方乱，能安之者，其在明公。”并指出隋炀帝“切忌诸李，强者先诛，金才（即李浑）既死，明公岂非其次？若早为计，则应天福，不然者，则诛矣”。李渊“深然其言”。及任太原留守，他便对次子李世民说：“唐固吾国，太原即其地焉。今我来斯，是为天与，与而不取，祸将斯及。然历山飞不破，突厥不和，无以经邦济时也。”这一切迫使李渊要为自己的今后有所考虑和安排，所以他当时先带兵在雀鼠谷，击溃了活动于太原以南的历山飞别将甄翟儿部，稳定了山西的局势。但在对突厥防御战中，前曾获胜，但后却遭失败。隋炀帝则令其斩杀部下败将。此时，李渊便对李世民言：“隋历将尽，吾家继膺符命，不早起兵者，顾尔兄弟未集耳。今遭羑里之厄，尔昆弟须会盟津之师，不得同受孥戮，家破身亡，为英雄所笑。”事过不久，虽有转机，但却加速了李渊举兵反隋之举。

李渊“素怀济世之略，有经纶天下之心。接待人伦，不限贵贱，一面相遇，十数年不忘。山川冲要，一览便忆”。李渊拥有如此美德，就不能不使他成天下大事。他老谋深算，早就授意长子建成在河东“潜结英俊”，次子世民在晋阳“密招豪友”。李氏兄弟“俱禀圣略，倾财赈施，卑身下士”，“故得士庶之心”。当时，晋阳令刘文静看到李渊“有四方之志，深自结托”，及刘文静坐与李密联姻系狱，李世民前往探视，共商大计。刘文静就当时天下大乱之势，主张“驱驾取之”。并且指出，召集大军，“乘虚入关，号令天下，不盈半岁，帝业可成”。大业十三年二月，时机已到，鹰扬府校尉刘武周起兵马邑，进据汾阳宫，自称天子，国号定杨，李渊乘机以讨伐刘武周为名，募集兵员，“旬日间众且一万”。又暗中派人往蒲州召儿子李建成、李元吉至晋阳，准备起事。副留守高君雅、王威对李渊颇怀疑惧，将为不利。五月甲子，李渊借口高、王二人“潜引突厥入寇”，将他们杀了，正式起兵。此时，李渊派刘文静出使突厥，自为手启，卑辞厚礼，对始毕可汗说：“欲举义兵，远迎主上，复与突厥和亲，如开皇之时。若能与我俱南，愿勿侵暴百姓；若但和亲，坐受宝货，亦惟可汗所择。”突厥可汗复书说，如李渊自为天子，愿以兵马相助。六月己卯，李建成、李元吉自河东到达晋阳，裴寂等乃因建成兄弟，请“废皇帝而立代王，兴义兵以檄郡县，改旗帜以示突厥”。李渊完全照办了。西河郡不肯从命，李渊使李建成、李世民将兵攻破郡城，斩郡丞高德儒。自此，李渊自称大将军，署置府僚，以裴寂为长史，刘文静为司马，唐俭、温大雅为记室，长孙顺德、刘弘基、窦琮等为左右统军。自余文武官员，随才授任。以李建成为陇西公，左领军大都督，领左三统军等；李世民为敦煌公，右领军大都督，领右三统军等，各置官属。又“开仓库以赈穷乏，远近响应”。晋阳起兵后，进取关中，建立大唐。

隋炀帝大业十三年（恭帝义宁元年）七月，李渊以四子李元吉为太原留守，委以后事。次日，李渊率甲士3万誓师，由晋阳出发，顺汾河谷道，南下河东，打着“志在尊隋”的旗号，宣布尊立代王为帝。始毕可汗派人送马千匹，突厥阿史那大奈也率兵相助。李渊军行至贾胡堡（今山西灵石西南），代王侑（隋炀帝孙）派遣虎牙郎将宋老生率精兵2万屯霍邑（今属山西），左武侯大将军屈突通将骁果数万屯河东，阻击李渊率军南下。此时，秋雨连绵，道途泥泞，军不得进，军粮也乏；外传突厥将与刘武周乘虚掩袭晋阳，刘文静出使突厥未归。李渊不知虚实，召集将佐商议对策。裴寂等主张“还救根本，更图后举”；李建成、李世民则力主进军，并认为“武周位极而志满，突厥少信而贪利，外虽相附，内实相猜。突厥必欲远利太原，宁肯近忘马邑。武周悉其此势，未必同谋。”再者，“今来禾菽蔽野，人马无忧，坐足有粮，行即得众。李密恋于仓粟，未遑远略；老生轻躁，破之不疑。定业取威，在兹一决。”李渊慎重，再三考虑，决定继续进军。八月，雨停放晴，军粮运到，李渊率军直攻霍邑，李建成、李世民绕后，断敌归路，激战又智斗，敌阵大乱，纷回逃走，李家军打得敌军“血流蔽地，僵尸相枕”，敌首被杀。李渊乘胜挥兵登城，攻克霍邑。进军临汾（今山西临汾南），克绛郡（今山西新绛），直抵龙门县（今山西河津），节节大胜。这时，刘文静从突厥赶到，带来突厥大将康鞘利，兵士500、马匹2000；敌沿河守臣也纷纷来降。李渊以书招降冯翊农民军首领孙华。及李渊进军壶口（今山西吉县西南黄河畔），孙华渡河来见，李渊以孙华为左光禄大夫、武乡县公，领冯翊太守，赏赐甚厚，仍使回河西接应。又遣左右统军王长谐、刘弘基及左领军长史陈演寿等将步骑6000，自梁山渡河，以待大军。李渊自率诸军围河东，屈突通婴城固守。李渊见城坚不易攻，意欲引兵西往长安，与将佐商议。裴寂说："屈突通拥大众，凭坚城，吾舍之而去，若进攻长安不克，退为河东所踵，腹背受敌，此危道也。不若先克河东，然后西上。长安恃通为援，通败，长安必破矣。"李世民则持反意，说："兵贵神速，吾席累胜之威，抚归顺之众，鼓行而西，长安之人望风震骇，智不及谋，勇不及断，取之若振槁叶耳。若淹留自弊于坚城之下，彼得成谋修备以待我，坐费日月，众心离沮，则大事去矣。且关中蜂起之将，未有所属，不可不早招怀也。屈突通自守虏耳，不足为虑。"李渊则持上述两种意见，并扬长避短，决定留兵围困河东，自统主力军西进。遂自壶口渡河，舍于朝邑长春宫（在今陕西大荔朝邑镇西北），"关中士民归之者如市"。李渊分军两路，命李建成、刘文静率王长谐等数万人屯永丰仓（今陕西华阴东北），扼守潼关，以备东方援敌；命李世民率刘弘基等数万人，掠取渭水北岸之地，对长安形成钳形攻势。

此时，在关中的李渊亲属，获悉李渊军将至，四方响应：女儿（柴绍之妻，后为平阳公主）在鄠县（今陕西户县）别墅散家财，召集南山亡命，得数百人。又遣家人马三宝说降邻近的何潘仁、李仲文、向善志、丘师利等部，众至数千；从弟李神通也在郡县起兵，众至数千；女婿段纶在蓝田起兵，有众万余。其中，李渊女儿的势力最大，召集诸部攻下盩厔（今陕西周至）、武功（今陕西武功西北）、始平（今陕西兴平）等县，众至70000人，号称"娘子军"。李世民一路西进，所到之处，"吏民及群盗归之如流"。及至泾阳（今属陕西），胜兵90000，与"娘子军"相会，声势大张。李渊命李建成率永丰仓精兵，自新丰西进长乐宫；李世民回师北屯长安故城。李渊引军西行，"所过离宫园苑皆罢之，出宫女还其亲属"。十月，李渊至长安城，驻城东面的营春明门外。合军20余万，大修战具，围攻京城。十一月，一时"云梯竞耸，楼橦争高，百道齐来，千里并进"，发起攻势。军头雷永吉等先登，守军溃散，遂克长安。李渊入城，迎代王侑于东宫，迁居大兴殿后。李渊还居长乐宫，"与民约法十二条，悉除隋苛禁”。杀隋大臣右翊卫将军阴世师、京兆郡丞骨仪等，余无所问。李渊暂不即帝位，观望，且待时机。壬戌，迎立 13 岁的代王杨侑为帝，改元义宁，遥尊隋炀帝为太上皇。甲子，李渊自长乐宫入长安。隋恭帝授渊假黄钺、使持节、大都督内外诸军事、大丞相、录尚书事，进封唐王。以武德殿为丞相府，改教称令，视事于虔化门（在大兴殿前东偏）。“诏军国机务，事无大小，文武设官，任无贵贱，宪章赏罚，咸归相府”。置丞相官属，以裴寂为长史，刘文静为司马，李纲为司录。李建成为唐国世子，李世民为京兆尹、秦国公，李元吉为齐国公。

义宁二年（618 年）三月，隋炀帝在江都被宇文化及等所杀，隋恭帝也被迫让位，李渊便在文武官吏一片劝进声中，于五月正式做了皇帝，国号唐，改元武德，是为唐高祖。以世子李建成为皇太子，李世民为秦王，李元吉为齐王。其余官属，自相国府长史裴寂以下，均有不等进位。从晋阳起兵，至长安称帝，李渊正好用了一年的时间。紧接下来，李渊将要削平群雄，完成统一大事。

李渊称帝时，群雄纷争。北方边境有李轨、薛举、梁师都、郭子和、刘武周、高开道；黄河流域有王世充、李密、窦建德、孟海公、徐圆朗；江淮之间，有杜伏威、李子通、陈稜；江南一带，有沈法兴、林士弘、萧铣。面对这一形势，李唐的战略方针是，首先巩固关中根据地，然后进军关东，逐步统一全国。

唐军经过几番激战，直至完全占领了山西地区，巩固了关中根据地，扫除了进兵关东的障碍。这时关东的形势变化很大。在解决了李密、窦建德、宇文化及、孟海公、王世充等农民义军或隋残余部后，李渊加速了统一关东地区的进程。武德四年九月，唐以李孝恭为荆湖道总管，统水陆 12 军，进攻占据江陵（今属湖北）、自称梁帝的萧铣。萧铣将文士弘拒战失败，萧铣出降。唐军一举平定了荆湖地区。淮南的杜伏威，已于武德二年归附于唐。中原既定，杜伏威奉诏入朝，留辅公祏据守。武德六年，辅公祏“诈言伏威不得还江南，贻书令其起兵”，遂举兵反唐，称帝于丹阳。唐高祖命赵郡王李孝恭率诸将水陆并进，以讨辅公祏。七年三月辅公祏败死，江南全部平定。武德七年，高开道为其部将张金树所杀，张金树以地降唐。同年，唐将李勣讨平徐圆朗。至此，唐廷基本上削平了隋末以来分裂割据的局面，实现了全国的统一。

玄武门之变，是唐高祖儿子们的权益之争。李世民威望提高，与李建成之间产生了皇位继承权的斗争。在这个斗争中，秦王李世民诛杀太子李建成、齐王李元吉，终由唐高祖立李世民为皇太子结束。唐高祖下诏："自今军国庶事，无大小悉委太子处决，然后闻奏。"到了626年8月间，便正式传位于太子，以太上皇徙居大安宫，不再预闻国事。

高祖晚年亲见贞观时期的太平景象，欢喜至极。贞观九年（635）五月庚子，唐高祖病卒，年七十，葬于献陵（在今陕西三原）。唐高祖李渊，用一生完成了重新统一中国的大业。

2. 唐太宗与贞观之世

626年，李渊传位给李世民，李世民就是历史上有名的唐太宗。

李世民是中国历代皇帝中少有的政治家、军事家。他的助手李靖、房玄龄、杜如晦、长孙无忌、魏徵等，都是难得的人才。李世民亲眼看到强大的隋朝很快灭亡，就注意吸取这一重大的历史教训。他经常跟大臣们谈论隋代政治的得失，讲求巩固封建政权的方法。他鼓励大臣们对政治问题提出不同的意见，以便在具体施行时能取得较好的效果。他这种作风，提高了他的政治威望，加强了朝廷上的团结。

李世民，隋开皇十八年（599年）十二月十二日生于武功（今属陕西）别馆，死于649年。李世民生长在军事贵族家庭，从小就娴习武艺，精于骑马射箭，所用的箭，比通常武将用的大一倍，能够百步穿杨，"射洞门阖"；喜爱读书，写得一手好字；为人豪爽有识，"临机果断"，具进取向上之风格。

大业十一年（615年），隋炀帝被突厥围困在雁门，求援。当时，18岁的李世民应募从军，隶屯卫将军云定兴部下。李世民向云将军提出"必赍旗鼓已设疑兵"的策略，认为始毕可汗"敢围天子，必以国家仓猝无援。我张军容，令数十里幡旗相续，夜则钲鼓相应，虏必谓救兵云集，忘尘而遁矣。不然，彼众我寡，悉军来战，必不能支矣。"这第一次表现出了李世民能根据敌我力量悬殊的实情，采取战略。大业十二年，李渊与农民军甄翟儿在雀鼠谷作战，李世民率领骑兵冲破义军的包围，从而取得了胜利。这再一次表现出李世民善于指挥骑兵的才能，以及灵活运用战略战术的天赋。大业十三年，李渊由晋阳进军关中的过程中，李世民统军作战，一直发挥着重要的作用。这又一次表现出李世民整体统军作战的超人本领。上述这些，都显示出李世民的军事才能和统帅军队的素养。唐军占领长安，李渊以丞相辅政，李世民为京兆尹，封秦国公。

武德元年（618 年），唐高祖即位，李世民为尚书令、右翊卫大将军，进封秦王。李世民后因击溃陇右的薛举集团，立下功勋，拜右武侯大将军、太尉、使持节陕东道大行台尚书令。时刘武周侵占并州，李世民统军出击，大破刘军，收复并州，又拜益州道行台尚书令。李世民旋即率军东征，一举消灭了河北窦建德和洛阳王世充，这是当时的两大劲敌。也为统一全国奠定了基础。

武德四年（621 年）六月，唐军凯旋，李世民“被金甲，陈铁骑一万，介士三万，前后鼓吹，献俘于太庙”。唐高祖“以自古旧官不称殊功”，加号李世民为天策上将，领司徒、陕东道大行台尚书令，位在王公上。武德五年，再度东出，打败窦建德余党刘黑闼于河北，刘黑闼奔突厥，加拜左右十二卫大将军。这时国内形势逐渐平稳，李世民“乃锐意经籍，开文学馆”，以行台司勋郎中杜如晦等 18 人为学士，“与之讨论经义，或夜分而罢”。以武功见称的李世民，从此很重视文事，可谓能文能武。

此时，李世民的战功卓著，直接威胁到太子李建成的地位。武德晚期，兄弟俩为了争夺皇位继承权，展开了激烈的斗争。唐高祖虽然重视有功的次子世民，但一直自觉或不自觉地维护太子建成的地位。李世民深感“有功高不赏之惧”，便于武德九年六月四日发动了“玄武门之变”，杀死了李建成等人，唐高祖被迫立李世民为皇太子，不久就传位于李世民，改元贞观，是为唐太宗。

唐太宗李世民开创了贞观之治，带来了国势强盛。贞观时期（627—649 年），唐太宗励精图治，政治清明，社会安定，经济发展，文化繁荣，国势极为强盛，出现了中国历史上无与伦比的“贞观之治”。

第一，在政治方面，唐初沿用隋制，并有改革。朝廷设中书、门下、尚书三省，三省长官中书令、侍中、尚书令共议国政。唐太宗曾任过尚书令，因此臣下就不敢再任，便以左、右仆射为尚书省长官，与中书令、侍中号为宰相。宰相品位既高，唐太宗常以参议朝政、参知政事、同中书门下三品（因中书令、侍中都是三品官）、同中书门下平章事的名义，任职位较低又有才能的官员，担任宰相职务。这样不但有利于进用贤才，而且宰相的人数多了，可使他们互相制约，避免个人专断，从而加强了皇权。三省各有分工，中书出诏令，门下掌封驳，尚书管执行。唐太宗对三省长官要求得很严。唐太宗重申三省旧制，凡军国大事，由中书舍人各抒己见，并且署名，叫作“五花判事”。制敕草成后，经中书侍郎、中书令审查，再送门下省，交由给事中、黄门侍郎驳正；复奏以后，然后施行。“由是鲜有败事”。唐初地方行政分州、县两级，设刺史和令为州、县长官。地方官的好坏，直接关系到人民的切身利益，因此唐太宗很重视地方官的人选。对地方官的治绩的好坏，唐太宗更为重视，他经常把都督、刺史的姓名写在屏风上，并将其治绩分别列于名下，以便考察。由于马周建议朝廷不可独重内臣，而轻视刺史、县令，唐太宗便宣布：“刺史朕当简择，县令诏京官五品以上各举一人。”这样就大大提高了地方官的素质。贞观年间，各地循吏辈出，如邓州刺史陈君宾“储仓充羡”，通、巴二州刺史李桐客“治尚清平”，沧州刺史薛大鼎、瀛州刺史郑德本、冀州刺史贾敦颐“皆有治名”，河北人民称道他们为“铛脚刺史”。因而使唐初吏治出现了“法平政成”的局面。唐初为改变隋末苛法滥刑的局面，制定了《武德律》，“大略以开皇为准”，而删其苛细。贞观元年，唐太宗又命长孙无忌、房玄龄等，本着“意在宽平”的精神，重加删定。贞观十一年书成，定律500条，分为12卷，一曰名例，二曰卫禁，三曰职制，四曰户婚，五曰厩库，六曰擅兴，七曰贼盗，八曰斗讼，九曰诈伪，十曰杂律，十一曰捕亡，十二曰断狱。比隋代旧律，减大辟者92条，减流入徒者71条。“凡削烦去蠹，变重为轻者，不可胜纪”。改革后的《贞观律》成为唐律的定本，对后世封建法律起过重要影响。

第二，在经济方面，继续推行武德末期颁行的均田制。贞观初，泽州刺史长孙顺德发现“前刺史张长贵、赵士达并占境内膏腴之田数十顷，顺德并劾而追夺，分给贫户”。贞观十一年七月二十日暴雨成灾，唐太宗“诏废明德宫及飞山宫之玄圃院，分给河南洛阳遭大水户”。这说明当时确实给农民分配过土地。不过这种土地除没官及官地外，大多为“荒闲无主之田”。因此荒地较少的“狭乡”，农民受田往往不足规定的数量，所以贞观初“朝廷立议，户殷之处，得徙宽乡”。贞观十一年新颁唐律规定，宽乡占田违限不以违令论处。原因是“务从垦辟，庶尽地利，故所得虽多，律不与罪”。贞观十八年二月，唐太宗“幸灵口（今陕西西安市临潼区零口），村落偪侧，问其受田，丁三十亩”。唐太宗因忧授田不足便“诏雍州录尤少田者并给复，移之于宽乡”。均田制的推行，使贫困的农民多少得到一些土地，促进了农业生产的发展。

唐太宗经常派遣使者巡视各地，考察官吏，劝课农桑。他告诫使者到达州县时，当“遣官人就田陇间劝励，不得令有送迎，多废农时”。为了不误农时，唐太宗还在法律中规定，“诸非兴造及杂徭役，十庸以上坐赃论”。以此防止非时调用民工，有利于季节性很强的农业生产。唐太宗还很重视水利建设，除朝廷设置专官，以“掌天下川渎陂池之政令”外，各地兴修水利，颇著成效。水利的兴修，自然使“百姓获其利”。贞观时期，由于社会安定，人口增加，生产不断发展。贞观初年，霜旱为灾，米谷踊贵，一匹绢才得一斗米。贞观三年，关中丰熟，逐食外地的人民“咸自归乡，竟无一人逃散”。贞观四年，“断死刑二十九人，几致刑措。东至于海，南至于岭，皆外户不闭，行旅不赍粮焉”。八年、九年，“频至丰稔，米斗四五钱，马牛布野，外户动则数月不闭。至十五年，米每斗值两钱”。这就是所谓“贞观之治”的太平景象。

第三，在文化方面，唐太宗尊崇儒学，自称：“朕所好者，唯尧、舜、周、孔之道。”贞观二年始以孔子为先圣，在国学中设置庙堂，以备祀典，并下令各州县都置孔子庙。为了培养更多通晓儒学的士人，唐太宗大力兴办学校。在朝廷设立国子监。下隶国子学、太学、四门学、书学、算学、律学六种学校，收教各级官僚子弟。另有弘文、崇文两馆，专为皇亲国戚和大官僚子弟而设。在地方设京都学及府、州、县学，但主要是州、县两级学校。这些学校就其规模、种类、数量和课目来说，都比前代进步。特别是专科性质学校的出现，在中国教育史上占有重要的地位。唐太宗的崇儒，引起了对经学的重视。贞观四年，他以经籍流传已久，文字颇多讹谬，命颜师古于秘书省考定“五经”。颜师古是名儒颜之推的孙子，少传家业，尤长训诂、声韵、校勘之学。他据晋、宋以来经籍古本，悉心校正，完成了《易》《书》《诗》《春秋》《礼记》“五经”定本，于贞观七年颁行全国。是为统一经学的第一步。不久，太宗又以儒家师说多门，章句繁杂，命国子祭酒孔颖达撰定“五经”义疏，贞观十六年书成，凡180卷，名曰《五经正义》。参与这项工作的有颜师古、司马才章、王恭、王琰等20多人。书成以后，由于博士马嘉运提出许多批评意见，至高宗永徽四年重新裁定，明令颁行。《五经正义》的编撰，实现了前所未有的经学思想的统一。

唐太宗十分重视历史对政治的借鉴作用。他说：“以古为镜，可以知兴替。”因而贞观时期，在史书编纂上取得了重要的成绩。贞观三年，唐太宗诏修齐、周、隋、梁、陈五代史，于中书省置秘书内省以司其事。由令狐德棻、岑文本修周史，李百药修齐史，姚思廉修梁、陈史，魏徵、颜师古、孔颖达修隋史，以房玄龄、魏徵为总监。贞观十年五代纪传修成。计《周书》50卷，《齐书》50卷，《梁书》56卷，《陈书》36卷，《隋书》55卷。为与五代纪传相配合，贞观十五年，又命于志宁、李淳风、令狐德菜等纂修《五代史志》，历时15年，成书30卷，编入《隋书》，故《隋书》共85卷。贞观二十年，又诏重修《晋书》，先后由房玄龄、褚遂良、许敬宗监修，参加编纂的有令狐德棻、李淳风、李延寿等18人。逾二年成书，凡130卷。以上六史均系官修，那时史家李延寿又私撰《南史》80卷，《北史》100卷，统称为唐初“八史”。在修撰前代史的同时，也开始修撰国史。贞观三年闰十二月，“别置史馆于禁中，专掌国史”。贞观初，姚思廉始撰纪传体的国史，粗成30卷，嗣后续有修撰。贞观十七年，唐太宗要观看国史，要求房玄龄“撰以闻”。“玄龄乃与给事中许敬宗等删为高祖、今上实录；癸巳，书成，上之”。从此，除纪传体的国史外，又创立了编年体的实录，历朝相继纂修不辍。由此可见，贞观时史学盛极一时的情况。

唐太宗作为政治家善于求贤和纳谏。他认为“为政之要，唯在得人”。即位之前，已收罗了不少文武贤才。即位之初，就要求右仆射封德彝举贤，封德彝久无所举，理由是“于今未有奇才”。唐太宗对他说：“君子用人如器，各取所长。古之致治者，岂借才于异代乎？正患己不能知，安可诬一世之人。”这说明人才无时不有，关键是在善于发现人才。

贞观三年，太宗对房玄龄、杜如晦说：“公为仆射，当广求贤人，随才授任，此宰相之职也。”强调宰相的职责在于举用贤才。这年夏天，因天旱下诏求言，中郎将常何条陈20余事，深切时宜。唐太宗看了很奇怪，常何是武将，怎能写出这样的好奏章呢？问知是出于他的门客马周之手，唐太宗立即召见马周，留置门下省供事，后来马周官至中书令。唐太宗用人不问亲疏，不论贵贱，不分畛域，一视同仁。在他的大臣中，有出身寒素的马周、戴胄、杜正伦、张玄素、刘洎、岑文本、崔仁师等，有来自敌方的屈突通、尉迟敬德、李世勣、秦叔宝、程知节等，有出身贵族的萧瑀、陈叔达等，有拔于怨仇的魏徵、王珪、韦挺等。因此史家称赞唐太宗“拔人物则不私于党，负志业则咸尽其才，所以屈突、尉迟，由仇敌而愿倾心膂；马周、刘洎，自疏远而卒委钧衡。终平泰阶，谅由斯道”。

为了更好地发挥人才的作用，唐太宗特别注意了解官吏的优缺点。对于大臣才能的深刻了解，充分表现了唐太宗用人的明达。

唐太宗不但明于知人，而且善于纳谏。他“每见人奏事，必假颜色，冀闻谏诤，知政教得失”。贞观初，曾对公卿说：“人欲自照，必须明镜；主欲知过，必借忠臣。主若自贤，臣不匡正，欲不危败，岂可得乎？”他深以“隋炀帝好自矜夸，护短拒谏”为鉴，鼓励臣僚“事有不利于人，必须极言规谏”。因此贞观时期出现了不少有名的谏臣，如王珪、魏徵、刘洎、褚遂良等，而魏徵尤为突出。贞观二年，唐太宗问魏徵：“人主何为而明，何为而暗？”魏徵说：“兼听则明，偏信则暗。”因举尧、舜之所以明，在于通达下情；秦二世、隋炀帝之所以暗，在于偏信谗佞。唐太宗听了很满意。贞观十年，太宗问侍臣：“帝王之业，草创与守成孰难？”左仆射房玄龄认为，群雄竞起，战胜乃克，草创为难。魏徵却说：“帝王之起，必承衰乱。覆彼昏狡，百姓乐推，四海归命，天与人授，乃不为难。然既得之后，志趣骄逸，百姓欲静而徭役不休，百姓凋残而侈务不息，国之衰敝，恒由此起。以斯而言，守成则难。”魏徵从现实需要出发，强调守成之难，识见更为深远。所以唐太宗说：“今草创之难，既已往矣，守成之难者，当思与公等慎之。”贞观十三年，魏徵看到唐太宗“近岁颇好奢纵”，上疏进谏，从十个方面指出太宗初期所为与近年不同，无不切中时弊，深得唐太宗的嘉奖。贞观十七年魏徵病逝，唐太宗哭道：“人以铜为镜，可以正衣冠；以古为镜，可以知兴替；以人为镜，可以知得失。朕常保此三镜，以防己过。今魏徵殂逝，遂亡一镜矣。”

贞观之世，群臣之所以敢于进谏，主要原因就在于唐太宗能够虚心纳谏。“贞观之治”的出现，也是和唐太宗善于用人和纳谏的政治表现分不开的。

贞观初期，边疆上存在着两个威胁力量，一是北部的突厥，一是西部的吐谷浑，而突厥对唐的威胁尤为严重。

唐高祖起兵时，为了取得突厥的支持，一度对颉利可汗称臣。全国统一后，突厥不断侵扰唐境。唐太宗即位之初，颉利可汗以为有机可乘，率领重兵进逼长安。唐太宗亲自领兵隔渭水而阵，指斥颉利背信弃义，颉利无辞以对。在唐军的严加备御下，颉利不敢轻进，结果双方在渭桥上，“刑白马设盟”，突厥被迫退兵。唐太宗有鉴于此，决心加强军事训练，提高士兵战斗力。每天引数百人在显德殿前教射，亲自临试，对射中的人赏以弓刀、布帛，由此“士卒皆为精锐”。唐太宗又整顿府兵制度，改天下军府为折冲府。当时共有军府 634 个，而关中置府 261 个，“举关中之众以临四方”，足以克敌制胜。

正当唐太宗积极准备反击突厥的时候，突厥汗国由于颉利可汗“纵欲逞暴，诛忠良，暱奸佞”，加剧了统治集团内部及被统治各部族之间的矛盾，又加“塞北霜旱，糇粮乏绝”，给唐朝出兵以有利的时机。贞观三年十一月，唐太宗以兵部尚书李靖为定襄道行军总管，行并州都督李勣为通汉道行军总管，华州刺史柴绍为金河道行军总管，灵州大都督薛万彻为畅武道行军总管，统军 10 余万众，分道出击突厥。次年春天，李靖自马邑（今山西朔县）出恶阳岭（今山西平鲁西北），大破颉利于定襄（今内蒙古清水河）。颉利北走碛口（今内蒙古二连浩特市西南），途经白道（今内蒙古呼和浩特西北）。李勣先已伏兵于此，又把颉利打得大败。李靖乘胜追击，李勣又伏兵碛口，堵住颉利逃往大漠的道路，颉利可汗穷蹙被俘，东突厥灭亡。原来隶属于东突厥的各族都举唐太宗为“天可汗”。唐军在这次反击战中，取得了辉煌的胜利。

唐初，吐谷浑虽一度与唐通好，但多次侵扰兰州、凉州等地，阻碍唐与西域的交通。贞观九年（635 年），太宗命李靖为西海道行军大总管，统率侯君集、李道宗、李大亮诸军进击吐谷浑。李道宗在库山（今青海天峻南库库诺尔岭）击溃了吐谷浑精锐。吐谷浑王伏允逃入沙碛。唐军深入追击，他们克服了高寒缺水的困难，经行上千里的无人之境，其中侯君集率领的一支军队一直到达柏海（今青海鄂陵湖和札陵湖）。伏允在逃窜中为部下所杀，其子慕容顺降唐。唐军凯旋，从而解除了吐谷浑对河西走廊的威胁。

平定吐谷浑之后，唐太宗继续经营西域，用兵高昌。高昌地处今新疆吐鲁番地区，是通向天山南北的要道。由于高昌依附西突厥，阻绝西域诸国与唐通商，并侵扰唐的伊州（今新疆哈密）。贞观十三年冬，太宗命交河行军大总管、吏部尚书侯君集率军数万人进击高昌。次年8月，唐军越过“地无水草，寒风如刀，热风如烧”，长达2000多里的沙碛，进抵高昌，击破田地城（今新疆鄯善县西南鲁克沁），迅速包围高昌都城。唐军填堑攻城，飞石雨下。在寡不敌众的形势下，高昌王麴智盛被迫出降。唐军取得了高昌三州五县22城的地方，以其地为西州，置安西都护府。命郭孝恪为安西都护、西州刺史。

贞观十八年，由于焉耆（今新疆焉耆西南）勾结突厥与唐为敌，郭孝恪经过奏请，亲自率兵平定焉耆。贞观二十一年，唐太宗为完成西域的统一，以阿史那社尔为昆丘道行军大总管，与契苾何力、郭孝恪等，率领大军10万进攻龟兹（都城在今新疆库车）。次年冬，唐军攻下龟兹都城，龟兹王布失毕逃保拨换城（今新疆阿克苏），唐军围攻40日，城破，生擒布失毕，遂平龟兹。于是设置龟兹、焉耆、于阗（今新疆和田）、疏勒（今新疆喀什）四镇，移安西都护府于龟兹以统之，有效地控制了广大的西部边疆，从而促进了中国与西域的经济和文化交流。

唐太宗除用军事力量对付敌对势力外，也用和亲政策保持边疆的安定，而以唐与吐蕃和亲影响最为深远。松赞干布是吐蕃杰出的君主。他向慕汉族文化，于贞观八年遣使入贡，后来又奉表求婚，得到唐太宗的许可。贞观十五年，唐太宗命礼部尚书、江夏王李道宗护送文成公主前往吐蕃，不仅带去了大量的金银、绸帛、珍宝，还带去了内地先进的农业技术和精美的手工业品，带去了内地的菜种、蚕种以及各种药物和典籍，也带去了大批工匠和乐队。松赞干布对这桩婚事感到异常高兴。为了照顾文成公主的生活习惯，他“别筑城郭宫室而处之”，自己还改服汉人的“纨绮”。文成公主进入吐蕃，对西藏地区经济、文化的发展起了重要的促进作用。

在东北边疆，长期占据辽东一带的高丽，阻挠新罗、百济与唐朝的通使，而且不时侵犯辽西，杀害边民。贞观十八年（644年），唐太宗决定进攻高丽，以刑部尚书张亮为平壤道行军大总管，率水军四万，分乘战舰500艘，自莱州（今山东莱州市）渡海趋平壤；以太子詹事、左卫率李勣为辽东道行军大总管，率步骑六万逸辽东。第二年，李勣攻下盖牟城（今辽宁抚顺），进攻辽东城（今辽宁辽阳）。张亮袭取卑沙城（今辽宁金县东），曜兵鸭绿江上。唐太宗自统大军，亲到辽东前线督战。唐军攻破辽东城，进军安市(今辽宁海城东南)，击败了高丽大将萨延寿、高惠真率领的援军，延寿、惠真降唐。但安市城守甚严，久攻不下。这时天气转冷，粮食将尽，唐太宗只好下令班师。

正当唐军征辽的时候，漠北的薛延陀乘机侵入河套。贞观二十年，唐太宗派江夏王李道宗等分兵数路，进击薛延陀，将其灭亡，原来服属薛延陀的诸部降唐。次年，唐于铁勒诸部设置六府一州，以各部酋长为都督、刺史。设燕然都护府于西受降城（今内蒙古自治区五原县）东南的大单于台，以统新置各府、州。还根据各部酋长的请求，在回纥以南，突厥以北，开了一条“参天可汗道”，置68驿，以供往来使者的食宿。唐朝的势力已达到漠北的广大地区。

唐太宗在统一边疆的过程中，采取了比较开明的民族政策。他认为“夷狄亦人耳，其情与中夏不殊。人主患德泽不加，不必猜忌异类。盖德泽洽，则四夷可使如一家；猜忌多，则骨肉不免为仇敌”。因而他很注意改善民族之间的关系，促进了多民族国家形成的历史进程。

唐太宗对少数民族与汉人表示同样的关怀。隋末以来，边民多为突厥所掠，北疆平定以后，下令“访求没落之人，赎以货财，给粮递还本贯。其室韦、乌罗护、靺鞨三部人为薛延陀所掠者，亦令赎还”。对汉民“没落外番投化，给复十年”。“四夷降户，附以宽乡，给复十年”。对各族将领都视为一体，不分畛域。当时有不少战功卓著的少数民族将领，如左骁卫大将军阿史那社尔、左领军将军执失思力、右领军将军契苾何力、左屯卫将军阿史那忠、右卫大将军李思摩（即阿史那思摩）等，尤为有名。至于被任为将军而在地方任职的那就更多了。由于唐太宗大量吸收了各民族的代表人物参加政权，密切了民族关系，促进了各族人民的交往和经济文化的发展。

当时突厥与吐谷浑各请互市，他们从内地得到了大量的布帛，而内地“资于戎狄，杂畜被野”，一定程度上解决了“民乏耕牛”的困难。内地的盐、茶、绸缎、文具、饰品与吐蕃的马匹、药材、皮毛等的互市，也十分活跃。特别是文成公主进藏，带去了大量的生活用品、医药、生产工具、蔬菜种子等物品，以及经史、诗文、工艺、医药、历法等书籍，使中原的生产技术和文化传入了吐蕃。在唐朝规模庞大的国学中，学生多达8000余人，其中有不少是西域、吐蕃、渤海等族酋长的子弟。在吐鲁番等地还曾发现《论语》《史记》《汉书》《神农本草》等书的残片。这都说明唐文化对边疆地区的深刻影响。同时，西域的贵族、僧侣、乐工、画师等大量进入内地，带来了不同风格的音乐、舞蹈和绘画艺术。高昌葡萄酒的酿造法和海马葡萄纹的铜镜，也传入内地，并被普遍采用。

在“四海宁一”的条件下，正是以汉族为主体的各族人民共同创造了唐代高度发展的经济和文化。

贞观后期，唐廷出现了废立太子之争。太子李承乾放荡不羁，不近正士，不听规谏，甚至纠集党羽，密谋为变，终于贞观十七年谋泄被废。太宗原想立魏王李泰取代李承乾，但遭到魏徵等人的反对。李承乾被废后，在长孙无忌、褚遂良等大臣的推戴下，太宗经过反复考虑，决定立晋王李治为太子，这就是后来的唐高宗。

唐太宗卒于贞观二十三年（649年）五月，终年52岁。葬于昭陵（在今陕西礼泉东北九嵕山）。对于唐太宗“盖棺定论”，说法不一。唐太宗论其私德虽有不足，但他作为一个历史的巨人，则光照简册。“贞观之治”有力地推动了中国封建社会的发展。唐太宗是我国古代史上一位罕有的英明皇帝。

3. 制度的改进与发展

李渊、李世民改进并发展了隋朝的各种制度。朝廷官制仍以三省为主。三省，改称中书省、门下省、尚书省。中书省掌管军国政令，如进奉表章和草拟制策诏令等，是皇帝发号施令的机关。门下省掌管政令的审议，是皇帝的参谋机关。尚书省掌管行政，下设吏、户、礼、兵、刑、工六部，分掌官吏铨选、户口钱粮、礼仪庆典、军事、刑法和工程兴建。这套官制不是隋制的简单沿袭，而是做了相当大的调整，使之更适合统治的需要。三省的职能，有互相牵制的作用，也有互相补充的作用。在地方的行政区划上，唐设州、县两级。在重要的边区，设有都督，兼理军事和民政。另外，按山河形势，把全国分为十道，这不是行政区划，不设行政机关，而是经常由朝廷派人巡行，考查官吏的政绩和了解民情。

唐的兵制沿袭北周和隋的府兵制，在全国各州县共设置了634个兵府，每府统领卫士千人左右。卫士平日在家乡从事农业生产，农闲时进行操练，可以不服徭役，不纳租调，但要轮番到京城宿卫。遇有战事，卫士自备甲杖衣粮，应召出征；战争结束，解甲归田。由于大规模战争的需要，唐朝又实行一种募兵制，作为府兵制的补充。后来，募兵制终于逐渐成为比府兵制更重要的制度。

在隋律的基础上，李世民命房玄龄等制定唐律。比起隋律来，唐律较为简明轻缓，减少了不少条款。

房玄龄（579—648年），字乔松，齐州临淄（今属山东）人，出身于世代官宦之家。父亲房彦谦仕隋，历司隶刺史。祖父房熊，任州主簿。

房玄龄，少年聪明，喜爱读书，博览经史，善写文章。房玄龄曾随父到长安，此时天下太平，人为隋祚久长。然而，房玄龄却预料天将大乱。他便悄悄地对父亲说："隋帝本无功德，但诳惑黔黎，不为后嗣长计，混诸嫡庶，使相倾夺，储后藩枝，竞崇淫侈，终当内相诛夷，不足保全家国。今虽清平，其亡可翘足而待。"

隋开皇十六年（596年），18岁的房玄龄即由本州举进士，授任羽骑尉，并于秘书省担任校雠。这时，素以知人见称的吏部侍郎高孝基见到了房玄龄，观其举止言谈，便对裴矩说："仆观人多矣，未有如此郎者，当为国器，但恨不见其耸壑昂霄云。"后来，房玄龄补为隰城（今山西汾阳）尉，因离太原不远，受汉王杨谅谋反事件的牵连，被贬职后转任上郡（今陕西富平）。

隋义宁元年（617年），李渊挥师进据京师长安，秦王李世民出兵渭北，房玄龄便走马投身李世民麾下，两人一见如故。房玄龄即授任渭北行军记室参军，从此追随李世民转战南北，他的忠诚和才干，深受李世民的赏识，很快成为秦王的心腹和决策人物。

房玄龄喜遇知己李世民，更是"罄竭心力"，知无不为。房玄龄善于招揽人才，每当战争胜利后，将士们都争先恐后地搜罗金银珠宝，唯独房玄龄"独先收人物，致之幕府，及有谋臣猛将，与之潜相申结，各致死力"。在击破王世充后，房玄龄认为张亮"倜傥有智谋"，遂推荐给李世民，任秦王府车骑将军，"委以心膂"。其他诸如才思敏捷的薛收，有"王陵、周勃节，可倚大事”的李大亮，“聪明识达，王佐才”的杜如晦等，都是经房玄龄举荐以后才受到李世民重用的，后都位至卿相。因此，一些猛将谋士纷纷辐辏于秦王府，致使秦王府人才济济。李世民曾颇为感慨地赞赏房玄龄说：“汉光武得邓禹，门人益亲。今我有玄龄，犹（邓）禹也。”房玄龄追随李世民近十年，先被授任秦王府记室，封临淄侯；又以本职兼任陕东道大行台考功郎中。秦王府开设文学馆，又加授文学馆学士。他常主典管记，遇有军书表奏，他总是“驻马立成，文约理赡，初无稿草”。房玄龄的杰出才干也博得了唐高祖的赞许：“此人深识机宜，足堪委任。每为我儿陈事，必会人心，千里之外，犹对面语耳。”

武德末年，李建成与李世民争夺继承权，很快由暗争至明斗，水火不容。房玄龄极力鼓动李世民武力夺宗，并劝其先发制人。他私下与长孙无忌商定，全力以赴，助李世民夺宗，直至成功。老谋深算的房玄龄，与李世民亲遇，遭李建成的忌恨，就乘机诬告于唐高祖，正当房玄龄与李世民加紧策划之际，唐高祖下令将他与杜如晦一起逐出王府，不得事奉李世民。武德九年（626 年）六月三日，李世民决定采取行动，派长孙无忌等召回房玄龄谋事。房玄龄身着道士服，秘密而来，经过密谋策划，翌日凌晨于玄武门，乘太子早朝时，射杀了太子及同伙元吉，助成了夺宗大业。由此房玄龄擢任太子右庶子，赐绢 5000 匹。

唐太宗即位，房玄龄被擢为中书令。在论功行赏时，他与长孙无忌等 5 人为第一等功，晋爵邗国公，赐实封 1300 户。虽有淮安王李神通不满，但唐太宗说：“国家大事，惟赏与罚。赏当其劳，无功者自退。……今计勋行赏，玄龄等有筹谋帷幄，画定社稷之功，所以汉之萧何，虽无汗马，指踪推毂，故得功居第一。”

贞观三年（629 年），房玄龄进为尚书左仆射，监修国史，改封魏国公，更是精诚奉国，孜孜求治，史称为良相。房玄龄对尚书省的政务一向认真负责，不辞辛苦。唐太宗见他如此，说：“公为仆射，当助朕广耳目，访贤材。比闻阅牒讼日数百，岂暇求人哉？”于是敕令尚书省“细务属左右丞，大事关仆射”。让房玄龄从繁杂的事务工作中解脱出来，以帮助唐太宗更好地处理国家大事。

房玄龄追随唐太宗平定天下，创国立业，唐太宗与侍臣讨论创业与守业之难时，房玄龄深有体会地说：“方时草昧，群雄竞逐，攻破乃降，战胜乃克，创业则难。”房玄龄还认识到，创业之主历经艰险，了解民情，精勤于治，一般国家治理得较好，而子孙却易骄奢败亡。在他回答唐太宗的“自古草创之主，至于子孙多乱”的问题时说：“此为幼主生长答深宫，少居富贵，未尝识人间情伪，治国安危，所以为政多乱。”房玄龄时刻不忘创业之难，警钟长鸣，力戒骄奢淫逸，以维持国家的长治久安。

房玄龄重视吏治，认为吏治问题是求治的根本问题，而官吏的公平正直又是治国之要道。就此，他曾感慨地说：“臣闻理国要道，在于公平正直，故《尚书》云：‘无偏无党，王道荡荡。无党无偏，王道平平。’又孔子称：‘举直错诸枉，则民服。’今圣虑所尚，诚足以极政教之源，尽直公之要，囊括区宇，化成天下。”这话正好与唐太宗不谋而合，他说：“此直朕之所怀，岂有与卿等言之而不行也？”房玄龄的这一吏治思想，对贞观时期的吏治清明，产生了巨大的影响。

在选举官吏的问题上，唐太宗主张“量才授职，务省官员”，“当须更并省官员，使各当所任，则无为而治矣”。房玄龄忠实地贯彻，大力简政，并省官吏，“由是所置文武总六百四十员”。唐太宗依从其议。房玄龄精减官吏的做法，对经隋末大乱、人口锐减的唐初来说，裁去了冗官滥职，避免了十羊九牧，有利于提高朝廷各部门的办事效率，节省了国家的开支，利于减轻人民的负担。

贞观十一年（637 年），唐太宗分封功臣为世袭刺史，房玄龄以本官为宋州刺史，改封梁国公，却与司空长孙无忌联名上表，极陈其弊，列举了世袭分封的四不可，最终使唐太宗废止了功臣刺史世袭制。

房玄龄精通典制政令。贞观初年，时值天下初定，朝章国典还很不完备，他与尚书右仆射杜如晦共掌朝政，“至于台阁规模及典章文物，皆二人所定，甚获当代之誉”。在修订律令方面，房玄龄做了大量的工作。他“审定法令，意在宽平”，在修订律令时，基本上贯彻了这一思想。《新唐书·刑法志》说：“自房玄龄等更定律、令、格、式，讫太宗世，用之无所变更。”其实，不仅贞观朝如此，以后有唐都没有发生过多大变动。唐高宗时长孙无忌主持撰定的《唐律疏议》只是在于“律疏”，并未作什么改动。唐律对后世影响很大，而房玄龄确有首创之功。

房玄龄对封建的礼仪也颇为精通。房玄龄奉诏，与魏徵等礼官学士修改旧礼，最后定著五礼，总 138 篇，分为 100 卷，名为《大唐新礼》。

另外，房玄龄还与礼官一起，对不合时宜的旧礼做了改定。

房玄龄在修史方面也很有成绩。贞观三年，唐太宗诏命再次撰修北周，隋，南朝的齐、梁、陈五代史书，房玄龄以左仆射的身份为总监。在贞观年间，先后撰成了《晋书》《魏书》《周书》《北齐书》《隋书》《南齐书》《梁书》《陈书》，计八部史书。其中《晋书》130卷，是房玄龄亲自主持撰定的。另外又撰高祖、太宗实录各20卷。

贞观十三年（639年），唐太宗又以房玄龄德高望重，加授太子少师，以教谕太子。他自惧盈满，屡次上表请解除左仆射职务；贞观十六年（642年），房玄龄又进拜司空，仍综理朝政，依旧监修国史。他已居端揆长达15年之久，其女为韩王妃，子遗爱又尚高阳公主，深感自己贵显与尊宠之极，又以年老为口实，上表请求致仕，在唐太宗的劝说下，房玄龄只好两次卸职，又留原职。

贞观十七年（643年），房玄龄与司徒长孙无忌等图形于凌烟阁，为他写的赞语说："才兼藻翰，思入机神。当官励节，奉上忘身。"对房玄龄的才行作了很高的评价。唐太宗改立晋王李治为太子后，他又进为太子太傅，仍知门下省事，并依然监修国史。

房玄龄反对穷兵黩武，主张对周边诸国与少数民族实行亲睦政策，赞助唐太宗以修旧好。贞观十五年，薛延陀部乘唐太宗东封泰山之机，进攻唐属国突厥，被唐兵击败。第二年，薛延陀可汗夷男另派叔父前来求婚，言归于好，并贡献马3000匹。当时，唐太宗认为"北狄世为寇乱，今薛延陀部崛强"，是以武力征灭，还是"结以婚姻，缓辔羁縻"，一时还拿不定主意。这时房玄龄上奏说："今大乱之后，疮痍未复，且兵凶战危，圣人所慎。和亲之策，实天下幸甚。"唐太宗听了房玄龄的进言，当即表示："朕为苍生父母，苟可以利之，岂惜一女？"就决定与其和亲。贞观十六年11月，高丽东部大人盖苏文弑其王，更立王弟子藏为王，遂专擅国政。消息传到长安，唐太宗表示，盖苏文弑君攘国，取之甚易，但又不愿劳民伤财。房玄龄马上表示赞同唐太宗的意见，说："陛下勇而力有余，戢不用，所谓'止戈为武'者。"司徒长孙无忌也不同意出兵，于是便对高丽采取了安抚政策。

贞观二十二年（648年）七月，房玄龄留守京师，病情渐重。唐太宗将他召入玉华宫，坐肩舆进入殿内，直到御座侧才下，君臣相见涕泪不止。

唐太宗特意将他留在宫内，每听说房玄龄病情好转，则喜形于色；一听说病势加剧，则面容忧悴。后来，房玄龄的病情进一步恶化了，唐太宗为便于探病，遂凿通苑墙，特开一门，频频派中使候问。在房玄龄生命垂危之际，唐太宗又亲临病榻，与房玄龄握手话别，悲痛难忍，还诏令皇太子与他诀别，并当面将其子房遗爱擢为右卫中郎将，房遗直为中散大夫。贞观二十二年七月二十四日，房玄龄病卒，享年 70 岁。

房玄龄一生辅佐唐太宗安定天下，凡 32 年，他孜孜奉国，举贤任能，亲自主持制定了朝章国典，初创唐朝规模，权重而不专，位望崇隆而谦虚谨慎，与杜如晦一起被称为唐初贤相。

为了深切悼念房玄龄，唐太宗特废朝三日，册赠太尉、并州都督，谥曰文昭。为给房玄龄办理丧事，特赐绢布 2000 段，粟 2000 斛，并陪葬昭陵。

后来，长孙无忌等对唐律作了解说，撰《唐律疏议》30 卷。唐律和《唐律疏议》，是中国历史上最完整的封建法典，对后来历代的封建法典有很大的影响。

长孙无忌（？—659 年），字辅机，河南洛阳人。先世出自鲜卑族拓跋氏，北魏皇族支系，后改为长孙氏。

长孙无忌的祖父长孙兕仕北周，官至开府仪同三司，袭爵平原公。长孙无忌的父亲长孙晟，为隋朝右骁卫将军。长孙无忌从小就爱读书，因而很有才气。长孙无忌的妹妹 13 岁“嫔于太宗”，即唐太宗文德皇后。

李世民平定天下，长孙无忌屡建大功。唐初长孙无忌在文化典制方面也颇有建树。他虽出身鲜卑族，但由于好读书，赅博经史，如饥似渴地吸收汉文化，因此对中国古代的律法、礼仪、史学比较精通，在为唐代制定律法、礼仪及修史等方面都做出了一定的贡献。

首先，在唐律的修订上长孙无忌做出了重要的贡献。唐武德年间，唐高祖命裴寂等撰定《武德律》，大略以隋《开皇律》为准。唐太宗即位后，命长孙无忌、房玄龄等“复定旧令，议绞刑之属五十，皆免死而断右趾”。唐高宗即位后，再次命长孙无忌与李勣等人撰定律令格式。律、令、格、式是唐代律令的四种形式。据《新唐书·艺文志》《旧唐书·经籍志》

的记载，长孙无忌参加撰定的律令有与中书令房玄龄等人撰定贞观《式》30卷，凡律500条，令1546条，格700条；与司空李勣撰定永徽《留本司行格》18卷，是“以尚书省诸曹为目，其常务留本司者”。又删定《散颁格》7卷。《散颁格》是颁行天下的律令。特别是由长孙无忌主持撰定的《唐律疏议》。据史籍载：“（永徽）三年诏曰：‘律学未有定疏，每年所举明法遂无准凭，宜广召解律人条义疏奏闻，仍使中书门下监定。’于是太尉赵国公无忌，……参撰律疏，成三十卷。明年十月奏之，颁于天下。”《唐律疏议》最初编撰的目的是为律文提供“定疏”，它对502条律文逐条逐句进行诠解和疏释，并以问答形式，辨异析疑，大大丰富了律文的内容。同时，由于该书是官修诏颁，具有极大的权威性，所以它不仅是唐律的注释书，也同样具有法律效能，成为唐代国家的重要法典。在撰定《唐律疏议》时，长孙无忌强调刑法的轻重、宽猛要适宜，他曾在《进律疏表》中指出：“轻重之失序，则系之以存亡；宽猛乖方，则阶之以得丧。泣辜慎罚，文命所以会昌；斫胫剖心，独夫可荡覆。”他认识到，严刑峻法并不能起到维护封建统治的作用。因此，他“崇宽简以弘风，树仁惠以裁化”。这无疑比隋皇朝残暴的法制统治思想向前迈进了一大步。

长孙无忌熟谙儒家的礼仪。贞观十一年（637年），由他与房玄龄主持撰成《大唐仪礼》100卷等大作。显庆三年（658年），他又主持撰定《永徽五礼》130卷，削掉了《国恤》，定著299篇。时时处处以礼仪行事。在他辅政期间，对违背或不符合礼仪的做法提出了自己的意见。永徽二年（651年），以唐太宗配明堂，而礼司却以高祖配五天帝，太宗配五人帝。长孙无忌与礼官议论此事，以为“自三代以来，历汉、魏、晋、宋，无父子同配于明堂者”。遂上表，建议遵照礼仪行事。唐高宗依从了他的奏议，乃以高祖配于圆丘，太宗配于明堂。显庆元年（656年）九月，他鉴于武德年间所撰《衣服令》，规定天子祭祀天地“服大裘冕，无旒”一事，认为自周以来，俱用衮冕，按《周礼》，“衮与大裘，事乃有异”，不合礼仪，“请遵历代实诸祭并用衮冕”。他还认为，皇帝为诸臣及五服亲举哀，按照礼仪要着素服。而如今“令乃云白帢，礼令乖舛，须归一涂”，因此奏请改用素服，“以会礼文”。唐高宗都一一依从了他的奏议。

长孙无忌历仕三朝，做宰相30多年，为唐初有名的政治家。他身为贵戚，权重而不专，对唐皇室忠心耿耿，尽智尽力，为唐朝的典章制度的制定做出了贡献。“无忌戚里右族，英冠人杰，定立储闱，力安社稷，勋庸茂著，始终不逾。”

不幸的是，身为三朝元老重臣的长孙无忌，竟在晚年，因执意反对立武则天为皇后一事，遭许敬宗等人诬构，而被无辜地杀害了。上元元年（674 年）九月，一时醒悟的唐高宗特颁下诏令，追复长孙无忌的官爵，并以他的曾孙长孙异袭爵为赵公，准许归丧，陪葬昭陵。

4. 人才的网罗和使用

李世民重视对人才的网罗和使用。他在开国的过程中，就从敌对的政治集团吸收了不少的人才，其中包含文臣和武将。即位后，重视对地方官的选择，说这是全国治乱所关。在选取人才的问题上，他认为科举是一个重要的制度。科举制度创始于隋，到李世民在位时大为发展。唐代的科举有多种名目，明经和进士是主要的两种。明经要考儒家经典，进士要考诗赋，而进士越到后来越受重视。

5. 武曌称制

李世民死后，唐高宗即位。他的皇后武则天是个有才能和政治野心的人。她于 655 年起开始参与朝政，660 年掌握全部大权，690 年正式即位称圣神皇帝。

武则天，名曌，原籍并州文水（今属山西）。生于唐高祖武德七年（624年）。

武则天的祖先在北朝魏、齐和隋朝当过官吏。她的五世祖武克己任北魏散骑常侍，高祖武居常任北齐殷州司马，曾祖武俭任北齐永昌王咨议参军，祖父武华任隋朝东郡丞，不过都是中下级的官吏。她的父亲武士彟，凭借先世富厚的家财经商致富，结交贵官，招揽宾客。武则天是武士彟的次女。

当初，李渊父子起兵反隋时，武士彟并没有参加。但在起兵前，李氏父子的亲信刘弘基、长孙顺德，在募兵的过程中，引起隋将王威的怀疑，要捕他们。幸亏当时武士彟向王威进言，才免于一难，由此李渊记在心里。那时，李氏父子在武家居住，备受殷待，武士彟一再受李渊的重用和提拔。当年，唐太宗为了打击山东门阀士族，提高功臣的社会地位，令高士廉等修《氏族志》，规定评定士族，“不须论数世以前，止取今日官爵高下作为等级”。武士彟为此也占了“便宜”，按他的官阶爵位来说，应该是属于新升的高级士族了。那时，武士彟经过多次调迁，授工部尚书，进封应国公，后又调任利州（今四川广元）、荆州（今湖北江陵）都督。武则天因此也不再是出自庶族地主官僚家庭，而是士族官僚家庭了。

武则天自幼聪慧、有才智。父亲病故时，她 12 岁。不久，随母亲从荆州搬回长安居住。14 岁时被唐太宗选入后宫，充当才人。武则天临别时，母杨氏痛哭，但她却显平常，对母亲说：“见天子庸知非福，何儿女悲乎？”武则天初显心计。她进宫后叩见唐太宗，赐号“武媚”。唐高宗当太子时，经常到父皇宫中问安，受到武才人的殷勤接待，一见倾心。

唐太宗去世后，凡未育的妃嫔，均要出家为尼，武则天就到长安感业寺落发。那时，唐高宗的王皇后多年未育，又对唐高宗宠爱萧淑妃深为不满，武则天便有了转机。一天，唐高宗到感业寺上香，遇见武则天，则见她激动地悲啼，很受感动，回宫后便心神不宁。王皇后探知后，为了使萧淑妃失宠，派人将武则天接进宫来，侍奉唐高宗。

武则天进宫之初，千方百计取得王皇后的欢心，王皇后多次向唐高宗称誉她，因而进宫不久，便从才人晋升为昭仪。但武昭仪并不满足，先要取代萧淑妃，再取代王皇后的位置。武则天的野心开始萌生。武则天针对王皇后性格稳重而倨傲，对上不奉承、对下不体贴的弱点，利用皇上赏赐她的财物，贿赂宫中内监女官，尤其是对王皇后不满意的，让她们窥视王皇后和萧淑妃的不轨行踪，但无结果。于是，武昭仪便诬告王皇后扼杀她的女儿，又诬王皇后同她的母亲柳夫人，用巫术诅咒皇上，唐高宗听后，信以为真，废黜了王皇后，立武则天为后。当年，辅政大臣长孙无忌、褚遂良和侍中韩瑗、中书令来济等，都为王皇后说情，并表明不应废黜；中书舍人李义府、卫尉卿许敬宗，揣知唐高宗的心意，上表请立武昭仪为后，唐高宗犹豫不决。一日，“李勣入见，上问之曰：‘朕欲立武昭仪为后，遂良固执以为不可。遂良既顾命大臣，事当且已乎？’对曰：‘此陛下家事，何必更问外人！’上意遂决。”于是，永徽六年（655年），唐高宗下诏废王皇后、萧淑妃为庶人，立武则天为皇后。

武后“素多智计，兼涉文史”，对政事深感兴趣，对权势欲望很强。她城府很深，真情不露，为成大事，则能屈伸。武后常利用唐高宗的庸懦无能，极力树立自己的威权，不久便凌驾于唐高宗之上。唐高宗“欲有所为，动为后所制，上不胜其忿”，他想要夺回唐皇失去的权力，便一度有废黜武后的想法。

麟德元年（664年），武后秘密召道士郭行真入宫施行巫术，宦官王伏胜向唐高宗报告，唐高宗大怒，派人把西台侍郎、同东西台三品上官仪秘密召进宫来，商议如何处置武后。上官仪认为武后跋扈专横，使天下臣民失望，把她废黜，与高宗意见不谋而合。于是唐高宗命上官仪草拟废黜武后诏书。唐高宗身旁内监急告武后，武后立即赶来申诉。唐高宗见武后突然到来，仓促狼狈，反倒怕武后生气，却又安慰说：“是皆上官仪教我！”便把责任推到了上官仪身上。不久，武后唆使许敬宗诬告上官仪、王伏胜伙同废太子李忠谋反，处以死刑。“自是上每视事，则后垂帘于后，政无大小，皆与闻之。天下大权，悉归中宫，黜陟、杀生，决于其口，天子拱手而已。中外谓之‘二圣’”。从此，朝廷政事，武后俱参与裁决。上元元年（674年），朝廷下诏尊皇帝为天皇，皇后为天后。天后虽掌实权，但仍“垂帘听政”。

上元二年，唐高宗患风眩症，欲禅位于天后，“使摄知国政”，正式临朝称制。但经宰相郝处俊“昔魏文帝著令，虽有幼主，不许皇后临朝，所以杜祸乱之萌也。陛下奈何以高祖、太宗之天下，不传之子孙而委之天后乎”的进谏，与中书侍郎李义琰的附和，唐高宗这才作罢。

弘道元年（683年），唐高宗病逝，太子李显即位，为唐中宗，“尊天后为皇太后，政事咸取决焉”。次年九月，太后废黜唐中宗为庐陵王，立中宗弟豫王李旦为帝，为唐睿宗，改嗣圣元年为光宅元年，由太后临朝改制。

天授元年（690年）九月，太后宣布改唐为周，自称圣神皇帝，降唐帝为皇嗣，追尊武氏祖先为帝，立太庙于神都洛阳，改置社稷，改载初元年为天授元年，后来又先后改元长寿、延载、天册万岁、万岁通天、万岁登封、神功、圣历、久视、大足、长安，在位凡15年。如从立皇后之日起，至神龙元年（705年）唐中宗复位时止，武则天前后执政长达50余年之久。武则天，是中国历史上正式称帝的唯一女皇帝。

6. 上承贞观下启开元

武则天注意选拔贤才，先后任用李昭德、狄仁杰、姚崇等政治家担任宰相，协助她管理国家大事。她也亲近一些奸佞小人，任用酷吏，制造冤狱，不过她能对他们进行有效的控制，不让他们掌有过大的权力。在她掌权的半个世纪里，李唐的皇权一度受到很大损害，但李世民开创的政治局面并未终止，社会经济还是继续发展的。

武则天对于历代兴亡及政治得失颇有了解；侍奉唐太宗多年，“贞观之治”对她有深刻的影响，所以她执政的50年间，不少政策措施基本上延续了“贞观之治”的道路，但也有特色。

第一，重视发展农业，继续推行轻徭薄赋、与民休息政策。武则天建言十二事，作为施政纲领：“一、劝农桑，薄赋徭；二、给复三辅地；三、息兵，以道德化天下；四、南北中尚禁浮巧；五、省功费力役；六、广言路；七、杜谗口；八、王公以降皆习《老子》；九、父在为母服齐衰三年；十、上元前勋官已给告身者无追核；十一、京官八品以上益禀入；十二、百官任事久，材高位下者得进阶申滞。”其中前5条，提倡农业、减免赋役、与民休息的内容，放在施政纲领中的首要地位，由唐高宗下诏施行。为贯彻好诏命，对地方官吏以农业生产发展作为重要的标准，加以考核，如“田畴开辟，家有余粮”者奖赏；反之，“为政苛滥，户口流移”者惩罚。为了推广先进的农业生产经验和生产技术，还延揽著名农学家们编写农书《兆人本业记》颁行全国，作为务农的依据。

第二，广开言路，注意纳谏。善于纳谏，是历代君王执政的重要部分。武则天在建言十二事中，“广言路”、“杜谗口”，也占了重要地位。鼓励群臣上书言事，武则天对于直言敢谏的臣民十分敬重，尽量采纳他们的建议，即使言语有所冒犯，也视宽容，免予追究，可见武则天的勇于纳谏，善于纳谏，比起唐太宗并不逊色。虽然有人在谏诤中直言不讳，触犯她的隐私，或是劝她退位，或是涉及她的私生活，甚至有人背后议论她的缺点，但她能大度包容，并不降罪，有的还受到奖赏，比如在谏诤中涉及她个人私生活的朱敬则就得到赏赐，后来被提拔到宰相地位。同时她对在镇压反对势力的过程中放纵酷吏滥杀无辜等缺点并不完全回护，平反了不少的冤假错案。在她统治时期，很少有人因为直谏获罪，因之直言敢谏在朝中蔚然成风，使下情得以上达，这对于改革弊政、促进政治清明，起了很大的作用。作为女皇，确也难能可贵。

第三，注意整顿吏治，严惩贪吏，拔擢贤才。武则天承袭贞观年间整顿吏治、严惩贪污的政策，“尝与宰相议及刺史、县令”，并派遣“使者以六条察州县”，考核州县官吏是否清正称职。对于贪赃枉法的官吏，不论官位高低，一律严惩不贷，就连宰相李迥秀“颇受贿赂，监察御史马怀素弹奏之，迥秀贬庐州刺史”；又如宰相苏味道“谒归葬其父，制州县供葬事。味道因之侵毁乡人墓田，役使过度，监察御史萧至忠劾奏之。左迁坊州刺史”。武则天所亲信的酷吏来俊臣“纳贾人金，为御史纪履忠所劾，下狱当死。后忠其上变，得不诛，免为民”。武则天对于为官清正、正直不阿的臣僚是非常器重的，对于有才能有学识的人士是非常赏识的，一一加以重用。正如《资治通鉴》评说：“太后虽滥以禄位收天下人心，然不称职者，寻亦黜之，或加刑诛。挟刑赏之柄以驾御天下，政由己出，明察善断，故当时英贤亦竞为之用。”

第四，镇压反对势力，打击旧门阀士族，扶植庶族地主出身的官僚，发展科举制。如光宅元年（684年），徐敬业等起兵扬州，以“匡复庐陵王”为辞攻下扬州各州郡。武则天镇压了徐敬业的反对势力之后，就继续把打击方向直指唐室诸王。如垂拱四年（688年），唐宗室诸王听说太后图谋杀尽诸王，密谋起兵，约定同时发动，不料事机泄漏，越王李贞在豫州，琅邪王李冲在博州提前起兵，其他诸王因未响应，不久就失败了。武则天任用酷吏索元礼、来俊臣、周兴等用密告、罗织方式对反对势力大肆镇压，“先诛唐宗室贵戚数百人，次及大臣数百家，其刺史、郎将以下，不可胜数”。从此，显要地位的关陇士族受到了“失势”的沉重打击。

同时，武则天还通过各种途径扶植庶族地主官僚，从庶族地主中搜罗更多的人才，扩大其统治基础。一是由朝廷派遣存抚使到全国各地搜罗人才，送到京城，由皇帝亲自考试，这就是制举、策问，成绩优异者，不拘资格，破格录用，任以要职。二是下令“内外文武九品以上及百姓咸令自举”，准许官吏、百姓自己推荐自己，以免荐举有所遗漏。三是进一步发展以乡贡（贡举）即由州县保举为主的科举制度，不仅科目增多了，录取人数也大为增加，平均每年录取人数，比起贞观年间增加一倍以上；而且还首创殿试制度，如天授元年（690年）二月，“太后策贡士于洛城殿，贡士殿试自此始”；另外，长安二年（702年），还“初设武举”，据徐松《登科记考》：贞观二十三年中录取进士为205人，武则天执政的50余年共录取进士1000余人。扩大了选官范围。武则天选官广泛，不免有滥竽充数；但确实选拔了不少贤才，如《新唐书》卷76《则天皇后传》所说：“太后不惜爵位，以笼络四方豪杰自为助，虽妄男子，言有所合，辄不次官之；至不称职，寻亦废诛不少纵，务取实材真贤。”这些贤才不仅是当时加强武则天统治的重要支柱，其中有些人还是后来辅佐玄宗“开元之治”的名臣贤相。陆贽说：“（太后）课责既严，进退皆速，不肖旋黜，才能骤升，是以当代谓知人之明，累朝赖多士之助。”此外，武则天在同高宗共同执政时还下诏修订《氏族志》，更名为《姓氏录》，更加明确规定“皇朝得五品者皆升士流”，进一步打击了旧门阀士族，提高了庶族官僚的地位，因而中唐以后出现“冠冕皂隶，混为一谈”的情况；特别是自安史之乱以来，有不少平民出身的士卒因军功得授五品官以上官秩，上升为士族。从前士庶之间严格界限便逐渐消失了，凡是姓郑的都自称荥阳郑氏，姓李的都自称陇西李氏、赵郡李氏，无从辨别其为旧士族还是新士族了。

第五，注意开发边疆，巩固边防，维护多民族封建国家的统一。武则天在贞观年间国势强盛的基础上，能够继续推行前朝促进多民族封建国家巩固发展的政策。当时采纳了陈子昂的建议，在河西地区的各州县以及西域地区大兴屯田，有利于边疆地区的开发和巩固；并派遣裴行俭、王孝杰等率兵打退了吐蕃贵族对河西地区和西域地区的侵扰，恢复了安西四镇（于阗、龟兹、焉耆、疏勒），使贯通中西的丝绸之路得以畅通无阻，促进中西经济文化的交流。同时还打退突厥余部和契丹贵族对北方地区的侵扰，保障中原地区农业生产的发展和东北边境的安定，使统一的多民族封建国家得到了巩固和发展。

武则天各项政策措施的有力推行，促进了唐朝社会经济的持续发展。

在武则天执政时期，虽然爆发过徐敬业和宗室诸王发动的叛乱，但是吏治清明，政局稳定，使广大农民得以休养生息，因而社会生产有发展，垦田和户口数字大幅度增长。以户口增殖为例，唐高祖武德年间，经过隋末唐初长期混战之后，全国户口仅有 200 余万户，贞观初年增至 300 万左右，高宗永徽三年（652 年）又增至 380 万户，至中宗神龙元年（705 年），全国人口上升至 615 万户，3714 万人，50 年间增长了 200 余万户。可见武则天执政时期，唐朝国势仍在持续上升，可谓上承“贞观之治”，下启“开元之治”。武则天是唐朝国势极盛发展过程中的一位极为重要的历史人物。

当然，武则天一生中也存在不少的缺错。晚年时期，她逐渐走向奢侈腐化，大修宫殿、佛寺等，并宠信张易之、张昌宗、武三思等小人，朝廷政治也逐渐腐败下去。在镇压反对势力的过程中，信用一些贪赃枉法的酷吏，大肆罗织株连，滥杀了无辜臣民。

神龙元年（705 年）正月，武则天病危，宰相张柬之等联络文武官员多人率领禁军入宫，逼迫武则天退位，拥戴中宗复位，复国号为唐，上太后尊号为则天大圣皇帝，徙居上阳宫。这年十一月，武则天病逝，终年 82 岁，与唐高宗合葬乾陵，谥曰则天大圣皇后，玄宗开元四年，追号为“则天皇后”，后代沿用了这一称号。

武则天还爱好文学、书法。《旧唐书》称其“著有文集一百二十卷，藏于秘阁”。宋人《宣和书谱》称：“武后本喜作字，初得晋王导十世孙王方庆者家藏祖父二十八人书迹，摹拓把玩，自此笔力益进，其行骎骎稍能，有丈夫胜气。”传世书迹有《荐福寺题额》《崇福寺题额》《周升仙太子碑》等。《宣和书谱》又称宋时御府，藏有武后《夜宴诗》。可惜这些墨迹大都散失了。

7. 唐玄宗的开元盛世

唐玄宗在位时，唐朝发展到了繁荣富强的顶巅。他是在武则天去世、朝廷经历了七八年动乱后即位的。即位后，他改变了一些弊政，表现出励精求治的作风，擢用有能力的人出任宰相，对臣下的忠谏也能听取。因此，他初即位的 30 多年间，海内富裕，国力充实，人丁兴旺，呈现了中国封建社会前所未有的盛世景象。

唐玄宗（685—762年），名隆基，唐睿宗李旦第三子。因谥号为“至道大圣大明孝皇帝”，故又称“唐明皇”。这是令人们关注的又一位唐皇。

唐玄宗生于武则天垂拱元年（685年），是唐朝宫闱多事之年。在他临世的前一年，祖母武则天与宰臣裴炎把他的伯父唐中宗废为庐陵王，父豫王李旦被立为皇帝，为唐睿宗。唐睿宗名为国主，却只能居别殿，不许听政，而武则天年逾花甲，却临朝称制，一切由她专断。武则天镇压徐敬业起兵后，兴告密，冤案起，“自垂拱以来，任用酷吏先诛唐宗室贵戚数百人，次及大臣数百家，其刺史、郎将以下，不可胜数”。

唐玄宗3岁被封为楚王。6岁时，武则天正式废唐改周，唐睿宗被降为皇嗣，仍回东宫；7岁（天授二年，即691年初）的楚王开始出阁，建置官属。这年八月，尚方监裴匪躬、内常侍范云仙私见皇嗣，武则天知后，就杀死他们，并严禁唐睿宗接见公卿大臣。唐玄宗兄弟与二伯父李贤的3个儿子入阁，“皆幽闭宫中，不出门庭者十余年”。

长寿二年（693年）腊月，唐玄宗被改封为临淄王。这年，其母亲窦妃被户婢团儿诬陷为“厌蛊咒诅”，在正月初二朝后，秘密地消失了；其父被诬告“异谋”，武则天命酷吏来俊臣审理，幸亏太常工人安金藏大义剖腹，“以证明皇嗣不反”，才躲过这一灾难。唐玄宗在宫中被幽闭7年之久；14岁时（圣历二年，即699年）才与诸兄弟再次出阁。长安年间（701—704年），李隆基先任亲卫府右卫郎将，后任尚辇奉御，掌管皇帝的内外闲厩马匹。此间，张柬之为首，朝臣政变，杀了武则天男宠张易之兄弟，迫使武则天让位于唐中宗。弱冠之年的唐玄宗目睹了这一政变。

唐中宗复位，皇族子孙得以“量叙官爵”。唐玄宗擢任卫尉少卿。不久兼任潞州别驾，主管一州军事。潞州治所上党（今山西长治），地连太行山脉。在兼任潞州别驾期间，接触社会，曾诗《早登太行山中言志》，曰：“野老茅为屋，樵人薜作裳。宣风问耆艾，敦俗劝耕桑。”这反映唐玄宗敦化风俗，劝课农桑，发展生产的意向。唐中宗软弱无能，享乐游玩。韦皇后重用武三思，乘机篡权。专掌制诰的上官昭容与之相呼应。唐中宗的女儿安乐公主恃宠骄恣，野心勃勃，一心想做皇太女。她们和外廷宰臣宗楚客、纪处纳、韦巨源等狼狈为奸，排除异己，与武三思相勾结，成了“韦武”集团，先夺取了张柬之等“五王”的实权，后又以各种借口，将他们贬到地方杀掉。景龙元年（707年）七月，太子李重俊矫诏发羽林军，欲诛灭韦武集团，但未成功，幸有赖大臣极力辩护，才得以保全。唐玄宗其实早已察觉韦武集团篡夺皇位的阴谋。景龙三年（709年）十一月，唐玄宗回京城参加郊祀，预感皇室又要面临一场政治危机，便留在京城，准备应变。他暗中联络万骑果毅葛思顺等人，争取羽林军，结成了决胜的力量。景云元年（710年）六月，当韦皇后一伙毒死唐中宗时，唐玄宗发动政变，将韦武集团一网打尽，恢复了唐睿宗的帝位，唐玄宗因功，被封“平王”。

唐玄宗诛灭韦武集团，拥戴父王复位，因此影响与信誉骤升，也逐渐聚集了一股较强的政治势力。因此，在确立皇太子时，身为嫡长的宋王成器一再声称“时平则嫡长，困难则归有功”，哭着恳让与平王唐玄宗。宰相刘幽求更是直言不讳：“平王拯社稷之危，救君亲之难，论功莫大，语德最贤，无可疑者。”在大臣们的一致拥戴下，兄弟中排行第三的唐玄宗做了皇太子。

唐玄宗为皇太子后，很快形成了一个辅弼班子：兵部尚书、同中书门下平章事姚崇兼太子左庶子；吏部尚书、同中书门下三品宋璟兼太子右庶子；侍中韦安石为太子少保；尚书右仆射、同中书门下三品苏环为太子少傅；中书侍郎、同中书门下三品张说兼任太子侍读。皇太子势力的扩展引起了姑母太平公主（武则天之女）的十分不安。太平公主，“沉敏多谋略”，有政治野心，曾参与推倒韦武集团，为恢复唐睿宗帝位出过力。因此，唐睿宗对她有言必从。每逢宰相议事，唐睿宗必先问，“与太平议否？”然后才问，“与三郎（唐玄宗）议否？”太平公主起初以为唐玄宗年少，不把他放在眼里，自立皇太子后，见他手下有一批得力的人，成了她干预朝政的障碍。太平公主一方面散布流言蜚语，说“太子非长，不当主”，借以挑拨离间太子兄弟间的关系；另一方面又亲自出马拉拢朝臣，排除异己。景云二年（711年）正月，太平公主竟把宰相邀截到宣政殿光范门内，明目张胆地劝宰相更易太子，遭到宋璟的严词拒绝，阴谋未能得逞。因此，太平公主与皇太子之间的矛盾激化了，他们之间的斗争已完全公开了，并愈演愈烈，唐睿宗深感不安。二月间，唐睿宗听术士说“五日内有急兵入宫”，感到局势异常严峻，遂颁下诏书，命太子监国。延和元年（712

年）七月，又不顾太平公主的反对，正式下制传位唐玄宗，改元“先天”。但在太平公主的劝说下，退为太上皇的唐睿宗，仍“自总大政”，然而太平公主的阴谋活动仍在加紧进行。

太平公主利用唐玄宗即帝位却未能全面掌握国政之时，开始逐步排斥异己，尽力安插亲信，筹集力量。开元元年（713 年）六月，在朝廷中她占了优势，“太平公主依太上皇之势，擅权用事，与上有隙，宰相七人。五出其门。文武之臣，大半附之。”太平公主公然提出要废掉唐玄宗，因遭陆象先反对而未遂。后又密谋于七月四日发动政变。唐玄宗获悉后，决定先发制人，七月三日率羽林军，袭杀了太平公主的党羽。太平公主闻讯仓皇逃入南山，后被赐死。太上皇唐睿宗遂退居百福殿，“高居无为”。此后，朝廷军国大政才真正掌握在唐玄宗的手里，登上皇位，为唐玄宗。

唐玄宗为了安定皇位，稳定政局，采取了出刺诸王、严禁朝臣交结诸王和抑制功臣等措施。出刺诸王的动议最早来自睿宗朝，由宰相姚崇、宋璟提出，却未能实行。这时，唐玄宗的兄弟仍掌管禁军，宋王成器为闲厩使、左卫大将军，申王成义为右卫大将军，岐王、薛王也分典左、右羽林军。再加上宋王是睿宗的嫡长子，邠王守礼是高宗的长孙。他们在皇室的特殊身份，很容易被阴谋所利用。因此，在宰相姚崇等人的积极赞同下，于开元二年（714 年）六月到七月间，唐玄宗解除了诸王的兵权，分别将宋王出为岐州刺史，申王出为豳州刺史，邠王出为虢州刺史，岐王出为华州刺史，薛王出为同州刺史。唐玄宗还规定这些诸王刺史，“令到官但领大纲，自余州务，皆委上佐主之。是后诸王为都护、都督、刺史者并准此”。上佐指州长史、司马。诸王虽名为一方牧守，但并不能掌握一州的军政大权，从而失去了兴兵作乱的条件。同时为了减少京官与诸王接触的机会，还规定“宗王以下每季二人入朝，周而复始”。使诸王不能同时留居京城。唐玄宗还抑制功臣权势。一些身居高位，居功自傲，难以驾驭的人，唐玄宗罢免他们的职务，或退任地方。唐玄宗在即位之初采取的解除诸王禁兵兵权，并出刺外州以及抑制功臣权势的措施，对于频仍的宫廷政变来说，消除了动乱隐患，使唐朝进入了相对稳定的历史时期。

开元三年（715 年），玄宗明确宣布：“官不滥升，才不虚授，惟名与器，不可以假人。”他决心选贤任能，量才授职，整饬吏治。首先严格铨选制度，裁汰冗员。这样，既克服了官吏冗多、人浮于事的现象，提高了官府办事效率，又减省了国家的开支。在裁汰冗官的同时，又提拔重用有远见卓识的政治家为宰弼。唐玄宗即位，首先启用了政治家姚崇。姚崇在武周、睿宗朝已两次入相，办事干练，素有“救时宰相”之称。另一位宰相宋璟，与姚崇并称为贤相，为人刚正不阿，遇事敢于犯颜直谏，唐玄宗既尊敬他又惧怕他。还有张说，前后三秉大政，掌文学之任凡30年。他善用人才，进用文儒名士。辅政期间，首倡开集贤院置学士，修太宗之政，有助唐玄宗以成文治之功。又如张九龄出身寒微，以文学进身，继张说之后为相。他常给玄宗敲警钟，还进《金镜录》5卷，论述前代兴衰治乱之道，多所裨益。司马光在《资治通鉴》中对唐玄宗开元时期所任用的宰相评论说：“姚崇尚通，宋璟尚法，张嘉贞尚吏，张说尚文，李元纮、杜暹尚俭，韩休、张九龄尚直，各其所长也。”唐玄宗选用宰辅的特点是选贤任能，人尽其才。

唐玄宗于开元二年，特颁下制令，从京官中选用有才识者到地方任都督、刺史，又从都督、刺史中选拔有政绩者任京官，“使出入有常均，永为恒式”。他特别重视县令的选任。开元四年，新选任的县令被召入大明宫宣政殿，由皇帝亲自出题考试，考查县令是否通晓经国治民之道，结果有20多人不入第，暂且让赴任就职，另有45人被淘汰，“放归学问”。同时，还颁布了《整饬吏治诏》，每年10月委派各道按察使对刺史、县令的政绩进行考察，分为最、中间、殿三等，依次定为优劣，作为改转升降的依据。唐玄宗所采用的精减冗官，进用贤能及整饬等措施，进一步改革了吏治。

在发展经济方面，唐玄宗率先禁绝奢靡之风，这对发展生产是一个良好的开端。为了把人力更好地集中到农业生产中去，开元二年下诏：“天下毋得更采珠玉、织锦等物。”对于违令者处以杖罚。为了禁止社会上的奢靡之风，他还把乘舆服御、金银器物销毁，并把珠玉、锦绣焚于殿前；并规定后妃以下不得服用珠玉锦绣。针对当时的社会实际，唐玄宗采取了一些具体改革措施。

一是检田括户，抑制兼并。自武周末年以来，贵族及地方豪强兼并有所发展，他们在均田制以外，大量地侵占了农民的小块土地，称为“籍外占田”。失掉土地的农民背井离乡，出现了大量的佃户、浮户、流民，逐渐沦为依附于大地主的“私属”，总称为客户。这样既影响了国家租庸调的正常收入，又给农业生产带来了不安定的因素。开元九年（721年），唐玄宗任命监察御史宇文融为复田劝农使，具体主持检查了土地和搜括户口事宜。后颁下了《置劝使安抚户口诏》，号召在农村组织“农社”，使“贫富相恤，耕耘以时”，并规定，“雨泽之后，种获忙日，州县常务，一切停减”，以使“丁壮就田”、“人无遗力”。这次检括土地和户口，历时四年，共括得客户八十余万，年终征得客户钱数百万，并括得众多的籍外田，分给贫民耕种。这一措施打击了豪强地主的兼并活动，对于增加国家赋税的收入，安定农民与发展农业生产起了积极作用。

二是兴修水利，发展农业。唐玄宗在《春中兴庆宫酺宴》的诗序中写道：“所宝者粟，所贵者贤。故以宵旰为怀，黎元在念。尽力沟洫，不知宫室之己卑。”表达了他对水利的重视和关心。他大力表彰兴修水利的官员。陕州刺史姜师度素“有巧思，颇知沟洫之利”，修复通灵陂，引洛水、黄河水灌溉，种稻田2000余顷，“收获万计”，特加金紫光禄大夫，又擢升为将作大监。据《新唐书·地理志》统计，全国共兴建了56项农田水利工程，相当于有唐一代水利工程总数的百分之二十以上。这些水利工程的建设，有利于农业生产的发展。

三是组织垦荒，扩充屯田。唐初建置过一些屯田，规模较小。开元时有了较大的发展。屯田分为军屯与民屯两种，由屯田郎中掌管屯田政令。军屯多在边疆，“凡军州、边防镇守，转运不给，则设屯田，以益军储。……诸屯分田役力，各有程数”。民屯设在内地，生产者一般是失去土地的农民。至开元末年，各道屯田共计1044屯左右，其中关内道就有258屯之多。屯田的收入也是很可观的。唐玄宗实行的屯田制大大增加了国库的收入，同时还招抚了大量的流散农民，有利于农业生产的发展。

唐玄宗统治前期，社会安定，经济有了显著的发展，大兴文治。唐人郑棨说：“开元初，上励精理道，铲革讹弊，不六七年，天下大治，河清海晏，物殷俗阜。”这为大兴文治奠定了良好的社会基础。唐玄宗本人崇尚儒学，爱好坟典。有人说唐玄宗“锐意政理，好于观书”，“既勤书，海内之风，翕然率化”。因此兴起了文治之风。这一时期，整理古籍取得了重大的成就。开元三年，一次宴会上，唐玄宗因内库书“所有残缺，未遑补辑，篇卷错乱，难于检阅”，提出让左散骑常侍褚无量、马怀素等人进行整理。开元五年十二月，马怀素提出了具体建议，时唐玄宗正行幸东都，他立即表示赞同，命国子博士贺知章、桑泉尉韦述等学者20人于东都乾正殿编校群书，刊正经史。并以马怀素为修图书使，总领其事。此后，又诏令公卿士庶之家所有异书，都暂借给官府缮写，并于著作院里设置修书院，大明宫光顺门外、东都明福门外又创置集贤书院，由学士刊正失误。并召集学者通撰古今书目，取名为《群书四录》，用了一年的时间撰成上奏，凡书48169卷。开元十一年（723年），唐玄宗设置丽正书院，召集文学之士徐坚、贺知章等学者著书立说，或讲经论道，并以宰相张说总管院事。唐玄宗提倡著书立说，诏令起居舍人陆坚于集贤院修撰《六典》，并亲自写了六条类目：理典、教典、礼典、政典、刑典和事典。全书历时十几年撰成。《大唐六典》全书30卷，把唐代的律令加以简括，分别系于官吏的职责之下，保存了唐代前期的田亩、户籍、赋役、选举等典制。由于唐玄宗的提倡与重视，经籍整理与著述都取得了可喜的成就。宋人欧阳修高度评价说："自汉以来，史官列其名氏篇第，以为六艺、九种、七略；至唐始分为四类，曰经、史、子、集。而藏书之盛，莫盛于开元，其著录者，五万三千九百一十五卷，而唐之学者自为之书者，又二万八千四百六十九卷。呜呼，可谓盛矣！"

唐玄宗重视科学技术的发展。开元五年，他听说一行和尚学问渊博，尤其精通天文历法，即征聘到京师。为了备顾问，特意将一行安置在皇宫光太殿内，并多次去看望他，询问治国安民之道。开元九年（721年），唐玄宗诏令一行改造新历，以纠正旧历的失误。一行先制造了黄道游仪，以确定黄道的进退。接着，一行用它测量二十八宿与天体北极的度数。在实际测量中，发现了二十八宿的位置与古籍记载的不同，从而证明了恒星的位置是不断移动的。这比英国天文学家哈雷在1718年提出恒星自行的学说早了将近1000年。一行另一科学成就是首次测量子午线的长度。

开元十二年（724年），唐玄宗命太史监南宫说等进行实测南北各地晷影和北极高度，测知影差与距离的比例并不固定，证明了过去"王畿千里，影差一寸"学说的谬误。一行又使用自己设计的"覆矩图"仪器，利用勾股图计算，得出了南北两地相距351里80步（约合今129.22公里），北极高度相差一度的结论。一行等人实地测量了子午线的长度，不仅在中国天文史上是一次创举，在世界上也属首次。所测子午线长度虽不十分精确，但和近代测定的数字（111.3公里）相近，方法也是科学的。

《大衍历》的撰成是唐代天文历法领域所取得的一项新成就。一行在研制成黄道游仪的基础上，参考了历代历法，考其得失，于开元十五年（727年）写成了草稿。一行病逝后，由特进张说、历官陈玄景继续编次，翌年撰成上奏，开元十七年开始颁行新历。《大衍历》提出了比较正确的“定气”概念，推算出与农时相应的二十四节气。自汉初《太初历》至唐高宗《麟德历》共有23家，虽然与天体的运行比较接近，但都不如《大衍历》精确。

唐玄宗即位后励精图治，使唐朝出现了前所未有的繁荣兴盛局面，国力达到了鼎盛阶段，呈现了“开元盛世”的雄伟景图。

唐玄宗此后多骄侈心，少求治心。过去焚锦绣，毁珠玉，而今生活上穷奢极欲，挥霍无度。他越来越崇道好仙，以为可以安享太平了。开元二十一年（733年），守正不阿的韩休为相，唐玄宗“小有过差”，他即据理力谏，弄得唐玄宗“殊瘦于旧”，虽口头上称“吾貌虽瘦，天下必肥”，但内心却很厌恶。韩休也就做了7个月的宰相，就被贬职了。开元二十四年（736年），要用牛仙客为尚书，张九龄极力劝谏，唐玄宗便把张九龄免了职，并勃然大怒道：“事皆由卿邪？”

唐玄宗在拒谏饰非的同时，却提拔重用奸佞之臣。“口蜜腹剑”的李林甫，因善于迎合，而擢任宰相。李林甫惯于耍阴谋。为了自专大权，他威吓谏官说：“今明主在上，群臣将顺之不暇，乌用多言！诸君不见立仗马乎？食三品料，一鸣辄斥去，悔之何及！”一些朝臣明哲保身，闭口不言。这样的奸佞人物，却深得信任。天宝三载（744年），唐玄宗曾对高力士说：“天下无事，朕欲高居无为，悉以政事委林甫，何如？”经高力士劝谏而止。在李林甫当权时期，排斥了李适之、韦见素等贤能大臣，制造了韦坚、杜有邻、杨慎矜等冤狱。因此，他在相位19年，朝政乌烟瘴气，致使天下大乱。王铁原任户部郎中，他见唐玄宗用度奢侈，遂投其所好，敲剥百姓，每年于租调之外征敛巨亿万，供天子私用。唐玄宗却以为王铁有富国之术，宠遇日厚，遂擢为御史大夫，兼京兆尹，又兼任20余使职，宠任仅次于李林甫。杨国忠是个奸邪小人，因远房堂妹杨贵妃得专宠而屡被擢用。他先是趋附李林甫，以监察御史兼领15余使职。后来替代李林甫为相，“立朝之际，或攘袂扼腕，自公卿以下，皆颐指气使，无不詟惮。”至此，凡领40余使职。唐玄宗在重用奸佞之臣的同时，还懒于朝政，打破了“内侍省不置三品官”的成命，并对如意的宦官，往往授任三品左右监门将军，穿朱紫之服的高级宦官竟多达1000余人。这时的宦官已不再是宫中受人驱使的家奴，已开始干预政事了。

在诸宦官中，高力士是唐玄宗最宠信的人物。高力士善于骑射，在诛灭韦武集团与太平公主党羽时曾建有大功，因迁为右监门卫将军、知内侍省事。唐玄宗对他深信不疑，常说："力士当上，我寝则安。"每四方进奏文表，必先呈送高力士，高力士除了大事上奏玄宗，一般事则自行处理，几乎替代了唐玄宗。李林甫、王铁、安禄山等多"因之而取得将相高位，其余职不可胜纪"。

唐玄宗纵情声色，追求享受。开元二十五年（737 年），唐玄宗宠妃武惠死去，他终日闷闷不乐。高力士献殷勤，说唐玄宗的儿媳、寿王妃杨玉环"姿色冠代"，唐玄宗一见钟情。开元二十八年（740 年），先以女道士之名召入宫中，后又册为贵妃。杨贵妃时年 21 岁，不仅"姿质丰艳"，还精通音律，能歌善舞，"智算警颖，迎意辄悟"。这正是唐玄宗心欢，遂"三千宠爱在一身"，终日沉醉于声色之中，"春宵苦短日高起，从此君王不早朝"，对于军国大政再也无心过问了。

唐玄宗还大造离宫别馆，开元二十六年冬，在两京建行宫、殿宇各千余间。他每次进餐，"水陆珍馐数千，一盘之贵，盖中人十家之产"。他还鼓励公主进食，为此还特命宦官袁思艺为检校进食使。每次外出，都由杨贵妃姊妹随从，其奢侈豪华，无不惊人。

唐玄宗为了益寿延年，崇道好仙。开元二十二年，把"自言有仙术"的张果迎入宫中；开元二十九年（741 年）他梦见唐玄元皇帝，便把老子画像迎置在兴庆宫。此后，一些投其所好的奸人，或诡称见到唐玄元皇帝真容，或扬言听到唐玄元皇帝谈话，他也不辨真假，一律给予奖拔。

唐玄宗在位的天宝后期，封建统治渐趋腐朽，社会矛盾越加尖锐。政乱刑淫，奸臣当道，宫廷斗争也很激烈。李林甫刚刚死去，杨国忠就诬告他谋反，因而剥夺了他的官爵，清洗了他的党羽。使得杨国忠与安禄山也势若水火，杨国忠奏请哥舒翰为河西节度使，与安禄山相抗。

安禄山，开元末年曾在幽州藩帅张守珪部下任捉生将，后又任营州都督、平卢军使等职。他迎合唐玄宗好大喜功的心意，屡次挑起边事，以邀功赏，骗得了唐玄宗的赏识和信任，先后担任了平卢、范阳、河东三镇节度使。安禄山见唐玄宗春秋渐高，不理政事，纲纪废毁，精兵悍将多集中在边镇，朝廷力量空虚，便蓄政治野心，网罗了一大批文臣武将，于范阳筑造雄武城，贮藏了大量兵器，又从同罗、奚、契丹人中精选了8000强健者，作为他的“假子”。天宝十四载（755年）十一月九日，他率15万大军南下，以诛杨国忠为名，发动了武装叛乱。由于承平岁久，中原武备松弛，兵不习战，叛军一路势如破竹，十二月十三日攻陷了东都洛阳。这时沉湎于声色中的唐玄宗，才如同大梦初醒，顿时慌了手脚，匆忙命封常清为范阳、平卢节度使，赴东京募兵；荣王李琬为元帅，右金吾大将军高仙芝为副，率兵东征。同时还起用在京养病的河西、陇右节度使哥舒翰，让他率大军讨伐安禄山。各地军民奋起抵抗叛军。河北平原郡太守颜真卿组织河北军民抗战，有力地打击了叛军，一时失陷的各城纷纷脱离了叛军。唐将李光弼率兵出井陉，连下数城，与颜真卿遥相呼应，严重地威胁着叛军的后方。张巡率兵扼守睢阳，与叛军血战数百次，阻止叛军不得南下江淮。哥舒翰也镇守潼关，叛军不能西进。这样使叛军一时处于困境之中。

但在至德元载（756年）六月，唐玄宗被叛军的假象所迷惑，屡次催促哥舒翰出关收复失地；杨国忠因害怕哥舒翰图谋自己，也极力赞成此事。结果在灵宝一战，唐军溃败，潼关失守，颓废的唐玄宗连夜仓皇出逃，至马嵬驿（今陕西兴平西）时，扈从的六军将士痛恨杨国忠的祸国殃民，发生了哗变，射杀了杨国忠，迫使唐玄宗缢杀了杨贵妃，这才平息了众怒，得以解围，逃往成都。京都长安不久落入了叛军之手。安禄山的叛乱，使唐朝的半壁河山陷入兵荒马乱之中。“国破山河在，城春草木深”，繁华的都市变为废墟，经济遭到了严重的破坏。唐朝从此元气大伤，难以恢复了。

唐玄宗起驾马嵬驿，逃往成都之时，太子李亨在一些人的簇拥下，与唐玄宗分道而行，北上灵武（今属宁夏回族自治区），反击叛军、欲光复两京。此时的中原，群龙无首，在军民的拥戴下，太子李亨在灵武即位称帝，改元至德，是为唐肃宗。唐玄宗被尊为太上皇。

至德二载（757年）十月，唐军先后收复了长安和洛阳。十二月，唐玄宗被迎回京城，安置在兴庆宫。他不再过问政事，偶尔也去大明宫。侍卫他的仍是龙武大将军陈玄礼与内侍监高力士。另有唐玄宗的亲妹玉真公主与旧时宫女、梨园弟子为他娱乐。唐玄宗对杨贵妃之死，一直耿耿于怀。他从成都回来后，即派人去祭悼她，后来又想改葬，遭宦官李辅国反对而止，却密令宦官将贵妃遗体移葬他所。宦官献上了贵妃的香囊，唐玄宗把它珍藏在衣袖里。又让画工画了贵妃的肖像，张挂于别殿，“朝夕视之而欷歔焉”。

上元元年（760年），宦官李辅国为了立功以固其恩宠，上奏唐肃宗说：“上皇居兴庆宫，日与外人交通，陈玄礼、高力士谋不利于陛下。今六军将士尽灵武勋臣，皆反仄不安，臣晓喻不能解，不敢不以闻。”这年七月，李辅国乘唐肃宗患病之机，矫诏强行把唐玄宗迁居西内。在途经夹城时，李辅国又率射生将500骑，剑拔弩张，气势汹汹地拦住去路。唐玄宗胆战心惊，几乎坠下马来，幸亏高力士挺身而出，唐玄宗才安全地迁居甘露殿。事后，唐肃宗不敢责怪李辅国，反倒安慰他几句。不几天，唐玄宗的几个亲信也遭到清洗，高力士以“潜通逆党”的罪名，被流放于巫州，陈玄礼被勒令致仕，玉真公主也出居玉真观。剩下唐玄宗只身一人，好不凄惨。此后，唐肃宗另选后宫百余人，到西内以备洒扫。

宝应元年（762年）四月，唐玄宗郁闷之中，溘然逝世，终年78岁，葬于金粟山，名为泰陵。唐玄宗是唐代在位最久的皇帝，曾锐意改革，使唐朝达到政治稳定、经济繁荣、文化发展的鼎盛时期。后期骄惰怠政，奢侈淫靡，酿成天宝之乱，明主堕落为昏君。正道：“靡不有初，鲜克有终。”盖棺定论，他给人以有益启迪，也给人以深刻反思。

8. 义军的女文佳皇帝

唐自开国以来，曾发生过多次宫廷政变，也发生过一些地方性的农民起义。653年，农民女领袖陈硕真在睦州（今浙江省建德市）发动了起义，称文佳皇帝，攻占了桐庐、睦州、于潜等地。但这些斗争的出现，对于全国的局势没有显著的影响。

陈硕贞，又名陈硕真，唐代睦州雉山县梓桐源田庄里（今浙江省淳安县梓桐镇）人，率众起义，自封为“文佳皇帝”。

陈硕贞，自幼父母双亡，尝遍人间辛酸苦辣，所居清溪，山高谷深，河道交错，因物产丰富，而征税很多，搜刮当地百姓，负担沉重。这一年，清溪又发生了百年不遇的洪灾，朝廷不赈粮，照征各种赋税，民不聊生，流离失舍，饿殍载道。陈硕贞不顾自己安危，打开东家粮仓，救济灾民，被东家发现，打得遍体鳞伤。众乡亲冲入押房，陈硕贞被救，逃入深山，装扮成道姑。陈硕贞利用道教发展信众，展示法术，“升仙山受仙法”，被以妖言惑众图谋不轨之名，又押入牢，幸好众多乡亲筹措资金，打通了关节，才得释放。

陈硕贞被放后，亲戚章叔胤积极支持陈硕贞起义，对外传说：“陈硕贞已从天上返回青溪，现在她法力无边，变幻莫测，可以召神将役鬼吏。”这说法一传十，十传百，愈传愈玄，方圆百里的百姓无不对陈硕贞顶礼膜拜，她的每一句话都是神语仙音，足以令信徒赴汤蹈火，在所不辞。永徽四年（公元653年）十月初，陈硕贞正式宣布起义，与官府进行对抗，仿照唐朝官制，建立了政权，任命章叔胤为仆射，总管各项事宜，而她自己则为“文佳皇帝”。在中国历史上，参加农民起义的妇女不计其数，但做领袖的妇女却寥若晨星，而做领袖且又称皇帝的妇女，也只有陈硕贞一人。

陈硕贞的起义，得到当地人民的广泛拥护，青溪人童文宝首先率众响应，在很短的时间里，义军就发展到几千人。为壮大力量，陈硕贞和章叔胤兵分两路，章叔胤领兵攻占桐庐，陈硕贞自己率军2000攻占睦州治所及于潜（今浙江昌化东南）。睦州各地的百姓群起响应，起义军很快发展到数万人。陈硕贞以区区2000人马，攻陷睦州首府及所属诸县，顿时朝野震动，义军被剿，起义地区被封。为了打开局面，发展力量，陈硕贞乘胜进攻安徽，攻打歙州（今安徽省歙县）。但由于歙州驻军防守严密、抵抗顽强，久攻不下。此后，陈硕贞命童文宝统兵4000人，掩袭婺州（今浙江省金华）。童文宝率兵进入婺州后，与官军遭遇，变掩袭成强攻。陈硕贞闻知童文宝在婺州受阻，带领主力来到婺州支援，参战的义军达数万人。义军虽然在人数上占优势，但起义才一个来月，战士未经训练，战斗力有限，过去能克州陷府，凭的是声威和拼劲，如今声威和拼劲虽在，但面对官兵却有些力不从心。正在两军僵持之际，一天晚上，忽然一颗陨星坠落在陈硕贞的大营中。官军借此大造舆论，“将星陨落，陈硕贞必死”。此时，官军大振，而义军士气大落。在下淮，两军大战，陈硕贞大败，被斩首数百人。653年11月底，参战数万义军，除被俘外，其余大部战死。“文佳皇帝”陈硕贞被俘，最后被杀。史学家翦伯赞称陈硕贞为“中国第一个女皇帝”。当然，这与武则天皇帝，不能相提并论，但她的精神确实难以磨灭。陈硕贞在故乡青溪，留下了“天子基”、“万年楼”等遗迹，这些遗迹在北宋末年曾使方腊受到启示。

从618年到741年的120多年间，总的说来，社会经济在不断地发展，是唐的盛世。在一个皇朝的统治过程中，有这样长的盛世，是前所未有的。

9. 内外关系较为密切

唐代在国内民族关系方面，有战争，有和好，而总的说来，唐代盛世的民族关系比以前密切了。

隋初，在西北方的突厥分为东、西两部，它们控制了大漠南北和西到里海以东的中亚地区。626年，东突厥的颉利可汗曾进扰武功（今属陕西省），迫近长安。629年，李世民派徐世勣、李靖等率大军出击。这时，正值东突厥内部分裂，并且连年大雪，牲畜大量冻死，战斗力大为削弱。630年，唐军大获全胜，俘颉利可汗，灭东突厥。唐把东突厥的归降将卒们安置在东起幽州、西至灵州一带，设置四个都督府加以管理，又在东突厥故地设置了定襄、云中两个都督府。唐高宗时，东突厥势力再起，贵族阿史那骨咄禄起兵反唐，跟唐进行连年的战争。716年，毗伽可汗立，向唐请和。唐答应跟它互市，以丝绸交换马匹。从此，双方建立了亲善的关系。731年，毗伽可汗之兄阙特勤死，唐玄宗派人吊唁，并立碑纪念，碑文用汉文和突厥文书写。

西突厥在651年沙钵罗可汗统治时期，跟唐发生冲突。657年，唐将苏定方、萧嗣业打败沙钵罗可汗，灭了西突厥。这样，唐朝就维护了在天山南北的统治，而吐谷浑、高昌、焉耆、龟兹等都臣服于唐朝。唐在天山北路设置了北庭都护府，在天山南路分设16个都督府，负责当地的政治和军事统治。此后，内地和天山南北的经济文化交流日益频繁，而经过天山南北一直通往西亚的道路，也得以顺利通行。

回纥，原居漠北，先后役属于匈奴、鲜卑和突厥。隋时，回纥逐渐强盛。627年，回纥以精兵5000破突厥兵10万，从此威震漠北。在唐灭东突厥、西突厥的过程中，回纥都曾出兵协助。

东北各族，跟唐保持着亲密联系。唐任命世居黑龙江下游两岸的黑水靺鞨首领为都督，设置黑水都督府，并派官协助。位于乌苏里江一带由粟末部建立的渤海政权，唐任命其首领为渤海郡王，双方不断进行产品的交易。

吐蕃，在唐初，正是赞普松赞干布统治的兴旺时期。李世民把文成公主嫁给松赞干布。文成公主入藏时，带去了大批丝织品和其他手工艺品，以及耕作用具，等等，促进了汉藏农业和手工业在技术上的沟通。唐中宗又把金城公主嫁给赞普尺带珠丹。金城公主也带去许多丝织品和工匠，并带去《诗经》《礼记》《左传》等儒家经典，使汉族的生产技术和文化进一步传入西藏。

居住在今云南省境内的南诏，起初共分六个部落，称为六诏。唐初，最南部的蒙舍诏强大起来，称为南诏，其首领常派人来朝见唐朝皇帝。唐玄宗时，南诏首领皮逻阁请求唐朝允许他合并六诏。唐玄宗答应了他的请求，封他为云南归义王，并跟南诏通商往来。从此，唐的文化也大量输入南诏。

在对外关系上，唐代盛世跟亚洲的许多国家和地区发展广泛的联系，其中包括今朝鲜、日本、印度、巴基斯坦、阿富汗、伊朗和阿拉伯。日本早在三国时期就曾遣使来中国，南北朝时也曾派人来报聘。从隋到唐，日本经常不断地派使节来中国，叫作遣隋使、遣唐使。随同遣隋使、遣唐使一起来的还有许多学问僧和留学生。从唐高宗时起，日本大规模地派遣使团，最大的使团达到 500 人。

国内民族联系的密切和对外联系的广泛，使唐都长安不只是全国的大都会，而且成了世界性的大都会。国内少数民族的成员和国外的政治使者、宗教人物及商人，都大量地到长安来，有的还在长安娶妻生子，定居下来。他们带来了各地的物产、各地的音乐舞蹈和杂技、各地的风气和宗教，以致“长安中少年有胡心”。

10. 多种宗教国内流传

唐代盛世，有外来的祆教（Zoroastrianism）、摩尼教（Manicheism）、

景教和伊斯兰教在国内流传。祆教、摩尼教、景教，都从波斯传入。

祆教，波斯人琐罗斯德（Zoroaster）所创，教义认为宇宙间有光明的善神和黑暗的恶神互相斗争。火被作为光明的善神加以崇拜，故祆教又称拜火教。在南北朝时，已传入北方。唐代在长安、洛阳都有祆教祠。

摩尼教是波斯人摩尼所创，教义认为宇宙间有明和暗的斗争，人们应该崇明斗暗。摩尼教教堂称光明寺。摩尼教后来也被称为明教，于694年传入中国，于768年被准许在长安建寺。

景教是基督教的聂思脱利派（Nestorius），635年传入中国，638年在长安建寺。

伊斯兰教从阿拉伯传入。伊斯兰教的创始人穆罕默德（Muhammad）对中国文化有兴趣，曾说“学问虽远在中国，亦当求之。”651年，阿拉伯有使者到中国来，伊斯兰教义开始传入中国。后来，长安、洛阳、扬州、广州等地，都有不少来自阿拉伯、波斯的穆斯林的活动。

在唐代盛世，佛教是最兴盛的宗教。当时佛寺之多，长安、洛阳而外，遍及全国的很多地方。著名的僧人有玄奘、道宣、义净、法藏、神秀、惠能等人。

玄奘（602—664年），洛州缑氏（在今河南省偃师县）人，是一个很有学问的僧人。他克服了种种困难，往印度取经。回国后，译成经论75部，共1335卷，译笔的忠实、流畅，远远超过前人。他和弟子辩机写成《大唐西域记》12卷，记述他所亲历的111国及得之传闻的28国的山川、风习、宗教传说，是关于西南亚及中亚等地的历史、地理的重要文献。为了表扬他的佛经翻译工作，李世民亲自写了《大唐三藏圣教序》，高宗又写了《大唐三藏圣教序记》。玄奘创立了法相宗，但不久就衰落了。

法藏（642—712年），康居人，以阐扬《华严经》而建立了一个宗派，称华严宗。这是一个传播得相当久的宗派，并且还传到朝鲜和日本。

神秀（606—706年），开封尉氏（今属河南省）人，惠能（638—713年），南海新兴（今属广东省）人，是禅宗的北宗和南宗的创始人。南宗先在南方少数地区传播，后来逐渐传到全国，在北方也取代了北宗。并且也传到国外。除了以上这三个宗派，还有创始于隋的天台宗，这是以根据地的地名而得名的宗派。这几派都是唐代佛教的主要宗派。到了唐代后期，禅宗势力特大，差不多成为中国佛教仅有的一个宗派了。

道宣（596—667年），丹徒（今属江苏省）人，曾参加玄奘译场，编著有《广弘明集》《续高僧传》等书，是一个很有学问的佛教历史家。

义净（635—713年），齐州（州治在今山东省历城县）人，赴印度取经，历25年，得梵本佛经约400部。归国途中，著《南海寄归内法传》《大唐西域求法高僧传》，回国后，译有经、律56部，共230卷。

唐代盛世的佛教，作为皇家扶植而又吸引迷惑了广大群众的宗教势力，在政治上、经济上、文化上都有重大的影响。皇家为了祈福，同时也为了要宣扬教法，从而巩固自己的统治，兴建了不少的塔、寺，开凿了不少的石窟。

佛教的建筑和石窟，总是跟雕塑和绘画联系在一起的，因而唐代的雕塑和绘画，得以大量保存在这些建筑和石窟里。洛阳的龙门石窟，现存石窟1352个，佛龛750个，造像97000余个，其中属于唐代盛世的作品占半数以上，而奉先寺的石雕佛像，是最著名的代表作。敦煌的莫高窟，现存有彩塑和壁画的石窟计492个，有彩塑像2100多个，壁画45000多平方米，其中也有唐代盛世的大量作品。龙门和敦煌的这些作品，从艺术方面说，是艺术家们以印度传来的作风和中华民族的传统手法相结合的高度创造，是举世稀有的宝物。

唐代艺术，在塑像和绘画方面都有杰出的名手，其中最著名的，如吴道子有“画圣”之称，杨惠之有“塑圣”之称。绘画和塑像的艺术是密切联系的，这也是适应佛教建筑需要的产物。当然，唐代的雕塑和绘画并不以佛教的范围为限，宫殿和陵墓也是绘画和雕塑的重要园地。唐代在这两方面的名家辈出。唐初的宋法智、吴智敏，都是绘画、雕塑的名手。阎立德的人物画、王维（699—759年）和李思训（648—713年）的山水画，张萱（8世纪前叶）、周昉的仕女画，曹霸、韩干（8世纪前叶）的鞍马画，都是唐代盛世或稍后的名作。

唐皇朝也很推崇道教，这是在南北朝时期正式形成的一个宗教。被称为道教教祖的李耳，跟唐朝皇室同姓，所以道教特别受到优待。李世民在诏令中明确规定，道士女冠位在僧尼之前。唐高宗追尊老子为太上玄元皇帝。唐玄宗令各地修建玄元皇帝庙，并把《老子》《庄子》等书列为科举考试的项目。唐朝好几个皇帝还把道士请到皇宫里炼丹，想叫他们炼出长生不老之药。但唐代道教的势力仍远远不及佛教之大。

在浓厚的宗教气氛中，以傅奕、吕才为代表，提出了反宗教反迷信的唯物主义的观点。

傅奕（555—639 年），邺人，坚决反对宗教迷信，斗争矛头针对佛教。624 年，他要求唐高祖下令废佛。他指出：人的生死寿夭，是自然形成的；刑德威福，是由君主决定的。佛教说由佛法所造成，这是窃君主之权，贪天之功，十分荒谬。他认为大批僧尼游手好闲，逃避租税，使国家减少了收入和兵源，应当责令僧尼还俗匹配，从事生产和养儿育女，充实国家的财源和兵源。

吕才（600—665 年），博州清平（今属山东省）人，擅长阴阳术数之学，他奉唐太宗之命，整理阴阳方术之书，却乘此机会反对阴阳禄命一类的迷信。他列举历史上的许多事实，说明人的生死寿夭、贫富贵贱，都不是由于自己的生辰和祖宗坟地的风水决定的，而是本人的行为决定的。傅奕和吕才的观点，在当时是非常难能可贵的。

唐代盛世在文化上的成就，有超过前人的业绩，同时也富于外来因素的色彩。儒家的学说，这时仍被朝廷用作控制思想的武器。李世民命颜师古考定《周易》《尚书》《毛诗》《礼记》《春秋左氏传》等五经的经文。不久，又命孔颖达等撰写五经注疏。后来，唐高宗给这些注疏定名为《五经正义》，颁行全国。从此，对儒家经典也有了皇家规定的统一的解释，儒家学说就不易有什么新的发展。

第九讲　唐中叶的变化

自742年起，唐朝的历史转入中期，一直到820年告一段落。朝政的紊乱，朝廷和割据势力间的斗争，以及民族间的不和，都是这一时期的特征。在不断的变乱中，人民生活困苦，社会经济遭受破坏，但文化因受到局势发展的刺激，反而有了比以前突出的成就。

1. 唐中叶的变乱

742年，唐玄宗改元“天宝”，进尊号为“开元天宝圣文神武皇帝”，并虚构了天赐灵符的奇迹，以表示自己深受神佑，能文能武，能圣能神。这些做法，反映了他在思想上已丧失了政治警惕，认为可以无忧无虑地把自己的统治继续下去。正是陶醉在这种幻想中，各种潜在矛盾的发展给唐玄宗及唐的统治以沉重的打击。

唐玄宗最信任的，也是他为皇朝培养的几个掘墓人，从742年起，先后登场了。一个是李林甫，这是一个很阴险的人。他利用宰相的职权，迫害有才能、有功劳、有威望以及不顺从他的人，并且株连他们的家属、亲戚、朋友和僚属，严重地毒化了当时的政治局势。但他看准了唐玄宗的弱点，竭力取得唐玄宗的欢心，甚至可使唐玄宗想“高居无为，悉以政事委林甫”。752年，李林甫死了，唐玄宗挑选了一个更坏的人来接替他，这人名叫杨国忠。唐玄宗最信任的另一个人，是安禄山。他向唐玄宗百般献媚，并通过唐玄宗的近侍、爱妃和李林甫的吹嘘而不断加强自己的地位。742年，被任为平卢节度使（治所营州，今辽宁省锦州市西）。在此后十年内，又兼范阳节度使（治幽州，今北京市城区西南）、河北道（治魏州，今河北省大名县东北）采访处置使、河东节度使（治太原府，今山西省太原市）。他管辖着今北京、河北、山西，还有辽宁、山东、河南的部分地区，拥有强大的部队。随着实力的增长，安禄山不断滋长了政治野心。另外，还有杨玉环和高力士。杨玉环是唐玄宗最宠爱的妃子，她的家属都得到优厚的封赏，他们公开受贿，势倾一时。杨国忠是她的族兄，安禄山是她的养子。高力士是长期在唐玄宗身边的宦官，也是一个显赫的人物，太子称他为兄，诸王和公主称他为翁。李林甫和安禄山的得势，都是跟他分不开的。至于以定额外的进奉取得玄宗欢心的，在臣僚中更不是个别人。很显然，这些人的登场，就是朝政紊乱和割据势力滋长的重要标志。

安禄山看透了唐玄宗的昏庸，于755年末，发兵15万，向南进军，河北各地陷于混乱。唐玄宗得到了军报，还以为是假的，不相信安禄山真会反叛。756年初，叛军很快渡过黄河，攻下陈留、荥阳、洛阳等地。安禄山在洛阳自称大燕皇帝，并派兵进攻潼关。当时，唐军将领郭子仪、李光弼连败叛军，逼近洛阳。他们上奏朝廷准备进攻范阳，捣毁叛军巢穴，提出潼关必须坚守，不可轻出作战。唐玄宗、杨国忠不接受这个建议。在他们的瞎指挥下，潼关失守，唐玄宗、杨贵妃、杨国忠带领太子、少数官员和卫队仓皇出逃，奔赴成都。在到达马嵬驿（今陕西省兴平市西）的时候，士兵拒绝前进。玄宗被迫杀了杨国忠，缢死了杨贵妃，才得继续西逃。安禄山的叛军很快进入长安。

唐太子李亨被留在马嵬驿主持军事。不久，到了灵武（今宁夏回族自治区灵武县西北）即皇帝位，后来被称为唐肃宗。曾在太子宫中供职的李泌，在这时到了灵武，郭子仪也带了5万精兵赶到了灵武。李泌是唐代中叶的大政治家、战略家。郭子仪是著名的军事家、政治家。唐肃宗得了这两个有力的辅佐，并不能真正听从他们的策划，但毕竟还是靠了他们的努力，后来才回到长安。另外一个军事家李光弼，也对平定叛乱立下了大功。

757年，安庆绪杀其父安禄山，自立为帝。同年，郭子仪大败安庆绪军，唐军先后收复长安和洛阳。759年，史思明杀安庆绪，自称大燕皇帝。761年，他也被儿子史朝义所杀。763年，史朝义兵败自缢。安史之乱经历了8年，至此才告结束。

安史之乱结束后，安史旧部以接受朝廷任命的形式，仍把割据势力保留了下来。此后藩镇将士拥立主帅及节度使的子弟把持帅位的继承，层出不穷。朝廷只有承认既成事实，不敢自作主张。唐德宗想改变这种形势，对藩镇的割据势力施加压力，但没有什么成效。

805年，唐宪宗李纯即位。他在政治上比较振作。他先后任李绛、裴度为相，这都是有才能的政治家。他对于改变安史之乱后长期割据的局面，做出了成绩。806年，他派兵讨平了占据成都进行叛乱的刘辟。807年，又派兵平定了在镇江一带叛乱的李琦。并从807年起，直接派出了节度使，改变了地方上拥立主帅的恶例。为了平定彰义节度使吴元济，从815年到817年，整整打了三年。

彰义节度使领有申州（治所在今河南省信阳市）、光州（治所在今河南省潢川县）、蔡州（治所在今河南省汝南县）等三州，原任节度使为吴少阳。814年，吴少阳死，子吴元济秘不发丧，未经朝廷同意，自领军务，并派兵四出抄掠。815年，唐宪宗调集大军前去讨伐。开始，因统帅不得力，战事进行得不顺利。后来，由宰相裴度亲自督师。在他的支持下，将军李想乘大雪之夜袭击蔡州城，生擒吴元济，平定了这场叛乱。

818年，横海（驻沧州）、幽州等节度使相继上表归顺。同年，唐宪宗又派军征讨淄青节度使李师道。819年，杀李师道，收复淄青。淄青节度使的辖境，差不多占今山东全省，并跨河南、安徽、江苏的少数地方，是当时最强大的一个藩镇。藩镇割据的局面到此起了很大的变化，唐皇朝实现了暂时的统一。但唐宪宗本人在平定淄青的第二年，却为宦官所杀。当然，这不是偶然的，是宦官的权势不断发展的结果。

唐朝宦官权势的发展，是从玄宗宠信高力士，授以处理章奏之权开始的。安史之乱时，宦官李辅国在灵武拥立唐肃宗。肃宗回到长安后，又使其掌管禁军，从此宦官有了军权。肃宗怕大将郭子仪、李光弼等功劳大了不好驾驭，派宦官鱼朝恩监军。762年，李辅国和另一宦官程元振，杀肃宗皇后张良娣，拥立太子李豫，肃宗受惊而死。李豫即唐代宗，即位后，虽然利用宦官内部的矛盾杀了李辅国，但仍然宠信程元振和鱼朝恩。后因他们受到大臣们的强烈反对，代宗才先后罢黜他们，并取消了宦官监军的制度。唐德宗因在兵变中依靠宦官的保护才得以脱险，就又用宦官掌管禁军，恢复宦官监军制度，宦官的权势重又膨胀起来。宪宗也是由宦官拥立的。被宦官拥立而不肯受宦官的摆布，这就是宪宗被宦官杀害的原因。

2. 民族间的不和

在唐中叶的变乱中，民族之间的不和也比较突出。首先是吐蕃，它乘安史之乱后唐朝兵力削弱的时候，于763年攻陷长安，唐代宗逃往陕州。后来，依赖郭子仪的力量，才使吐蕃退兵。长安的许多建筑被战火烧毁，损失甚为重大。此后，唐与吐蕃之间不断发生战争，直到双方的势力都趋于衰落才停止。

南诏在玄宗初年受唐封号，跟唐的关系本来是好的。玄宗晚年，因唐剑南节度使鲜于仲通的属官无理侮辱前来报聘的南诏王阁罗凤，南诏遂依附吐蕃，与唐为敌。吐蕃进攻长安时，南诏也派兵参与。但阁罗凤认为自己反唐是被迫的，出于不得已，他曾在太和城（今云南省大理县）立《南诏德化碑》，表明心迹。唐德宗时，剑南节度使韦皋善于处理民族关系，才使南诏脱离吐蕃，重新与唐和好。南诏与韦皋率领的唐军联合进攻吐蕃，取得很大胜利。

3. 文化受到刺激

唐初的诗文，仍是继承齐梁传统，文讲骈偶，诗重浮艳。到了高宗和武则天初年，王勃、骆宾王等开始摆脱齐梁的诗风，在题材上开拓了新的领域，在形式上探索了音韵的格律，为唐诗的独特风格开辟了道路。他们的文章还不能摆脱骈偶的格局，但如王勃的《滕王阁序》、骆宾王的《讨武氏檄》，或指陈形胜，或嬉笑怒骂，都已改变了齐梁文章的意境。

王勃（649—676年），字子安，绛州龙门（今山西省河津市）人。

王勃的祖父王通，是隋末学者，著有《元经》《中说》行于世，去世后谥为“文中子”。叔祖父王绩是唐初著名诗人，父亲王福畤做过文职小官。

王勃自幼聪明过人，6岁时就能做文章，9岁时他得到颜师古《〈汉书〉注》，便作《指瑕》，指出注中的错误。颜师古是颇负盛名的学者，王勃敢加评论，胆识不凡。兄长王勔、王勮都很有才气，当时王福畤的友人杜易就称这兄弟三人为“王氏三珠树”。

麟德元年（664年）右相刘祥道巡行关内，王勃写了一篇《上刘右相书》，指陈朝政，主张“信赏而必罚，道德而齐礼”，提倡“重耕耘之务”，阐发了“德治”和“法治”并用的政治思想。这出自一少年书生之口，刘祥道深为赏识，称誉他为“神童”。刘祥道上表朝廷加以推荐，对策得高第，被任朝散郎，那时王勃才14岁。

乾封元年（666年），唐高宗封禅泰山，王勃写了《宸游东岳颂》，东都洛阳造乾元殿，他又上《乾元殿颂》。沛王李贤听到他很有名声，召为沛府侍读兼修撰，他奉命撰写《平台秘略》10篇，沛王对他非常器重。当时，诸王之间盛行一种斗鸡的游戏，王勃戏作一篇《檄英王斗鸡文》，风传一时。此文为唐高宗得知后，斥责其意在挑拨诸王的矛盾，禁止他入府。以后他漫游江汉，客居剑南，登山远望，睹物思古，并赋诗以抒怀。

咸亨元年（670年）王勃到虢州，经友人推荐，被补为参军。这时他写了不少诗赋。但由于他耿介清高，恃才傲物，为同僚所嫉忌。有个官奴曹达犯了罪，逃到王勃处隐藏起来。王勃担心被人发觉危及自己，于是杀曹达以灭口。结果事泄被告发，应判死刑，幸逢上元元年八月改元大赦，得免一死。他父亲时任雍州司户参军，因受其连累，贬职为交趾令。

上元三年（676年）王勃再次前往交趾探望父亲。在渡南海时，不幸溺水，被人救起后，心悸而死，年仅27岁。王勃寿命虽短暂，但文学成就非凡，诗文在唐代及以后影响长久。

王勃一生的27年中，文章有数百篇，文集30卷，可惜多已亡佚，仅存40余篇。王勃写诗反对六朝以来的浮艳诗风，他的作品使初唐的诗风为之一变，特别是反映社会现实而富有价值的五七言诗。七言诗代表作有《采莲曲》《滕王阁》。如《滕王阁》写道：

滕王高阁临江渚，佩玉鸣鸾罢歌舞。
画栋朝飞南浦云，珠帘暮卷西山雨。
闲云潭影日悠悠，物换星移几度秋。

阁中帝子今何在，槛外长江空自流。

诗中借景抒情，既表现了物存人亡，又抒发了岁月无情的感慨。其风格高昂，气势雄放，与六朝的浮靡诗风迥然不同。

王勃五言律诗写得尤有特色。如：《山中》写道：

长江悲已滞，万里念将归。
况属高风晚，山山黄叶飞。

《送杜少府之任蜀州》是历来为人们传诵的名作，其曰：

城阙辅三秦，风烟望五津。
与君离别意，同是宦游人。
海内存知己，天涯若比邻。
无为在歧路，儿女共沾巾。

这是王勃在长安时为去四川的友人杜某送别之作。第三联“海内存知己，天涯若比邻”，语言豪放，意境高雅，明白贴切，炉火纯青，为千古传诵的名句。其他如《九日》《咏风》《别薛华》等也都很有特色。《全唐诗》收有王勃诗2卷，60余篇。还有杨炯所编并序的《王子安集》行于世。

骆宾王（约640—684年），婺州义乌（今属浙江省）人。

骆宾王，字观光。父亲骆履元，曾为青州博昌（今山东博兴南）令。

骆宾王幼时天资聪明，喜欢读书，7岁就能写诗，看到群鹅游于水中，便随口而咏成《咏鹅》诗：

鹅、鹅、鹅，曲项向天歌。
白毛浮绿水，红掌拨清波。

因此被人誉为“神童”，此诗又传世至今，家喻户晓，童叟皆知。

骆宾王从小随父到博昌。后父亲病故在任上，便随母亲迁居兖州瑕丘（今山东兖州），过着艰苦的生活。后又流落在京、洛一带。龙朔元年（661 年），骆宾王被道王李元庆辟为府属。龙朔三年（663 年）朝廷诏令各地荐举人才。李元庆让他自叙所能。他在《自叙状》中却自持清高：“说己之长，言身之善，腼容貌进，食禄要君，……此凶人以为耻，况吉士以为荣乎”，拒绝了推荐。后又任过奉礼郎、东台详正学士等职。

乾封元年（670 年），吐蕃东犯，骆宾王以奉礼郎从军西域。他写了许多边塞诗，既记述了边塞军事生活的艰苦，又表达了自己慷慨从军戍边的壮志豪情。两年后，他又到四川，参加过姚州道大总督李义征讨蒙俭的战役。此后又在蜀中宦游多年，曾任武功主簿。

上元三年（670 年）吐蕃进犯鄯、廓、河芬等四州。朝廷任命吏部侍郎裴行俭为姚州道左二军总管进行征伐。裴行俭想要骆宾王任掌书记，骆宾王以母老为由婉辞，后调任明堂县主簿。有名的长篇歌行《上吏部侍郎〈帝京篇〉并启》就是在调任之前写的。这篇长篇歌行以豪放的语言描绘了长安的繁华壮丽，“山河千里国，城阙九重门。不睹帝居壮，安知天子尊。”同时又对王侯权臣的奢侈腐朽生活做了揭露，“王侯贵人多近臣，朝游北里暮南邻。陆贾分金将宴喜，陈遵投辖正留宾。……侠客珠弹垂杨道，娼妇银钩采桑路。倡家桃李自芳菲，京华游侠盛轻肥。”最后诗中对这些“自言千载长骄奢”的人发出警告，要他们知道会有“须臾失浪委泥沙”的那一天。这篇歌行与齐、梁宫体诗情趣迥异，它吸收了六朝乐府的格调，写法灵活，抒情叙事，运用典故，音节和谐，语言流畅，用数字对仗也较巧妙，是一篇为人持重的作品，《旧唐书》颂说“当时以为绝唱”。

仪凤三年（678 年），骆宾王补为长安主簿，后为朝官侍御史。当时正值武则天以“天后”掌政，制定告密法。由于骆宾王多次上疏讽谏言语不慎，被御史弹劾，诬告他任长安主簿时贪赃而获罪下狱。在狱中他写有《狱中书情通简知己》《在狱咏蝉》《萤火赋》等篇，咏物抒怀，申诉了自己的冤屈，并流露忧国之情。其中《在狱咏蝉》最为人所传诵：

西陆蝉声唱，南冠客思深。
那堪玄鬓影，来对白头吟。
露重飞难进，风多响易沉。

无人信高洁，谁为表余心。

诗中以蝉自喻，托物寄情，为自己的不幸遭遇鸣冤叫屈。“露重飞难进，风多响易沉”含蓄地表达了周围的政治气氛和自己的不得志。最后用“无人信高洁，谁为表余心”的深沉有力的语言抒发了自己的清白无辜，但又难以诉说的强烈感慨。此诗以蝉自喻，情与物融为一体，对仗工整，语言精练，是五言诗的一首名作。

仪凤四年（679年）唐高宗主东都洛阳，改元“调露”，大赦天下，骆宾王获释出狱。他写了长篇歌行《畴昔篇》，叙述自己的坎坷遭遇。随后北赴幽燕，被裴行俭招为幕府，出征突厥，所写诗云：

此地别燕丹，壮士发冲冠。
昔时人已没，今日水犹寒。

与此同时还有《宿温城望军营》《夕次蒲类津》《边城落日》《边夜有怀》等反映边塞生活的诗篇。

调露二年（680年）骆宾王被授为临海丞。他到临海（今浙江天台）后，郁郁不得志，不久弃官而去。嗣圣元年（684）骆宾王来到扬州。当时前相国之孙徐敬业被贬为柳州司马。由于他们的处境有某些相近之处，逐渐结合成为政治上的伙伴。徐敬业与其弟徐敬猷，联络被贬为括苍县令的给事中唐之奇、贬为黟县令的詹事府司直杜求仁、出使扬州的监察御史薛璋，还有宰相裴炎、左骁骑卫大将军程务挺等人，以“皇唐旧臣，公侯家子”的身份，“匡复庐陵王”为号召，在光宅元年（684年）九月于扬州起兵，领扬州大都督，讨伐武则天。在扬州的骆宾王也参加了徐敬业的幕府，任艺文令。有名的《讨武氏檄》（即《代李敬业传檄天下文》），就是由骆宾王起草的。

讨武氏檄

伪临朝武氏者，性非和顺，地实寒微。昔充太宗下陈，曾以更衣入侍，洎乎晚节，秽乱春宫，潜隐先帝之私，阴图后房之嬖。入门见嫉，蛾眉不肯让人；掩袖工谗，狐媚偏能惑主。践元后于翚翟，陷吾君于聚麀。

加以虺蜴为心，豺狼成性，近狎邪僻，残害忠良，杀姊屠兄，弑君鸩母。人神之所同嫉，天地之所不容。犹复包藏祸心，窥窃神器。君之爱子，幽之于别宫；贼之宗盟，委之以重任。呜呼！霍子孟之不作，朱虚侯之已亡。燕啄皇孙，知汉祚之将尽；龙漦帝后，识夏庭之遽衰。

敬业，皇唐旧臣，公侯冢子，奉先君之成业，荷本朝之厚恩。宋微子之兴悲，良有以也；袁君山之流涕，岂徒然哉！是用气愤风云，志安社稷，因天下之失望，顺宇内之推心，爰举义旗，以清妖孽。

南连百越，北尽三河，铁骑成群，玉轴相接。海陵红粟，仓储之积靡穷；江浦黄旗，匡复之功何远。班声动而北风起，剑气冲而南斗平。喑呜则山岳崩颓，叱咤则风云变色。以此制敌，何敌不摧？以此图功，何功不克？

公等或家传汉爵，或地协周亲，或膺重寄于话言，或受顾命于宣室。言犹在耳，忠岂忘心？一抔之土未干，六尺之孤何托？倘能转祸为福，送往事居，共立勤王之勋，无废大君之命，凡诸爵赏，同指山河。若其眷恋穷城，徘徊歧路，坐昧先机之兆，必贻后至之诛！请看今日之域中，竟是谁家之天下！

这篇慷慨激昂的檄文，是骆宾王个人长期郁积在胸中的悲愤和仇恨的总爆发，也反映了一些具有正统观念的封建士大夫对武氏统治不满的心声。檄文言辞激烈，有很强的号召力。最后两句“请看今日之域中，竟是谁家之天下！”诘问有力，发人深思，成为传诵千古的名句。全篇采用骈体，辞采华丽，对仗工整，刚毅有力。无论是叙事、说理、抒情都挥洒自如。据说武则天在读这篇檄文时，看到“蛾眉不肯让人”、“狐媚偏能惑主”句，只是微笑而已。可是读到“一抔之土未干，六尺之孤何托”句，便矍然问道：“谁为之？”当左右的人回答说是骆宾王所写时，她说：“有如此才不用，宰相过也。”可见武则天也不得不佩服骆宾王的文才。

武则天派遣30万大军镇压徐敬业。高邮一仗，徐敬业全军覆没。关于骆宾王在兵败后的下落，各书记载说法不一。《旧唐书》《资治通鉴》等说骆宾王“伏诛”；而《新唐书》说：“敬业败，宾王亡，不知所之。”也有书说他“投江而死”。据孟棨的《本事诗·征异》载：“当敬业之败，与宾王俱逃，捕之不获，将帅虑失大魁，得不测罪，时死者数万人，因求戮类二人者，函首以献。后虽知不死，不敢捕送。敬业得为衡山僧，年九十余乃卒。宾王亦落发，遍游名山，至灵隐，以周岁卒。”总之，骆宾王的一生是非常坎坷，以悲剧告终的。

略晚于王、骆的，有陈子昂（661—702 年），字伯玉，梓州射洪（今属四川省）人，是在理论和实践上，对摆脱齐梁文风都表现了坚决态度的诗人。《感遇诗》38 首，是他的代表作。他写了大量散文，不用骈偶，也为文体的革新起了先驱的作用。

陈子昂生于唐高宗龙朔元年（661 年），少年时，喜好射猎、赌博，18 岁时痛改前非，发愤读书。

数年之间，遂以擅长诗文著称。京兆府司功王适看到他所作《感遇诗》38 首，非常叹赏，说：“此子必为天下文宗矣。”由此远近知名。

武周圣历元年（698 年），陈子昂因父老病上表请辞还乡。朝廷下诏准许他保留官职回乡供养。不久父病逝，他在墓旁设庐舍服丧，每逢哀思痛哭，闻者无不下泪。射洪县令段简是个赃官，他听说陈家是县中首富，图谋勒索大笔钱财，陈子昂家属送了 20 万缗尚嫌少，借口把陈子昂加罪入狱。陈子昂忧愤而死，终年 42 岁。临终前他是未解职的朝廷谏官，但朝廷始终不过问。直到代宗大历年间，东川节度使李叔明在梓州为陈子昂立旌德碑，表彰他在振兴文学上的重大贡献。

初唐到中唐，是中国古代文学发展中的一个转折时期。唐初，继承南北朝时期骈体文、宫体诗的遗风，追求雕词琢句的形式美，内容却空虚贫乏，陈子昂反对这种只讲形式不重内容的文风，他在《与东方左史虬修竹篇序》中大声疾呼“文章道弊五百年矣”，必须改变魏晋南北朝以来的“采繁竞丽而兴寄都绝”，“逶迤颓靡，风雅不作”，发扬《诗经》风雅颂和西汉散文的优秀传统，才能使文学振兴起来。他在创作中就是贯穿了“诗以言志”，文必达意古雅的新文风。他的代表作：《登幽州台歌》《感遇诗》38 首就是这样。

登幽州台歌

前不见古人，后不见来者。

念天地之悠悠，独怆然而涕下！

《新唐书》本传说："唐兴，文章承徐、庾余风，天下祖尚，子昂始变雅正。""子昂所论著，当世以为法。"在他的倡导下，文体文风开始发生重大变化，下启唐诗和古文兴起的新局面，陈子昂是促成这一重大转变的先驱人物。唐代人王适称他为"海内文宗"，是当之无愧的。

此后，唐诗的创作进入繁荣的阶段，出现了李白、杜甫这样伟大的诗人。

唐代中叶，诗坛很盛，李白（701—762 年），字太白，绵州昌隆（今四川省江油市）人。他一生浪迹天下，写下了不少游历名山大川的诗篇。742 年，李白 42 岁时，被召入长安，受到玄宗和朝臣的推重，诗名更盛。但三年的仕宦生活，使他接触了宦海的龌龊，同时也开阔了他写诗的意境。他的诗，善于以奔放的感情、丰富的想象、非凡的笔触，深深地使人感动。

李白，据李阳冰《草堂集序》所记述："李白，字太白，陇西成纪人，凉武昭王暠九世孙，蝉联珪组，世为显著。中叶非罪，谪居条支，易姓与名。然自穷蝉至舜，五世为庶，累世不大曜，亦可叹焉。神龙之始，逃归于蜀。"居绵州昌隆青廉乡。

李白自幼读书，成绩卓著。其《上安州裴长史书》自称："五岁诵六甲，十岁观百家，轩辕以来，颇得闻矣。"《新唐书》本传说他"十岁通诗书"，《唐才子传》称他"十岁通五经"。李白少时，好任侠，且喜纵横。魏颢撰《李翰林集序》，刘全白撰《唐故翰林学士李君碣记》，称其"少任侠"。《新唐书》本传也说他"喜纵横术，击剑为任侠，轻财重施"。从这些记载看来，李白自幼为学，便异于常人。此后交游，也多豪侠之士。开元十三年（725 年），李白出蜀，"仗剑去国，辞亲远游"。沿江而下，到达江陵，结识司马承祯，甚被赏识。从江陵东下，经历洞庭、庐山，到金陵，后抵扬州。在安陆与许圉师的孙女结婚，在湖北滞留许久。在此期间，李白与当时的一般宦游士子一样，曾经多次投书长吏，干谒求仕。其后又西入长安，小隐终南。谋官不成，复返安陆。开元二十二年，到襄阳，谒见荆州长史兼襄州刺史韩朝宗。数年之间，与洛阳、太原、东鲁等地的道士、隐士交游，远近闻名。

天宝元年（742 年），李白奉诏入京，于翰林院中待诏供奉。李白结束了漫游生涯，暂作宫廷侍从。此后未见重用，又遭谗毁，于是一年以后便上疏求去。天宝三载，又离京远游。远游之中，李白结识了杜甫和高适，三人曾经周游梁（今开封）、宋（今商丘）。同时，李白又从北海高天师，求仙学道。此间，李白前妻亡故，又再婚许氏，许氏亡后，又娶宗氏。这时身家多故，国家多事。李白一面求仙学道，一面企图为国建功。对于国家的安危，颇为关切，虽然仍事漫游，但已与过去有所不同。

天宝十四载，安史之乱，李白避居庐山。这时永王李璘出师东巡，邀李白入幕。至德二载，永王兵败被杀，李白被捕入狱。出狱之后，又被长流夜郎（今贵州桐梓附近）。乾元二年（759 年）于途中遇赦，乃沿江东还。至当涂，依李阳冰。宝应元年（762 年），病逝于当涂。

李白一生的政治抱负极大，但他的实际成就只在文学上，诗与杜甫并称。文名虽为诗名所掩，但有些文章，亦颇为世传诵。

李白一生所作诗文甚多，丧失亦多。在他生前，曾以所作嘱托王屋山人魏万（又名颢）编集。其后，他流放夜郎、遇赦而还之时，遇到江夏倩公，又曾将他“平生述作，罄其草而授之”。最后，李白将终之日，又托李阳冰编辑其集。李阳冰《草堂集序》有云：“阳冰试弦歌于当涂，心非所好，公遐不弃我，乘扁舟而相顾。临当挂冠，公又疾殛，草稿万卷，手集未修。枕上授简，俾予为序。”《新唐书·艺文志》著录《李太白草堂集二十卷》，称“李阳冰录”，当即根据李阳冰所编之本。李白的“千秋万岁”应此而得传。

杜甫称道他艺术上的巨大成就，说是“落笔惊风雨，诗成泣鬼神。”1000多年来，他一直有“诗仙”之称，是诗坛上的浪漫主义大师。他有诗集传世。《蜀道难》《将进酒》《梁甫吟》《梦游天姥吟留别》等是最为有名的篇章。

杜甫（712—770 年），字子美，原籍襄阳，后徙河南巩县。他博学典籍，有“读书破万卷”的经历。在安禄山叛乱的前后，他在长安亲眼看到唐统治集团的腐朽和叛军的残暴。后来又在逃难途中有较多的机会接触民众，了解他们在乱世的痛苦。他的诗写出了时代的现实，真挚地表现了他关心皇朝盛衰、民生疾苦的心情，被称为“诗史”。他是诗坛上现实主义的大师，对现实主义诗歌的发展有深刻的影响。他也有诗集传世。《新安吏》《潼关吏》《石壕吏》和《新婚别》《无家别》《垂老别》是尤为著名的诗篇。

在盛唐诗坛的群星之中，杜甫是与李白齐名的另一伟大诗人。

韩愈说：“李杜文章在，光焰万丈长。”表达了李白、杜甫在文学成就上所获得的崇敬。

韩愈（768—824年），字退之，河阳（今河南省孟州市）人。他的诗险怪严整，跟白居易诗的通俗易懂，适成对照。他雄健的笔力和富赡的才思，使他的诗具有很大的吸引力。

而文体的改革，后来经过韩愈、柳宗元的倡导，出现了很大的成就。

韩愈郡望昌黎（今属辽宁），故他又自称昌黎人，世称韩昌黎。

韩愈的高祖、曾祖、祖、父都做过朝官或地方官。但他“三岁而孤”，由其兄韩会抚养。韩愈在《与凤翔邢尚书书》中自言“生七岁而读书，十三而能文”，可能与韩会的抚育有关。父辈能文者有韩云卿，李白称他“文章盖世”。韩愈也说：“愈叔父当大历世，文辞独行中朝。”由此可见，韩愈既出生于官宦之家，又都以文章名世，这对于韩愈的成长大有影响。韩愈少时，韩会早死，韩愈随寡嫂颠沛流离，家道已中落。《祭郑夫人文》云：“就食江南，零丁孤苦。”韩愈20岁时，赴京师求官，又曾“穷不自存”。

韩愈到长安考进士，在《答崔立之书》中说：“仆始年十六时，未知人事，读圣人之书，以为人之仕者，皆为人耳，非有利乎己也。及年二十时，苦家贫，衣食不足，谋于所亲，然后知仕之不唯为人耳。乃来京师，见有举进士者，人多贵之。仆诚乐之，就求其术。”但此后举进士，三次落第，终于寄食于人。直到贞元八年（792年），韩愈25岁，始中进士。这次考试，由陆贽主考，梁肃、王础为佐，号称得人。“所与及第者，皆赫然有声”。除韩愈外，还有李观、李绛、崔群、欧阳詹、王涯、冯宿等，“皆天下之选”。韩愈此后又应吏部博学鸿词科考试，但前后三年，终于落选。此后，韩愈便上书宰辅，以求闻达。贞元十一年（795年）三月之内三次上书，竟无消息。于是离开京师，到地方为佐吏，先佐汴州，又佐徐州。直到贞元十八年（802年），韩愈才得国子监四门博士。贞元十九（803）年十月，又与柳宗元、刘禹锡等同为监察御史。

韩愈以书生而得官，立即上书言事，却不料《御史台上论天旱人饥状》一奏，即得罪“专政者”，贬为连州阳山令。十年谋官，两月即贬。“永贞革新”期间，韩愈正在贬所。永贞元年（805 年）八月，唐宪宗即位，韩愈遇赦，移官江陵，为法曹参军。元和元年（806 年），奉诏回长安，充国子博士。因避谤毁，求为分司东都，移官洛阳。又因“日与宦者为敌”，降职河南县令。韩愈这几年的贬官生涯，对于思想文章都有裨益。可惜贬官不久，又回长安。元和六年（811 年），迁为尚书职方员外郎，坐论柳涧，调为国子博士。元和八年，迁比部郎中，史馆修撰。元和十二年，因附议裴度用兵淮西，被任为行军司马，功成之后，迁刑部侍郎。元和十四年（819 年），正当唐宪宗妄图福田，迎接佛骨之时，他又上书直谏。《论佛骨表》一疏，引起唐宪宗震怒。一封朝奏，夕贬潮阳。一到贬所，他立即上表请罪，长庆元年（821 年）又返长安做官。由兵部侍郎转吏部侍郎、京兆尹。韩愈 20 年间，两次贬官，都由极谏。但贬官不久而又升官。晚岁定居长安，没有写出更好的文章。

韩愈故于长庆四年（824 年），终年 57 岁。

韩愈一生，积极求官，努力为文。求官不仅是为衣食，也是为了行道，为文也不仅是好古人之辞，而是为了明道。韩愈为人所行之道，及其为文所明之道，都可从他一生实践得到证明。概括起来，如下可谓：

第一，韩愈的“道”，主张“忧天下”，也是主张“兼济天下”，而不赞成“独善自养”，“独善其身”。可以看出，他虽然继承了儒家“兼济”的思想，却又有所不同，其实这在当时是相当积极的一种政治态度。《御史台上论天旱人饥状》是一篇体现韩愈行道的重要文章。

第二，韩愈之道也是主张国家统一、反对藩镇割据的。他反对藩镇割据，不仅因为自幼身经藩镇割据所造成的生活困苦，主要还是因为他看到了藩镇割据给国家造成的危害。

第三，韩愈的道又是关心社会现实、反对佛老的。在唐代，反对佛教虽不从韩愈始，但兼辟佛老，则为韩愈所为。一篇《原道》竟然提出“不塞不流，不止不行”，还要“人其人，火其书，庐其居”。这是十分激烈的主张。更激烈的言论还是他的《论佛骨表》。

第四，韩愈之道又是主张重视人才、选拔人才的。这又是韩愈为人行道的另一个突出的表现。《新唐书》本传说他“成就后进士，往往知名。经愈指授，皆称韩门弟子”。韩愈不但自己培养人才，也向别人推荐人才。《行难》一文反复说明选拔人才的重要。

在文以明道的信念之下，韩愈写了一系列出色的文章。这些文章的特点之一是“发言真率，无所畏避”，或“鲠言无所忌”，也就是敢于讲话，而且敢讲真话。这个特点是和他积极的政治态度分不开的。他的几篇奏疏都敢于揭发事实，敢说“群臣之所未言”的话。《御史台上论天旱人饥状》和《论淮西事宜状》都有这个特点。当然，最有代表性的文章还是《论佛骨表》。

韩愈的《师说》一文，也是一篇不同流俗的文章。柳宗元在《答韦中立书》中曾经说过：“今之世不闻有师，……独韩愈不顾流俗，犯笑侮，收召后学，作《师说》，因抗颜而为师。……愈以是得狂名。”又《报严厚与书》说：“仆才能勇敢不如韩退之，故不为人师。”由此可知，在那个时代，不顾流俗，不怕笑侮，抗颜而为师，是要有些勇气的；能够写出《师说》这样的文章，也是相当大胆的。韩愈文章的另一个特点是不仅真率大胆，而且慷慨激昂，忧愤甚广。他的《杂说》有云：“世有伯乐然后有千里马，千里马常有，而伯乐不常有，故虽有名马，只辱于奴隶人之手，骈死于槽枥之间，不以千里称也。”这就是对于人才不为世用所发的不平之论。

韩愈文章的又一特点，是不但真率、大胆、慷慨激昂，而且还写得自然随便、如话家常。这类文章和他的《原道》《原性》诸篇的面貌不同，不是坐而论道，而是促膝谈心，无所拘束，生动活泼。

韩愈为文的再一特点是突破传统写法。例如墓志铭这一文体，在韩愈笔下，便颇有新的特征，形式多样，甚至“一人一样”。与墓志近似的文体，还有哀祭之文。这类文字韩愈也有独创，不同寻常。例如《祭河南张员外文》，茅坤就评为“奇崛”。姚范以为“他人无此”。刘大櫆也说：“祭文退之独擅。”至于《祭十二郎文》，曾国藩虽然认为这类文章“究以用韵为宜”，但他又说：“韩公如神龙万变，无所不可。”

韩愈文章之别开生面者，还有送序一类。在唐代，送序之文是常见的文体，前辈作者如王勃、陈子昂、李白、任华，所为送序，都很出色。但从多数文章的写法看，大抵不出一种格式。先叙离情，后缀风景，情致物态，尚似六朝。林纾所谓“狃于六朝积习”者，即指此类。但到韩愈笔下，送序之文就多种多样了。韩愈有的送序之文几乎通篇议论，这是一个突出的特点。林纾曾说：“韩昌黎集中无史论，舍《原道》外，议论之文，多归入赠序与书中。”例如《送水陆运使韩侍御归所治序》，曾国藩就看作“条议时事之文”。

韩愈的几篇“游戏”之文，也是新体。同前代的俳谐文字比较，是有新的特点的。例如《毛颖传》就是一篇奇文，不可以寻常俳谐之作视之。柳宗元《答杨诲之书》云：“足下所持韩生《毛颖传》来，仆甚奇其书，恐世人非之，今作数百言，知前圣不必罪俳也。”

韩愈行文之超越前辈者，除了上述文体的独创之外，还有吐辞造语之精工，也是一个重要的方面。关于这一方面，前人和今人已经多所称道。例如《进学解》一篇之中就有“业精于勤”、“刮垢磨光”、“贪多务得”、“含英咀华”、“佶屈聱牙”、“同工异曲”、“动辄得咎”、“俱收并蓄”、“投闲置散”，等等，都已传为流行的成语；还有一些成语如“提要钩玄”、“焚膏继晷”、“闳中肆外”、“啼饥号寒”，等等，也是从这一篇的语句中凝缩而来的。自古以来，一篇文章之中能够选出如此大量的历代流传的成语，此文之外，恐不多见。韩愈文章之所以传诵不绝，之所以为一代所师法，历代之典范，其造语之精工，也是一个重要原因。这样的辞章造诣，在他前后，很少有人企及。

韩愈的文学成就主要在文，但他的诗亦很有特色，为一代大家，对后世的影响较大。诗就思想内容而言，韩愈为诗，亦如为文，对于国计民生，多所关切。如《龊龊》一诗，云：

秋阴欺白日，泥潦不少干。
河堤决东郡，老弱随惊湍。
天意固有属，谁能诘其端？
愿辱太守荐，得充谏诤官。
排云叫阊阖，披腹呈琅玕。
致君岂无术，自进诚独难。

这样的作品，与他的《御史台上论天旱人饥状》一文，思想倾向基本一致。这样的思想内容，与安史之乱前后元结、杜甫的某些作品，一脉相承。

但韩愈为诗的新特点，还不是表现于这类作品，而在于他那“以文为诗”的一些篇什。例如《山石》一诗发端有云：

山石荦确行径微，黄昏到寺蝙蝠飞。
升堂坐阶新雨足，芭蕉叶大支子肥。
僧言古壁佛画好，以火来照所见稀。
铺床拂席置羹饭，疏粝亦足饱我饥。
夜深静卧百虫绝，清月出岭光入扉。
……
人生如此自可乐，岂必局束为人鞿？
嗟哉吾党二三子，安得至老不更归！

又如《八月十五日夜赠张功曹》有云：

纤云四卷天无河，清风吹空月舒波。
沙平水息声影绝，一杯相属君当歌。
君歌声酸辞且苦，不能听终泪如雨。
……
君歌且休听我歌，我歌今与君殊科。
一年明月今宵多，人生由命非由他，有酒不饮奈明何！

对于这样的作品，前人多所评论，方东树《昭昧詹言》谓前篇乃“古文手笔”，后篇亦“古文笔法”。这样的“手笔”和“笔法”，和初唐、盛唐的前辈诗人相比，显然有不同者。因此，叶燮《原诗》认为“韩愈为唐诗之一大变”。所谓“大变”，正是韩愈之诗新的特点。

韩愈、柳宗元是伟大的散文作家。他们对两晋以来那种用美丽词句、典故和成语堆砌起来的骈体文，予以沉重的打击，夺取了它们的阵地。韩愈大力发展古代散文的优良传统，首先要求有充实的内容，同时强调独创，反对因袭，强调“捶字坚而难移”，“文从字顺各识职”。他的作品，如长江大河，浩瀚、曲折而明畅。《师说》《原毁》《讳辩》《进学解》《论佛骨表》《祭十二郎文》等，都是有名的代表作。他有《昌黎集》传世。

柳宗元（773—819年），字子厚，河东（今山西省永济市）人。他在文体改革运动中的地位仅次于韩愈。他的散文长于理论上的阐述。而山水游记，清新精美，于曲尽物态的同时，流露着作者沉郁的心情。他有《河东集》传世。

韩愈、柳宗元提倡的新文体，比起骈体文来，大大接近于口语，成为记事、表情、达意的重要武器，对文学和文化的发展有多方面的深远影响。在唐初已出现的传奇，是以奇异故事，主要以爱情故事为内容的作品。自新文体盛行以后，传奇就兴盛起来，在《太平广记》一书里，保存了大量的这种作品。李朝威的《柳毅传》、蒋防的《霍小玉传》、白行简的《李娃传》、元稹的《莺莺传》，都是有名的代表作，而《莺莺传》更成为后来文学作品广泛使用的题材。唐代僧人为了宣扬佛法，向群众宣讲佛经中的神奇故事，叫作变文。当时的民间艺人，也用变文的形式来讲民间传说和历史故事。变文，是改变原来情节的意思，有如后来的“演义”。有的学者认为，以采取通俗语言为特点的变文的出现，也是受到韩柳新文体活动压力的结果。传奇和变文，从文艺形式的发展上看，是后来的话本、讲史、戏曲、小说等的先驱。

韩愈、柳宗元。在散文创作的实践和宣传中，是重要的伙伴，但在哲学上是有分歧的。韩愈在佛教大为盛行的时候，站出来反对奉迎佛骨等迷信举动，进行反对佛道的宣传。但是韩愈的哲学思想是唯心主义的，他首先提出道统的观点，强调对儒家思想的维护，以儒家的“仁”、“义”进行说教。他也相信天命论，认为封建统治是天命所归，是符合天的意志的。柳宗元的哲学思想是唯物的。他认为宇宙是由运动着的元气构成的。而天地、元气等，都是自然生成的，并不是什么神秘之物。他认为人类从最初不能自奉自卫，到能够假物以为用，最后又出现了君长刑政，这都是由势所决定的。由此可以看出，柳宗元是以发展的观点来看待历史的。他这种思想，在当时是很进步的。

柳宗元，祖籍河东解县（今山西永济），故人称“柳河东”。

柳宗元，唐代宗大历八年出生于长安（今陕西西安市）。曾祖和祖父都做过县令，父柳镇历任地方官职，贞元中为殿中侍御史，曾因触犯窦参而被贬，为人号称廉直。柳宗元随父到过安徽、河南、湖南、湖北等地，经历过河北诸镇和李怀光等的叛乱。在动乱的年代，他开始立志学习，在后来写的《答贡士元公瑾论仕进书》中说：“始仆之志学也，甚自尊大，颇慕古之大有为者。”

贞元九年（793年），21岁的柳宗元考中进士。贞元十四年（798年），又中博学鸿词科，授集贤殿正字。与韩愈相比，柳宗元仕途可称顺利。但他对自己要求甚高，并不自满。因为他志在“远大”，所以对于科举的得失不很在意。正如他在《上大理崔大卿应制举不敏启》中说：“举甲乙，历科第，固为末而已矣，得之不加荣，丧之不加忧，苟成其名，于远大者何补焉？”

贞元十九年（803年），柳宗元调任监察御史里行，与韩愈、刘禹锡等同官，这时结识了王叔文。贞元二十一年（805年）正月，唐顺宗即位，改元永贞，王叔文等当权，柳宗元任礼部员外郎，参与革新活动。唐顺宗不久逊位，改革失去了最高统治者的支持，是注定要失败的。果然，唐宪宗八月即位之后，王叔文等便相继被贬。柳宗元也一贬再贬，初贬邵州刺史，未及到任，又加贬永州司马。这是柳宗元根本不曾想到的。遭贬之后，柳宗元处境十分险恶，从此发愤著书为文，不再求仕进，这在《寄京兆许孟容书》中也曾见到。穷愁著书，本是历代文人的一个传统。柳宗元既不得志，于是也要著书以贻后世。又在《与李翰林建书》中说：“仆近求得经史诸子数百卷，常候战悸稍定，时即伏读，颇见圣人用心贤士君子立志之分。著书亦数十篇，心病，言少次第，不足远寄，但用自释。”一面读书，一面著述，《非国语》诸作，大概就是在这样的心境之下写出来的。

元和十年（815年）时，柳宗元与同时遭贬诸人被召回到京师，但不久又出为柳州刺史。

柳宗元为柳州刺史时，虽然仍属远谪，但比司马官职高，这时可以做些分内可行之事，尽管不得大“兴尧舜孔子之道”，而变革“土俗”，改易“乡法”，使贫人儿女免为奴婢，也是稍遂其“辅时及物”之志了。与此同时，他也曾希望有人给他援助。元和十三年（818年），李夷简为御史大夫，进门下侍郎，同中书门下平章事。柳宗元以为其人可托，曾有《上门下李夷简相公书》说：“及今阁下以仁义正直人居相位，宗元实拊心自庆，以为获其所望，故敢致其辞以声其哀。若又舍而不顾，则知沉埋踣毙无复振矣。”这大概是柳宗元最后一次向人求援了。此书最后又说：

“生死通塞，决在此举。”果然，此后不久，元和十四年（819 年）十月，柳宗元卒于柳州。

柳宗元文章著作之成就，主要得力于贬斥之时。处于贬斥的地位，不仅可以发愤读书，而且可以懂得更多的人情世故，对历史对现实都可以有更深的认识和了解。柳宗元文章的深度也就由此得来。韩愈和刘禹锡说柳宗元之文“深博无涯涘”，“雄深雅健，似司马子长”，是看出了柳文的深度的。

柳宗元文章之最有特色者大概可分两类：一为论说杂文，一为讽喻杂文。

杂文的代表作品是《贞符》和《封建论》。《贞符》动笔于被贬之前，写成于既贬之后。贬前贬后写这样的文章都是不合时宜的。被贬之后向天子献上这样的文字，尤其不识时务。当时唐宪宗初继帝位，识时务者应该歌颂当今，而不要上论前代。柳宗元则是从上古说起，驳斥了前人关于帝王受命于天的言论。这是柳宗元一篇文以明道的典型作品。在他看来，这里所说的，都是本之六经的孔子之道。文章内容的特点和传统的符命之说相反，驳斥了董仲舒以来的许多天人感应的说教。这样的文章是有见解的，不但超过了前代的董仲舒等，也不同于当代的魏徵诸人。与同辈的韩愈相比，更为独特。在他以后，这样的文章也就无人再写，可以说是一篇空前绝后的文字。

柳宗元另一篇重要的论说文章是《封建论》。这也是一篇推原“圣人之意”的明道之文。这篇文章的一个基本论点是“封建非圣人意”。《贞符》和《封建论》，是柳宗元论说文章两种类型的代表作品，这两篇之外，与《贞符》思想倾向一致的文章尚有《天说》《禮说》和《非国语》中的一些片断以及《永州龙兴寺息壤记》等，这些文章都论证古今，学究天人，敢破传统，独立不惑。与《封建论》思想倾向一致的文章还有《六逆论》《晋文公问守原议》《伊尹五就桀赞》《梁丘据赞》以及《非国语》中的另一些篇章。这些文章也是论证古今，破传统之见，且针对时弊，不为空谈。

柳宗元的讽喻杂文所包甚广。一类是杂说、杂感，有的近似寓言、小品。这类文章为世传诵者有《三戒》《捕蛇者说》。此外，还有《敌戒》《鞭贾》《吏商》《谪龙说》《复吴子松说》《罴说》《观八骏图说》等。《鞭贾》近似寓言，其文谓鬻鞭者以高价欺人，富家子以高价受欺。这样的文章不仅讽刺了当朝执政的公卿，而且触及了最高统治者。中唐以前少有这样的文字，旁敲侧击，实开晚唐小品之先例。

另一类是骚体杂文，这是杂说杂感之外别具特色的作品。骚体杂文在柳宗元的全部文章里占有相当的比重，这是与他身遭贬逐不屈其志、一寓于文颇有关系的。柳宗元这部分文章也被后人看作“变骚”或“续楚辞”，以为与续骚之文同列，现在看来，这类骚体杂文还可分为两组：一为赋体之文，一为文体之赋。柳宗元主张“兴西汉之文章”，他在这里确实继承了西汉这类文章的传统。当然，柳宗元这类文章都有新的特色，与后人所谓“文必西汉”者不同。

柳宗元的赋体之文的代表作品有《瓶赋》《牛赋》《惩咎赋》《囚山赋》等。《牛赋》是一篇短制，其文虽名咏物之赋，实为讽喻之文。写牛的一生，毫不利己，专门利人，与羸驴对比，一则有功无赏，一则不劳而获。前人论文，以为本篇与《瓶赋》皆有所托，或谓为王叔文而发，或以为自喻之辞。这样的文章寓意是比较深广的，可能有感而言，不必为一人一事而发。

柳宗元的文体之赋的代表作品有《乞巧文》《骂尸虫文》《斩曲几文》《憎王孙文》，以及《吊苌弘文》《吊屈原文》《吊乐毅文》等。这些作品名虽为文，实皆赋体。柳宗元之文最为世间传诵者是几篇山水游记。但在柳宗元笔下，山水游记，实亦骚体。山水游记中最著称的，是“永州八记”。这几篇作品尤其带有骚体的特点。游记而带骚体，这是柳宗元文章的新特征，与前代的模山范水之文有所不同。例如《水经注》一书，固然是集山水记之大成的著作，但其中有关山水的刻画，都是一些片段，不是独立的篇章。柳宗元虽然有时也发表观感，却与永州诸记不同。永州诸记不仅独立成篇，而且多写骚人的感受。柳宗元于论说杂文和骚体杂文之外，还写过一些传记，这也是同他欲“兴西汉之文章”有关系的。

跟韩愈同时的柳宗元、刘禹锡都是诗人，但风格不同，而韩愈、柳宗元的诗，又为他们自己在文坛上的盛誉所掩。

刘禹锡的哲学思想，跟柳宗元接近。他在《天论》一文中探讨了天人关系，认为天和人都有自己的能和不能，天能生万物，人能治万物，天与人的关系是“交相胜”、“还相用”的关系。刘禹锡有《刘宾客集》

传世。

刘禹锡（772—842年，字梦得，祖籍洛阳，曾任监察御史，唐代中晚期著名诗人，有“诗豪”之称，他的家庭是一个世代以儒学相传的书香门第）称柳宗元的文章“雄深雅健，似司马子长”。柳宗元文章具有两大特征：一是立论新颖，打破传统；一是牢骚太盛，出言多讽。这两大特征，也是其人的个性特征。

柳宗元在文学上的成就，与韩愈相似，主要在文；但他作为诗人，也是一代名家。柳宗元的诗风，亦如其文，多骚人之气，迁客之音。

看《登柳州城楼寄漳、汀、连、封四州刺史》一诗，云：

城上高楼接大荒，海天愁思正茫茫。
惊风乱飐芙蓉水，密雨斜侵薜荔墙。
远树重遮千里目，江流曲似九回肠。
共来百越文身地，犹自音书滞一乡。

这是柳宗元贬居柳州的一篇名作。对于此诗，前人评论甚多。严羽《沧浪诗话》云：“深得骚学。”

再看《别舍弟宗一》，诗云：

零落残魂倍黯然，双重别泪越江边。
一身去国六千里，万死投荒十二年。
桂岭瘴来云似墨，洞庭春尽水如天。
欲知此后相思梦，长在荆门郢树烟。

这也是柳宗元的一首名篇。所言“去国”、“投荒”，自是迁客骚人的遭遇；“荆门郢树”，犹多楚人怀土之思。手足分离之际，满腔忧愤，倾泻无余。凄清孤寂之感，是表达得淋漓尽致的。

柳宗元还有一些小诗，如《江雪》，所抒孤寂之情，尤为深至。此诗云：

千山鸟飞绝，万径人踪灭。

孤舟蓑笠翁，独钓寒江雪。

短短四句，孤寂、凄冷，诗人的身、心、处境，尽在其中。

这一时期的著名诗人还有：

孟郊（约751—814年，现存诗歌500多首，以短篇的五言古诗最多，代表作有《游子吟》。元和九年因病去世）、卢仝（约795—835年，范阳，今河北涿州市人，生于河南济源市武山镇，今思礼村，是韩孟诗派重要人物之一）、贾岛（779—843年，范阳，今河北省涿州市人。早年出家为僧，号无本，自号“碣石山人”。据说在洛阳作诗发牢骚，被韩愈发现，后受教于韩愈，并还俗参加科举，但累举不中第）、李贺（790—816年，河南福昌人。字长吉，世称李长吉、鬼才、诗鬼等，与李白、李商隐三人并称唐代“三李”，一生愁苦多病，做过3年从九品微官奉礼郎，是中唐浪漫主义诗人的代表，又是中唐到晚唐诗风转变期的重要人物，代表作有《高轩过》《雁门太守行》《罗浮山人与葛篇》等）等有名诗人，都走着同一的创作道路，成为诗坛上另一个流派。

在唐代中叶后期，韩愈和白居易是风格迥然不同的两个大诗人。

白居易（772—846年），原籍太原，后徙居下邽（今陕西省渭南县）。他是跨唐代中叶和后叶的人，但他的主要诗篇多写于中叶。他的作品特点，一是通俗易懂，一是明显的现实主义精神。他发展了杜甫现实主义的传统，写了大量的讽喻诗，善于用典型的事例，揭露官场的腐败和人民的困苦。他的许多诗，也都有诗史的特点，可以补史书的不足，他的《新乐府》50首、《秦中吟》10首，更是有丰富的现实内容的组诗。他的两篇叙事长诗《长恨歌》和《琵琶行》，在艺术上造诣很高，得到广泛的流传。他有《白氏长庆集》传世。

著名诗人元稹（779—831年，字微之，别字威明，洛阳人，今河南洛阳，早年和白居易共同提倡“新乐府”。世人常把他和白居易并称“元白”。作有传奇《莺莺传》，又名《会真记》，为后来《西厢记》故事所由。有《元氏长庆集》60卷，补遗6卷，存诗830多首，收录诗赋、诏册、铭诔、论议等共100卷）、王建（约767—830年，字仲初，颍川，今河南许昌人，王建一生沉沦下僚，生活贫困，了解人民疾苦，写出大量优秀的乐府诗。他的乐府诗与张籍齐名，世称“张王乐府”。其诗题材广泛，生活气息浓厚，思想深刻，爱憎分明。如《十五夜望月》《田家行》《簇蚕辞》《当窗织》《织锦曲》《促刺词》《去妇》《水夫谣》《海人谣》等，反映了劳动人民备受残酷剥削压迫的痛苦生活，特别对劳动妇女的悲惨境遇深表同情；《羽林行》《射虎行》等，揭露了君主荒淫、权豪凶横和藩镇混战等黑暗的社会现实），都跟白居易走着同样的创作道路，成为诗坛上的一个流派。

4. 颜真卿的书法

唐代书法家辈出，颜真卿的书法，对后来的影响较大。颜真卿（708—785 年），字清臣，京兆万年人。他写的正楷，端庄雄伟，气势开张，开创了新的风格，后人称“颜体”为书法正宗。

颜真卿，祖籍琅琊临沂（今山东临沂）。开元二十二年（734 年）中进士，登甲科，曾 4 次被任命为监察御史，迁殿中侍御史。因受杨国忠的排斥，被贬黜到平原（今属山东）任太守，人称颜平原。唐肃宗时，至凤翔授宪部尚书，迁御史大夫。代宗时官至吏部尚书、太子太师，封鲁郡公，人称“颜鲁公”。建中四年（783 年）遭宰相卢杞陷害，被遣往叛将李希烈部晓谕，后为李缢杀。

颜真卿为琅琊氏后裔，家学渊博，六世祖颜之推是北齐著名学者，著有《颜氏家训》。颜真卿少时家贫缺纸笔，用笔蘸黄土水在墙上练字。初学褚遂良，后师从张旭得笔法，又汲取初唐四家特点，兼收篆隶和北魏笔意，完成了雄健、宽博的颜体楷书的创作，树立了唐代的楷书典范。颜真卿的“颜体”，与柳公权并称“颜柳”，有“颜筋柳骨”之誉。

欧阳修曾曰：“颜公书如忠臣烈士，道德君子，其端严尊重，人初见而畏之，然愈久而愈可爱也。其见宝于世者有必多，然虽多而不厌也。”

朱长文赞其书：“点如坠石，画如夏云，钩如屈金，戈如发弩，纵横有象，低昂有志，自羲、献以来，未有如公者也。”颜体书对后世书法艺术的发展产生了深远影响，唐以后很多名家，都从颜真卿变法成功中汲取经验，尤其是行草，唐以后一些名家在学习二王的基础之上再学习颜真卿而建立起自己的风格。

苏轼曾云：“诗至于杜子美，文至于韩退之，画至于吴道子，书至于颜鲁公，而古今之变，天下之能事尽矣。”

第十讲　唐皇朝的没落

1. 唐朝的名实俱亡

820 年至 907 年，是唐的晚期，是它的没落时期。在这 87 年中，朝廷上宦官当权，朝臣结为朋党，朝臣与宦官之间有勾结，有斗争。地方上藩镇割据、藩镇内部不断斗争。接着，是大规模的农民起义、宦官势力和藩镇势力的新膨胀。最后是皇朝的名实俱亡。

2. 皇朝统治进一步腐朽

唐晚期的朝廷大权，主要操在宦官手里。自唐宪宗被宦官杀害后，唐朝先后在位的有穆宗、敬宗等八个皇帝，其中除敬宗外，都是宦官拥立的。敬宗未被宦官拥立，却是被宦官害死的。宦官每拥立一个新皇帝的时候，总要废去或杀掉原定的嗣君，罢免、杀掉一些朝臣，杀掉一些对立的宦官。宦官内部也有矛盾，但无论哪些宦官得势，总是要争夺权力的。自唐中叶以后，宦官掌握了禁军的军权，形成了在宫内的特殊势力。他们还有一套愚弄皇帝的办法，使皇帝沉溺在财货、声色、打猎、踢球等爱好里，不看书，不接近有见识的朝臣，不懂外事，以便于把皇帝牢牢地掌握在自己的手里。

宦官权力的发展必然是对朝臣权力的排挤。朝臣不甘心依附宦官，就会采取对抗。831 年，宰相宋申锡谋诛宦官王守澄等，事机不密，被贬到地方上去做官。835 年，朝臣李训、郑注谋杀宦官仇士良等，也因泄露机密，被仇士良所杀，还株连数千人被害。854 年，宰相令狐绹密奏抑制宦官权力的计划，为宦官发觉了，引起他们对朝臣更大的仇视。朝臣反对宦官活动的每一次失败，就是宦官势焰的又一次增长，同时也是皇朝统治又进一步的腐朽。

3. 唐的统治在加速没落

唐晚期的朝臣朋党之争，主要是牛李党争，这是以牛僧孺、李宗闵为首的一派和以李德裕为首的另一派之间的斗争。先是李德裕以私憾排挤李宗闵，后来李宗闵和牛僧孺就依附宦官跟李德裕作对。829 年，李德裕被推荐做宰相，因李宗闵的阻挠而出任节度使。833 年，李德裕任宰相，也只做了一年多点即遭到贬逐。840 年至 846 年，李德裕再任宰相，很得武宗的信任。他辅佐武宗，解除了回纥个别部落对西北地区的侵扰，平定了昭义镇的叛乱，削弱了宦官对一些军事行动的直接干涉，拆毁、禁闭了大量的佛寺和道、景、祆、摩尼等教的寺院，裁减了地方上的冗官。武宗时，朝廷上颇有振作气象，这是跟李德裕的政治、军事才能分不开的。武宗死后，宣宗一反武宗所为，重用牛党。李德裕罢相，一连遭到四次贬官，849 年死于崖州（今广东省琼山市）。李德裕一派完全失败了，唐的统治在加速没落。

4. 一代名相李德裕

李德裕（787—850 年）字文饶，赵郡（治今河北赵县）人。出身于山东世家大族，其宗族“冠内廷者两代，袭侯伯者六朝”。祖父李栖筠，唐德宗朝官至御史大夫。父吉甫，唐宪宗朝两任宰相，极力支持唐宪宗削藩，封赵国公，赠官司空，谥曰忠懿。

李德裕从小就胸怀大志，苦心攻读经史，尤其精通《汉书》和《左氏春秋》。他聪敏过人，很受唐宪宗喜爱。一次宰相武元衡问他在家喜欢读什么书，他却缄默不言。李吉甫知道此事后，责问他为何不回答，他却振振有词地说："武公身为宰相，不问理国家调阴阳，而问所嗜书，其言不当，所以不应。"大家听后，无不称好。

李德裕写得好文章，但却不乐意参加科举考试。父亲劝他应试，他却说："好骡马不入行。"似不屑与士子同流。后来遂以门荫入仕，补官校书郎。当时因父任宰辅，为了避嫌，他不在台省任职，几次被辟为诸府幕僚。元和十一年（816 年），张弘靖罢相出镇太原，辟李德裕为掌书记。三年之后，李德裕又随张弘靖入朝，任监察御史。

元和十五年（820 年），唐穆宗即位后，李德裕被召入翰林院充学士，朝廷的诏制典册，大多出自他的手笔。在思政殿召对时，被赐以金紫之服，不久改任屯田员外郎。

唐穆宗不持政道，亲戚多所请托，干涉朝政。长庆元年（821 年）正月，李德裕上疏说：过去规定，驸马不与朝廷要官相来往，玄宗开元年间禁止尤严。近日驸马常至宰相与要官私第，有时泄露机密，交结内外，这是很大的弊病。"伏乞宣示宰臣，其驸马诸亲，今后公事即于中书见宰相，请不令诣私第。"李德裕的上疏切中时弊，得到了穆宗的赞同。不久，李德裕转任考功郎中、知制诰。翌年二月，转中书舍人，依然兼任学士。当时，钱徽知贡举，中书舍人李宗闵私自以女婿苏巢相请托，西川节度使段文昌告发选举不公。穆宗向诸学士询问有关情况，李德裕等人回答说："诚如文昌言。"于是唐穆宗下令复试，贬钱徽为江州刺史，李宗闵也由此被贬为剑州刺史。早在元和初年对策时，牛僧孺与李宗闵抨击时政，已与李德裕父子结下私怨，至此，结怨愈深，"更相倾轧，垂四十年"。这时李德裕已很有名气，与牛僧孺都有入相的希望。但宰相李逢吉不喜欢李德裕，长庆二年（822 年）九月，将李德裕出为浙西观察使，并引荐牛僧孺做了宰相。

长庆四年（824）正月，唐穆宗病故，子李湛即位，是为唐敬宗。唐敬宗年少，却奢侈无度，虽曾敕令各地不准贡献，但时过不久，派往各地征收贡品的使者却络绎不绝。

李德裕虽身在浙西，却十分关心朝政，遂于宝历元年（825 年）二月，献《丹扆六箴》。箴在古代是一种文体名，专以规诫为主题。他以《丹扆六箴》讽谏唐敬宗，一是《宵衣箴》，说古代帝王勤于听政，天未亮即等待上朝，以讽谏唐敬宗上朝晚而少。二是《正服箴》，说圣人做服装，足以效法，虽是游宴，也服装严整，以讽喻唐敬宗服御不合常法。三是《罢献箴》，借用汉文帝拒收千里马的故事，以讽谏唐敬宗征求珍玩，奢侈无度。四是《纳诲箴》，以古代帝王“从善如流，乃能成功”为例，劝唐敬宗要嘉纳忠言。五是《辨邪箴》，劝唐敬宗不要被谄奸蒙蔽聪明，要善于辨别忠奸。六是《防微箴》，劝唐敬宗要防微杜渐。

李德裕的《丹扆六箴》使唐敬宗深受感动，他亲笔作诏书，称赞李德裕“三复规谏，累文称嗟。置之座隅，用比韦弦之益；铭诸心腑，何啻药石之功？卿既以投诚，朕每怀开谏。苟有过举，无忘密陈。”对李德裕的两次上疏及《丹扆六箴》作了高度的评价。

太和三年（829年）八月，李德裕被召至京城，任兵部尚书。四朝元老裴度很欣赏他的才干，举荐他做宰相，但吏部侍郎李宗闵因得宦官的内助，却抢先做了宰相，他感到李德裕在朝做官威胁着自己的政治地位，又引荐牛僧孺为相，共同排斥李德裕，将他出为义成节度使。翌年十月，又转任西川节度使。

西川节度使驻成都（今属四川）。在李德裕来此之前，这里刚刚遭到一次战争的洗劫。李德裕到任后，便立即着手收拾残局，医治战争创伤。

李德裕在西川的政绩卓著，于太和六年（832年）十月，再次入为兵部尚书。李宗闵见唐文宗亲信李德裕，唯恐他做了宰相，竭力阻止。但在翌年二月，李德裕仍以本官同平章事，进封赞皇县伯，食封700户。这时，朝中党争激烈，李宗闵、杨虞卿等结为朋党，干扰朝政，唐文宗甚是厌恶，曾和李德裕议论朋党一事，他回答说：“方今朝士三分之一为朋党。”不久，唐文宗将给事中杨虞卿、中书舍人张元夫分别贬为州刺史，再次与大臣议论朋党事。李宗闵却做贼心虚地说：“臣素知之，故虞卿辈臣皆不与美官。”李德裕立即反唇相讥，说：“给（事中）、舍（中书舍人）非美官而何！”李宗闵无言以对，十分窘迫。不久，李宗闵被出为山南西道节度使，由李德裕代为中书侍郎、集贤殿大学士。

太和八年（834年），唐文宗患病，郑注通过宦官王守澄向唐文宗献药，受到亲重；郑注又引荐李训给唐文宗讲《周易》，颇中唐文宗心意。八月，唐文宗要授任李训为谏官，置于翰林院。李德裕认为李训是奸邪小人，表示坚决反对；当唐文宗要宰相王涯改授他官时，李德裕又摇手制止，唐文宗很不满意。王守澄、郑注也怨恨李德裕，于是召回李宗闵辅政。同年十一月，李德裕被罢为镇海节度使，后又转任浙西观察使。开成二年（837年），授扬州大都督府长史，淮南节度副大使知节度使事。

开成五年（840年）初，唐武宗即位。九月，淮南节度使李德裕入为门下侍郎、同平章事。

唐武宗即位之初，屡次出猎游幸，至深夜方还宫，不理朝政。李德裕上疏规谏说："人君动法于日，故出而视朝，入而燕息。传曰：'君就房有常节。'惟深察古谊，毋继以夜。侧闻五星失度，恐天以是勤勤儆戒。诗曰：'敬天之渝，不敢驰驱。'愿节田游，承天意。"不久，唐武宗册拜李德裕为司空。同年四月，李德裕奏请改撰《宪宗实录》。在修改过程中，史官郑亚根据李德裕的意思，削除了李吉甫在元和年间不善的事迹，招致了人们的非议。早在开成年间，回鹘曾被黠戛斯打败，此后，他们分散在各地。八月，回鹘中的一支嗢没斯部脱离了乌介可汗，前来天德军塞下请求内附。天德军使田牟贪求边功，想乘势出击，朝臣也多赞成，李德裕则竭力反对。他认为回鹘平定安史之乱有功，这次嗢没斯率部下来降，秋毫无犯，应予以安抚。即使需要出击的话，天德军兵力不足，一旦交战失利，城池必然陷落。如果他们骚扰边境，即可调动各道兵马讨伐。于是朝廷采纳了李德裕的建议，赐给嗢没斯部粮食2万斛。

会昌二年（842年），五月，回鹘乌介可汗公然向唐皇朝提出了索取粮食、牛羊，并要执送嗢没斯等无理要求，遭到拒绝。此后，又不听唐朝的警告，一再到边境抄掠。八月，又越过杷头峰（今包头附近），进犯大同、云州等地。牛僧孺等主张"固守关防，伺其可击则用兵"。李德裕详细地分析了回鹘的情况，说："以回鹘所恃者嗢没、赤心耳，今已离散，其强弱之势可见。戎人犷悍，不顾成败，以失二将，乘忿入侵，出师急击，破之必矣。守险示弱，虏无由退。击之为便。"唐武宗赞同李德裕的主张。于是分别调集许、蔡、汴、滑等6镇兵马增援；以刘沔为回鹘南面招讨使，张仲武为东面招讨使，李思忠为西面招讨使，诸路军马在太原会师。会昌三年（843年）正月，乌介可汗率兵进犯振武，李德裕亲自为刘沔制定了奇袭乌介可汗、夺回唐公主的策略。刘沔按照李德裕的战略部署进兵，他先以麟州刺史石雄、都知兵马使王逢率3000骑兵为先锋，自己率大军继后。石雄率军到了振武，晚上开地道出城，出其不意地袭击了乌介可汗牙帐。乌介可汗措手不及，身受重伤，只率百余骑仓皇出逃。回鹘兵因失去主帅，乱成一窝蜂。刘沔又率大军赶到，在杀胡山大破回鹘军，“降其部落二万余人”，并向朝廷奏捷。这次对回鹘的反击战，取得了重大的胜利，基本上解除了威胁。

会昌元年（841 年）九月，卢龙军乱，陈行泰杀节度使史元忠，自主留后，遣监军傔以军中大将名义上表朝廷求节钺。李德裕采取了正确的策略，很快地平定了卢龙军乱。

在平定了卢龙军乱不久，又发生了昭义镇对抗朝廷的事件。会昌三年（843 年）四月，昭义节度使刘从谏病死，其侄刘稹欲仿效河朔三镇惯例，要求袭任节度使职务。当时反击回鹘侵扰的战事刚刚结束，在唐武宗与宰相讨论此事时，宰相多认为回鹘余烬未尽，边境还要加强警备，再讨伐泽、潞，恐怕国力难以支持，主张同意刘稹的请求。谏官和群臣也都表示赞成。李德裕则力排众议，坚决主张讨伐。

李德裕在讨伐昭义镇的过程中，善于听部下的建议。听取了镇州奏事官高迪的意见，曾有效地对付了叛军的“偷兵术”，并令镇、魏兵“进营据其要害”；听取了刘稹心腹、降将高文端的合围泽州、断绝固镇寨水道和招降洺州守将王钊的建议，都取得了成功。他排除了重重障碍，加快了讨叛的进度。邢、洺、磁三州先后投降。刘稹的部将郭谊、王协见势不妙，遂谋杀了刘稹，投降唐军以赎罪。李德裕识破了郭谊等人的策略，认为刘稹年幼无知，昭义镇之所以敢对抗朝廷，郭谊等人是罪魁祸首，加罪惩恶。唐武宗赞同他的意见，命石雄进入潞州，将正在等待朝廷授予节钺的郭谊、王协等祸首，械送京城。李德裕深谋，发纵指示，历时 1 年 4 个月的讨伐昭义镇的战争胜利结束了。唐武宗因李德裕劳苦功高，进封太尉、卫国公，加食邑 1000 户。李德裕一再上表推辞，唐武宗说：“恨无官赏卿耳！卿若不应得，朕必不与卿。”

李德裕赞助唐武宗反击回鹘和讨伐叛镇都取得了成功，但又担心唐武宗会由此穷兵黩武，不能戢止。因此他上奏唐武宗，援引了曹操于官渡，不追奔，“自谓所获已多，恐伤威重”；养由基善射，“不如少息，若弓拔矢钩，前功皆弃”的典故，劝武宗“征伐无不得所欲，愿以兵为戒，乃可保成功”。唐武宗听了，“嘉纳其言”。十二月，唐武宗曾与宰相议论选举，唐武宗认为抑制公卿子弟不宜过分，李德裕说：“臣无名第，不合言进士之非。然臣祖天宝末以仕进无他伎，勉强随计，一举登第。自后不于私家置《文选》，盖恶其祖尚浮华，不根艺实。”

李德裕还主张朝廷显官须是公卿子弟，因为他们从小熟悉朝廷仪范、班行准则，而寒士本不熟悉，“则子弟成名，不可轻矣”。他看到进士和考官关系密切，恐怕由此会导致进士只考虑考官的私惠，忘记了国家教化的恩德，又可能“树党背公”，朋比勾结。因此他奏请武宗，进士及第后只允许一次参见有司，以后不得“聚集参谒”，不许去私第设宴，并请求罢去耗费很大的曲江大会。

唐武宗崇道反佛，道士赵归真很受武宗亲信，谏官担心他干扰朝政，纷纷上疏规谏，李德裕也同样劝谏唐武宗，禁止赵归真出入禁中，唐武宗不以为然。“小人见势利所在，则奔趣之，如夜蛾之投烛。闻旬日以来，归真之门，车马辐辏。愿陛下深戒之！”李德裕进而劝谏。在对待道士赵归真的问题上，君臣意见不一，但在反佛教的问题上，君臣的意见一致。

李德裕一贯反对佛教的蠹政害民，早在长庆四年（824 年）十二月，就极力反对滥度人口为僧尼。

到了会昌年间，李德裕位居宰辅，备受唐武宗亲重，因此，君臣协力，大力禁断佛教。李德裕辅政不久，就逐渐开始了禁佛。从会昌元年，因李德裕等人的奏请，先后沙汰了部分僧尼，拆毁了天下小寺山房、兰若等，对僧尼的一些活动也进行种种限制。会昌二年，曾下令发遣“保外无名僧”，不许置“童子沙弥”，并令原是“杂工巧”和不修戒行的僧尼还俗；同时，还下令不许僧尼无限制地占有奴婢，规定僧限留奴一人，尼留婢二人。会昌三年，废除了摩尼寺，杀摩尼师，财产没入官府。会昌四年，下令各寺院禁供奉佛牙，并拆毁天下山房、兰若、普通佛堂和村邑斋堂，凡所拆毁寺院的僧尼一律勒令还俗，送归原籍，等等。

全面禁断佛教则是在会昌五年（845 年）。是年三月，敕令不许天下寺院私置庄田，并下令调查天下寺院奴婢和财产的占有情况。从四月起，下令凡 50 岁以下的僧尼不论有无官照，都勒令还俗，并遣送原籍。七月，下令并省天下佛寺，大力沙汰僧尼。在全国范围内展开了大刀阔斧的毁佛运动。是年八月，武宗颁发诏书，陈述了佛教的弊病，并高度评价了李德裕及中书门下的奏议，诏书说：“中外诸臣，协予至意，条疏至当，宜从所请。诚惩千古之蠹源，成百王之法典，济物利众，予不让焉。”会昌禁佛取得了很大的成绩。李德裕在《贺废毁诸寺德音》中说：“还俗僧尼并奴婢为两税户共约四十一万人，得良田数千（十）万顷。其僧隶主客，大秦穆祆二千余人，并令还俗。”

会昌禁佛是继北魏太武帝、北周武帝之后对佛教的又一次沉重打击。后来长芦颐师写诗哀叹：“天生三武祸吾宗，释子还家塔寺空。”它沉重地打击了日益盛行的寺院经济，解放了劳动力，也符合人民的愿望。当毁佛的诏令一下，天下闻风而动，派出的“御史乘驿未出关，天下寺及屋基耕而刓之”。杜牧很赞赏李德裕毁佛的举动。

为了储备物资，加强边防，会昌五年（845 年）九月，经李德裕建议而设置了“备边库”，要户部每年从赋税中储入钱帛 12 万缗匹，度支从盐铁税中储入钱帛 12 万缗匹，第二年减少三分之一；凡是各道进奉的助军财货也一概储入，并以度支郎中主管此事。

唐武宗曾与李德裕论及朋党一事，李德裕列举了唐太宗与房玄龄、杜如晦合计国家大事，是“同心图国，不为党也”等事指出：“今所谓党者，诬善蔽忠，附下罔上，车马驰驱，以趋权势，昼夜合谋，美官要选，悉引其党为之，否则抑压以退。”李德裕性情孤峭，不肯与势门相来往，一向厌恶朋党，在他执政期间，“绝于附会，门无宾客”。李德裕在执政期间，中书省的职能作用发挥较好，因而宦官的势力被削弱了。早在会昌二年（842 年）四月，大宦官头子仇士良见唐武宗日益亲重李德裕，害怕宦官失去权势，便散布流言蜚语，称宰相与度支商定，要削减禁军衣粮和马草料等费用，欲以此激怒禁军闹事。李德裕闻讯后立即向唐武宗面奏此事。唐武宗很是愤慨，马上召左、右神策军说明并无此事。仇士良的阴谋被揭穿以后，只好惶恐地向唐武宗谢罪。不久仇士良谢病去职。在他死的第二年，便被追夺官爵、籍没财产。宦官们对此大为不满，在唐武宗面前一再诋毁李德裕，诬蔑他专权。牛党之中的白敏中之徒，也乘机唆使韦弘质上疏，说中书权重，三司钱谷不应由相府兼领。宰相论奏说，大臣是国家的股肱，钱谷是国家的根本，应由宰相兼领，并说韦弘质上疏与朋党有关。韦弘质遂被贬官。

会昌六年（846 年）三月，唐武宗病故，由李德裕摄冢宰。宦官拥立皇太叔光王李忱，是为唐宣宗。唐宣宗也以李德裕勋业素高，权重而专。唐宣宗在即位之日，李德裕在太极殿奉册。事后，唐宣宗对左右说：“适近我者非太尉邪？每顾我，使我毛发洒淅。”四月，在唐宣宗听政的第二天，李德裕被贬出朝，以门下侍郎、同平章事，充荆南节度使。李德裕执政多年，位重功高，众官见他被罢斥如此之快，莫不惊骇。五月，翰林学士白敏中为宰相，他做了宰相之后，牛僧孺、李宗闵等五人同日升迁。九月，李德裕又被解除平章事，贬做东都留守。接着白敏中党徒李威又检举李德裕辅政时的过失，不久，又贬李德裕为太子少保，分司东都。

大中元年（847 年）九月，吴汝纳到京城诉讼李德裕，称李绅诬奏其弟吴湘赃罪，李德裕枉法附会李绅。原来在会昌五年正月，淮南节度使李绅奏说江都令吴湘盗用程粮钱，又强娶颜悦女为妻，据此奏为死罪。有人认为冤枉，朝廷派监察御史崔元藻等人复审，结果是盗程粮钱属实，娶妇一事与前案不同。李德裕以为不当，贬崔元藻为端州司户，依李绅议处死吴湘。李德裕失势了，吴汝纳乘机诉冤。宣宗令复审此案，白敏中以李德裕谬断刑狱，翌年冬，把他贬为潮州司户。

大中三年（849 年），李德裕自洛阳由水路南行，赶赴潮州。当船行至汨水时，想到屈原对楚怀王赤胆忠心，却因谗言被流放，怀恨投汨水而死，他吊古怀今，无限伤感，当即赋诗一首，其诗云："远谪南荒一病身，停舟暂吊汨罗人……"以寄情怀。当年九月，到达潮州不久，又贬为崖州司户。

李德裕执政时，疾恶朝中朋党，奖拔孤立无援的寒素之士，士人对他颇有好感。当李德裕谪贬崖州的消息传开，不少士人吟诗作赋，致有"八百孤寒齐下泪，一时南望李崖州"的诗句，表现了士人对他的怀念之情。

大中四年（850 年）正月，李德裕抵达崖州（今海南海口东南）。他心情忧郁，独自一人登上崖州城楼，举目四望，只见青山环绕，一片荒凉，不由得触目神伤。又想到自己远离朝廷，心情怆然。于是感而有作：

登崖州城作

独上高楼望帝京，
鸟飞犹是半年程。
青山所欲留人在，
百匝千遭绕郡城。

同年十二月，李德裕郁郁而死，时年 64 岁。

李德裕爱好著述，善写文章，后郑亚将他在会昌年间起草的册命、典诰、奏议、碑赞、军机羽檄加以整理，综合在一起，计20卷，题名《会昌一品制集》，并亲自写了序言。后来又汇总他的诗、赋、表状、论，编为别集10卷，外集4卷，合称《李文饶文集》（或《李卫公文集》），流传至今。

李德裕历仕宪、穆、敬、文、武、宣宗六朝，他兴利除弊，锐意进取，多所建树。可惜一代名相却因朋党倾轧而"功成北阙，骨葬南溟"。

5. 安禄山势力的延续

晚唐的没落源于唐中叶的"安史之乱"，"安史之乱"之后各节度使拥兵自立形成藩镇割据之态。唐皇朝中央政权已大大衰落了。

唐晚期搞割据的藩镇，主要是河北三镇，即以今北京为治所的幽州镇、以今河北省正定县为治所的成德镇、和以今河北省大名县为治所的魏博镇。三镇的统治集团一直是安禄山势力的延续，他们在宪宗时表示了对朝廷的顺服，宪宗死后不久就又恢复了割据。

安禄山生于703年，死于757年，营州（今辽宁朝阳）人。

安禄山的父亲可能是康姓胡人；母亲阿史德氏是个突厥巫婆，相传其多年不育，她便去祈祷突厥称之为战斗之神的扎荦山，遂于长安三年（703年）正月初一，感应生子，故名扎荦山。安禄山的父亲早亡，他从小随母在突厥部族生活。后母亲改嫁于突厥将军安波注之兄延偃。开元初年，其族破落离散，他与将军安道买之子孝节，安波注子思顺、文贞一起逃离突厥，遂与安思顺等约为兄弟，从此即冒姓安氏，名禄山。

安禄山成人后，性情残忍，狡诈多智，善于揣度人心，开始任诸市牙郎，史称他懂得九种民族语言。开元二十年（732年），张守珪任范阳节度使，安禄山因盗羊遭追捕者围打，他大声呼喊道："大夫不欲灭奚、契丹两蕃耶？而杀壮士！"张守珪见他言貌不凡，就放了他，令其与同乡人史思明同为捉生将。安禄山骁勇过人，又熟谙山川形势，每次出击，都能以少胜多，擒获不少契丹人，因功后擢为偏将。从此深受张守珪喜欢，被收为养子，并以军功加员外左骑卫将军，充衙前讨击使。

开元二十四年（736年），安禄山任平卢将军，在讨伐契丹时失利，张守珪奏请朝廷斩首。此前安禄山入朝奏事，宰相张九龄对侍中裴光庭说："乱幽州者，必此胡也。"这次作战失利，他遂提笔批示奏文说："穰苴出军，必斩庄贾；孙武行令，亦斩宫嫔。守珪军令若行，禄山不宜免死。"唐玄宗看了批文说："卿岂以王夷甫识石勒，便臆断禄山难制耶？"终未准奏。

开元二十八年（740年），御史中丞张利贞为河北采访使，安禄山"百计谀媚"，又多出金钱贿赂其手下人，以结私恩。于是，张利贞入朝后极力为他美言，因授任营州都督、平卢军使、顺化州刺史。对过往的使者，安禄山暗中都加以贿赂，使者回朝后一再称赞他，逐渐受到了唐玄宗的青睐。天宝元年（742年），分平卢为节度，遂以安禄山为平卢节度使，兼柳城太守、押两蕃、渤海、黑水四府经略使。

天宝二载正月，安禄山入朝，唐玄宗倍加宠待，"谒见无时"。为了讨得唐玄宗的欢心，他谎奏说：去年七月，营州境内出现了害虫，蚕食禾苗，臣焚香祝天说："臣若操心不正，事君不忠，愿使虫食臣心；若不负神祇，愿使虫散。"忽然来了一大群红头黑鸟，霎时把虫吃得精光。安禄山讲得绘声绘色，唐玄宗以为他对己忠诚无二，于翌年三月，命安禄山代替裴宽兼任范阳节度使。礼部尚书席建侯为河北黜陟使，大概也受了贿赂，在唐玄宗面前大力称道安禄山公正无私，裴宽与宰相李林甫也随声附和。三人又都是唐玄宗所信任的人，"由是禄山之宠益固不摇矣"。在安禄山离京还范阳时，唐玄宗特命中书门下三品以下正员外郎长官、诸司侍郎、御史中丞等群官于鸿胪寺亭子为他饯行，给以殊遇。

天宝四载（745年），安禄山欲以边功邀宠，屡次侵犯北方的奚与契丹。此前，唐分别将公主嫁与奚与契丹，双方关系友好和睦。眼下由于屡遭侵犯，奚与契丹便各杀公主，叛唐。安禄山进击契丹回军后上奏，称梦见先朝名将李靖、李勣"向臣求食，乃于北郡建祠堂，灵芝又生于祠堂之梁"，以此取悦唐玄宗。此时，李林甫恐怕儒臣出将入相，会动摇自己的权位，而蕃人目不识丁，难以入相。为了专宠固位，他奏称儒臣怯弱，不胜武力，而蕃将雄武，多立战功，请求任用蕃将为边帅。唐玄宗正有吞并四夷之志，李林甫的奏请正合心意，"故帝宠禄山益牢"。

天宝六载，安禄山入朝。曾因内宴承欢时，上奏唐玄宗说：“臣蕃戎贱臣，受主宠荣过甚，臣无异才为陛下用，愿以此身为陛下死。”唐玄宗命杨铦、杨锜、杨贵妃与安禄山以兄弟相称，而安禄山见贵妃宠冠六宫，与她搞好关系对自己十分有利，尽管他比杨贵妃大 18 岁，却甘心做她的养儿。从此，安禄山侍奉杨贵妃如母，因而得以随意出入禁中，有时与贵妃对面而食，有时在宫中通宵达旦，外面绯闻流传不少。安禄山献媚于杨贵妃，对太子却另眼相看。

一天，唐玄宗命太子会见安禄山，安禄山见了太子却不下拜，左右感到奇怪，问安禄山为何不拜。安禄山说：“臣蕃人，不识朝仪，不知太子是何官？”唐玄宗说：“太子是储君，朕百岁后要传位于太子。”安禄山说：“臣愚，比者只知陛下，不知太子，臣今当万死。”左右令他下拜，他这才下拜。安禄山每次入见时，常常先拜贵妃，后拜唐玄宗，唐玄宗不解，问他为何？他回答说：“胡人先母而后父。”安禄山身体特别肥胖，腹垂过膝，自称腹重为 300 斤。他每次走路，由左右抬挽其身才能迈步。他乘驿马入朝，每驿中专筑一台为他换马用，称为“大夫换马台”，不然，驿马往往要累死。驿站还专门为他选用骏马，凡驮得 5 石土袋的马才能使用。鞍前特装一小鞍，以承其腹。唐玄宗见他如此肥胖，问他的肚子里是什么？安禄山回答说：“更无余物，正有赤心耳！”这使得唐玄宗哈哈大笑。尽管安禄山身体肥胖蠢笨，但是在唐玄宗面前跳起胡旋舞来，却旋转自如，“其疾如风”。

安禄山表面看来呆头呆脑，其实心里则十分狡黠。他派部将刘骆谷常驻京师，专以窥测朝廷内情，一有动静则飞马报讯，虽范阳距京师有数千里之遥，但安禄山对朝廷的情况却了如指掌。或有应上的笺表，骆谷也代作上通。他每年除献俘以外，所献杂畜、奇禽、异兽等珍玩之物相望于道，“郡县疲于递运”，安禄山却以之博得唐玄宗的恩宠。

时在天下承平岁久，唐玄宗春秋渐高，嬖幸艳妃，骄惰荒政，李林甫独揽大权，纲纪大乱。安禄山“计天下可取，逆谋日炽”。于是安禄山表面上对唐玄宗忠诚无二，暗中却为谋反作准备。他以防御敌寇为名，在范阳城北筑了雄武城，里面储藏了不少兵器和粮食。为了兼并西北的雄兵劲旅，他奏请让陇右、朔方、河东、河西节度使王忠嗣率兵前来助役，欲乘机留下其精兵猛将。也许是王忠嗣识破了他的醉翁之意，故“先期而往，不见禄山而还”。并上奏安禄山有谋反之意。安禄山欲兼并西北劲旅的阴谋破产了。

天宝十载（751 年），唐玄宗命在长安亲仁坊为安禄山建造新宅，敕令“但穷壮丽，不限财力”，厨厩之物也都用金银装饰，其奢侈华丽，“虽宫中服御之物殆不及也”。安禄山进入新宅时，唐玄宗特意停止了击毬游戏，命诸宰相前来贺乔迁之喜。此时，安禄山已身兼数职，既任平卢、范阳两镇节度使，又兼任河北采访使、御史大夫、左羽林大将军，封东平郡王，又请求任河东节度使，唐玄宗把河东节度使韩休珉征为左羽林大将军，以安禄山代之。安禄山母及祖母皆赐封为国夫人，他的十一个儿子皆由唐玄宗赐名，长子庆宗为卫尉少卿，加授秘书监，尚荣义郡主；次子庆绪为鸿胪少卿兼广阳郡太守。唐玄宗给安禄山一家人的加官晋爵，反倒使得他踌躇满志，更加骄恣。他招降纳叛，极力扩充实力。他延用了一批有才学的文臣如高尚、严庄等为幕僚，成为自己的心腹。同时又提拔了一些智勇兼备的将校，如史思明、安守志、李归仁、蔡希德、崔乾祐、尹子奇、武令珣、田承嗣等为自己的爪牙，委以重任。在他的周围聚集了一批文臣武将。安禄山还从同罗、奚、契丹降者中选拔精壮 8000 余人，称为“曳罗河”（壮士之意），又养家僮百余人，人人皆骁勇善战，打起仗来冲锋陷阵，勇不可当。又畜战马数万匹，多聚兵仗，还派遣商胡去各地贩卖，每年交纳珍货数百万，同时还私下做了数以万计的绯紫袍、鱼袋，以备后用。

安禄山招兵买马，极力扩军备战，其不臣之迹自然难以掩饰。这时宰相杨国忠屡次奏告唐玄宗，说安禄山有“反状”，但唐玄宗却不以为然。杨国忠之所以屡奏安禄山有“反状”，或许发现了他的叛乱迹象，但更重要的还是他与安禄山之间的矛盾冲突所致。在杨国忠入相前，本与安禄山关系十分密切。安禄山入朝时，杨国忠与杨贵妃姊妹皆出外远迎，视如贵宾。当时他任御史中丞，正承恩用事，他见安禄山身体肥大，行动不便，每逢上下朝登殿阶时，都要亲自搀扶他。这是杨国忠有意讨好安禄山，希望他能作为自己强大的外援。但安禄山一直对阴狠毒辣、老谋深算的李林甫存有戒心，对才能平庸的宰相杨国忠却“视之蔑如也”。这不能不使杨国忠十分恼火，故屡奏安禄山谋反，欲将他置于死地。

河西节度使王忠嗣也上告安禄山谋反，起初唐玄宗并不相信，因为他对安禄山恩遇甚厚，宠爱过于他人，认为他不会背叛自己。这时，皇太子似也发现了安禄山的不臣之迹，上奏说他欲反。唐玄宗虽然仍不太相信，却也不可不了了之，安禄山毕竟是三镇节度使，手握十几万精兵，如有不测，祸乱非小。所以唐玄宗听信了杨国忠试召安禄山入朝以观其变的建议。杨国忠原以为安禄山必不敢来京。也许是安禄山揣知了唐玄宗的真实意图，当他接到入朝的手诏后，却迅速飞驰入京。安禄山的这一举动，使得杨国忠很是难堪，唐玄宗也难以相信杨国忠所说安禄山谋反的话了。

天宝十三载（754 年）正月，安禄山入见唐玄宗，并哭诉说："臣本胡人，陛下不次擢用，累居节制，恩出常人。杨国忠妒忌，欲谋害臣，臣死无日矣。"唐玄宗好言安慰劝解，并加官尚书左仆射，赐实封通前 1000 户，又封其一子为三品官，另一子为五品官，奴婢 10 房，住宅各 1 所。唐玄宗还欲加授安禄山同平章事，已命翰林学士张垍起草制书。杨国忠闻讯后即上谏说："禄山虽有军功，目不知书，岂可为宰相！制书若下，恐四夷轻唐。"遂中止。

安禄山见唐玄宗对自己依然如故，遂乘机求兼领闲厩、群牧；唐玄宗即任命他为闲厩、陇右群牧等使。他又求兼总监，唐玄宗又任命他兼知总监事。安禄山利用职权之便，密派其亲信选健马能战者数千匹，另加饲养。安禄山还奏请唐玄宗，说部下讨伐奚、契丹等建立了功勋，请"不拘常格，超资加赏"。于是"除将军者五百余人，中郎将者二千余人"。

三月一日，安禄山告辞唐玄宗将回范阳。唐玄宗亲临望春亭给他饯行。临别时，还把御衣脱下赐给他，同时又派高力士在长安城东的长乐坡再次为他饯行。从此，凡是上言安禄山谋反之人，唐玄宗皆命执送于安禄山，任其处理，"由是人皆知其将反，无敢言者"。

安禄山在京师如闯龙潭虎穴。如果宰相、太子奏请将他留在京师，他可能会遭灭顶之灾。安禄山一听到让他离京，便疾驱出关，随后乘船沿黄河顺流而下。他只嫌船慢，又命船夫沿岸拉纤，15 里一换班，"昼夜兼行，日数百里，过郡县不下船。"

安禄山早在天宝元年，就控制了三镇兵力约 19 万，占当时边兵的四成，占全国兵力的三分之一，后来又兼并了阿布思的数万精兵，总兵力有 20 多万，在军事上是举足轻重的。杜佑说："禄山称兵内侮，未必素蓄凶谋，是故地逼则势凝，力侔则乱起，事理不得不然也。"因此，在这种情况下，安禄山决定起兵反叛。

天宝十四载（755 年）正月，安禄山遣副将何千年奏表朝廷，请求以蕃将 32 人代汉将。唐玄宗命中使宣付中书门下，即日便写告身交付何千年。宰相杨国忠、韦见素奏言唐玄宗，认为安禄山以蕃将代汉将“其反明矣”，玄宗虽不相信，但他听从了宰相加封安禄山带左仆射平章事衔，追赴朝廷的建议，却将起草制书留而未发，暗中遣中使辅璆琳以送柑子为名，去范阳观察安禄山动静。不料璆琳受安禄山贿赂，回来后不据实以报，反大谈安禄山竭忠奉国之事，唐玄宗信以为真，遂烧掉了制书草稿。

安禄山决定反叛后，对朝廷采取了严密的防范措施，对朝廷来的使者一般称病不出迎，会见时，也是刀枪林立，戒备森严。四月，唐玄宗命给事中裴士淹宣慰河北，至范阳后过了 20 多天，在武士的挟持下安禄山才召见了他，根本没有臣子的礼节，士淹回来后却“不敢言”。杨国忠屡奏安禄山谋反，而唐玄宗不听，他决定采取更加露骨的做法以激怒安禄山。他让京兆尹包围其住宅，搜求反状，并逮捕了其门客李超等，送御史台缢杀。安禄山闻讯后，心中恐惧。六月，唐玄宗为安庆宗与荣义郡主完婚，手诏安禄山观礼，安禄山辞病不至。可是到了七月，安禄山突然上表献马 3000 匹，每匹有 2 人护送，并由 22 名番将押送。河南尹达奚珣疑安禄山其中必有阴谋，建议推迟至冬天再献，并由官府给马夫。这时，唐玄宗始怀疑安禄山别有用心，正巧辅璆琳受贿事泄露，借故把他处死，即派中使冯神威持手诏告谕安禄山冬天献马，并说：“为卿新作一汤池，十月于华清宫待卿。”冯神威至范阳宣旨，安禄山坐在床上微微起动身体，也不下拜，听了诏书后淡淡地说：“圣人安稳。”又说：“马不献亦可，十月灼然诣京师。”之后即把他置于馆舍，不再见他。冯神威受到如此冷遇，回京后便向唐玄宗哭诉：“臣几不得见大家”。

安禄山虽已决定叛乱，但并没立即亮出反唐的旗号，他行动仍然十分隐秘，只与他的几个心腹密谋过此事，知其内情的也只有孔目官、太仆丞严庄，掌书记、屯田员外郎高尚，将军阿史那承庆三人，其余将佐尚一概不知。从八月起，安禄山常常犒劳士卒，秣马厉兵，似如战前的准备。十一月六日，安禄山突然召集大将们举行宴会，在酒酣时，拿出了事早已绘制好的地图给大家看，图上标明了从范阳至洛阳沿线的山川形势、关塞要冲，向将领暗示了他的进军路线。宴会结束时，向每人赏赐了金帛，并授予一张地图。

安禄山叛乱前的准备工作一切就绪。十一月八日，恰巧奏事官从长安回到范阳，安禄山很快伪造了诏书，立即召集诸将，把假诏书展示给诸将看，并说："有密旨，令禄山将兵入朝讨杨国忠，诸君宜即从军。"诸将听后，面面相觑，没有一人敢有异议。接着，安禄山命范阳节度副使贾循守范阳，平卢节度副使吕知诲守平卢，别将高秀岩守大同，其余将领皆随他出战。除调动本部兵马外，又征调了部分同罗、奚、契丹、室韦人马，总计 15 万，号称 20 万，连夜出发。次日凌晨，安禄山出蓟城南，检阅了军队，并举行誓师，借讨伐杨国忠为名，并于军中对张榜说："有异议煽动军人者，斩及三族！"于是挥师南下。安禄山乘铁甲战车，"步骑精锐，烟尘千里，鼓噪震地"。事前，安禄山已命其将何千年、高邈等率 20 名奚族骑兵，以献射生手为名，于十日抵达太原城下，北京（唐以太原为北京）副留守杨光翙出城迎接，被何千年劫持而去。安禄山责备他依附杨国忠，斩首示众。太原及东受降城先后上报安禄山叛乱的消息。

唐玄宗确认安禄山反叛之后，匆忙部署军队平叛。先命特进毕思琛赴东都，金吾将军程千里赴河东，各自招募数万人以抵御叛军；接着命安西节度使封常清赴东都募兵，加强洛阳守备。过了几天，唐玄宗杀死安庆宗，罢免了安思顺朔方节度使职务，并命荣王李琬、金吾大将军高仙芝为正、副元帅，率数万兵出潼关东征，还在各地新设节度使、防御使，以阻止叛军。

安禄山率军南下。当时，天下承平岁久，以致百姓不识兵革。当突然听到范阳起兵的消息后，不少官吏吓得魂飞魄散，弃城四逃。叛军所过州县，有的望风瓦解，有的开城出降，一路上所向披靡，进兵迅速，至十二月三日即抵达河南道灵昌郡（今河南滑县）的黄河北岸。第二天，过了冰冻的黄河，进入河南道境内。安禄山指挥叛军进攻陈留（今河南开封东南），河南节度使张介然刚上任不几天，守城兵士未经沙场，一听到叛军号角鼓噪之声，吓得"授甲不得，气已夺矣"。故叛军一到，立刻土崩瓦解，张介然被俘，兵士降者近万人。

安禄山见河南道张贴了悬赏购其首的榜文，又听说安庆宗被杀，便进行了血腥的报复，张介然及上万降卒接连倒在叛军的屠刀之下，"流血如川"。安禄山乘胜西进荥阳（今河南荥阳）。荥阳太守崔无波登城拒战，守城兵士一听见鼓角声，纷纷"自坠如雨"，于是崔无波及官将"尽为贼所虏”。安禄山杀了崔无波，留其将武令珣守荥阳，兵锋指向洛阳。封常清奋力抵抗，但其兵士都是新招募的佣人或商贩，未经训练，经叛军铁骑一冲，即七零八落，溃不成军。封常清三战败北，只得丢弃洛阳，西奔陕郡，与高仙芝退守潼关。安禄山命其将崔乾祐屯兵陕城，窥视潼关，而弘农、临汝、濮阳、济阳和云中等郡相继陷于叛军之手。

安禄山从范阳起兵，长驱直入，至十二月十三日攻占东都洛阳，仅用了 35 天时间。在这短短的时间内，就控制了河北大部分郡县，河南部分郡县也望风归降。其时，唐廷从各道征集的兵马尚未赶到长安，京师守备空虚。但是安禄山进入洛阳后，忙于做登基称帝的准备，减弱了攻势，这给唐廷以喘息机会，各道援兵渐渐云集长安，加强了守备。

至德元载（756 年）正月一日，安禄山于洛阳自称雄武皇帝，国号大燕，改元圣武元年，设置丞相等朝官，封其子庆绪为晋王，庆和为郑王，达奚珣为左相，张通儒为右相，严庄为御史大夫。定洛阳为都，以范阳为东都。

安禄山命史思明、蔡希德等攻略河北各地。平原郡太守颜真卿与常山太守颜杲卿东西联兵抗敌，杀死了叛将李钦凑、高邈，活捉了何千年，打开了土门，河北十七郡又先后归顺了唐廷。安禄山率军进攻潼关，行至新安，听说河北形势吃紧，马上返回洛阳，命蔡希德率万余人增援河北，杀颜杲卿，河北各郡又相继陷落。这年二月，李光弼、郭子仪先后出兵井陉，大败叛军，斩敌 4 万人，“于是河北十余郡皆杀贼守将而降。渔阳路再绝，贼往来者皆轻骑窃过，多为官军所获，将士家在渔阳者无不摇心”。

安禄山命张通晤和杨朝宗向东攻城略地，东平太守嗣吴王李祗、济南太守李随起兵抗拒，单父县尉贾贲率吏民杀张通晤，真源令张巡守雍丘，与叛将令狐潮、李怀仙等数万叛军浴血奋战，巧妙周旋，阻止叛军南下江淮。安禄山命其将武令珣等率兵南下攻略南阳各郡，南阳节度使鲁炅、虢王李巨扼守南阳，屡败叛军，使叛军不得南下江汉。五月，安禄山西进潼关受阻，东不过雍丘，南又兵阻南阳，北路也几乎断绝，除了老巢范阳之外，只不过局限于河南西部一隅之地，一时陷入困境。

安禄山有些害怕，招来高尚、严庄骂道：“汝数年教我反，以为万全。今守潼关，数月不能进，北路已绝，诸军四合，吾所有者止汴、郑数州而已，万全何在？汝自今勿来见我！”高尚、严庄也束手无策，数日不敢面见安禄山。安禄山见形势紧迫，“议弃洛阳，走归范阳，计未决”。在安禄山进退两难时，昏庸的唐玄宗与奸相杨国忠下令哥舒翰出关作战。此前，高仙芝守潼关，遭宦官边令诚诬陷致死，遂启用在京养病的哥舒翰代守潼关。六月四日，哥舒翰被迫出关作战，结果十七八万官军一战土崩瓦解，潼关失守，哥舒翰被缚到洛阳，投降了安禄山。

潼关失守，长安已无险可守，唐玄宗率部分朝官仓皇逃往成都。安禄山没想到唐玄宗会如此之快地逃离长安，他先曾命崔乾祐兵留潼关，10天之后，才命其将孙孝哲进入长安，并以张通儒为西京留守，崔光远为京兆尹，使安守志率兵驻扎苑内，以监关中诸将。叛军进入长安以后，以为大功告成，遂“日夜纵酒，专以声色宝贿为事”，不想西出追击，故此唐玄宗“得安行入蜀，太子北行亦无追迫之患”。

安禄山命孙孝哲对未逃离长安的皇室成员、百官家属进行了血腥的屠杀。先于崇仁坊杀霍国长公主及王妃、驸马，剖其腹，用其心脏祭祀安庆宗。凡是杨国忠、高力士之党及安禄山平时所厌恶者皆处死，凡83人，“或以铁棓揭其脑盖，流血满街”，惨不忍睹。接着又杀皇孙及郡、县主20余人。后来，安禄山听说长安百姓乘乱盗窃府库财物，又命大肆搜索三日，翻箱倒柜，不论是府库财物，还是个人私物，一概搜掠殆尽。同时还令府县追查，“铢两之物无不穷治，连引搜捕，支蔓无穷，民间骚然”。

安禄山又令搜求唐玄宗的歌舞、杂技、舞马、犀牛，把搜掠的宫嫔、乐工、骑士以兵仗护送到洛阳，获得梨园弟子数百人，在东都禁苑凝碧宫奏乐，宴会众伪官。安禄山派其将高嵩持书信、备缯彩赴西北，以诱降河西、陇右将士，但被大震关使郭英乂所擒获，计未成功。郭子仪、李光弼听说潼关失守，唐玄宗西逃，遂撤兵守井陉，河北大部分郡县再次落入叛军之手。安禄山派兵攻颍川，太守薛愿、长史庞坚奋力拒守，坚持了一年。十二月，又使叛将阿史那承庆率兵急攻，薛愿等浴血苦战15日，城破被俘，被执送洛阳。安禄山把他捆在洛水冰上，被活活冻死，残酷无度。

安禄山患有眼疾，视力逐渐减退，后又双目失明。同时他又患有疽病，性情变得格外暴躁，稍不如意，便对左右侍从又打又骂。稍有过失，便行杀戮。他称帝后，常居深宫，诸将很少能面见他议事，都通过严庄转达。严庄虽受亲重，也时而遭安禄山鞭挞。宦官李猪儿常为安禄山穿衣解带，服侍左右，挨打最多，怨气也大。安禄山宠幸的段氏，生下一子庆恩，也受禄山宠爱，常想以庆恩代庆绪。安庆绪时常担心被废，严庄也恐怕宫中事变于己不利。于是，严庄与安庆绪、李猪儿串通一气，谋害安禄山。

至德二载（757 年）正月五日夜，严庄、安庆绪、李猪儿三人悄悄进入安禄山住所。侍卫见是他们，谁也不敢乱动。于是严庄、安庆绪持刀站立在帐外，李猪儿手持大刀直入帐内，对准躺在床上的安禄山腹部猛砍一刀。安禄山平时总把佩刀放在床头防身，事前已被李猪儿偷去，这时他挨了一刀，知大事不好，急忙去摸刀，刀已不见。他气急败坏地摇着帐竿大声喝叫："贼由严庄。"在喊叫声中，血和肠从腹部流出数斗，很快死于非命，卒年 55 岁。安庆绪当即在其床下挖了一个数尺深坑，用毡子裹着安禄山的尸体，连夜埋在坑中。并诫令宫中严加保密。

第二天早晨，严庄对部下宣告：安禄山病危，诏立安庆绪为太子，军国大事皆由太子处分。随即即帝位，尊禄山为太上皇，然后发丧。安庆绪虽然杀父篡位，但他本性昏庸懦弱，语无伦次，严庄恐诸将不服，不让面见。庆绪每日纵酒为乐，不理政事，称严庄为兄，加授御史大夫、冯翊王，"事无大小，皆取决焉"。

安禄山狡黠、善变，投唐玄宗之欢心，格外受宠，一再加官晋爵，专任方面。在唐玄宗骄惰荒政、朝纲隳紊之时发动了武装叛乱，把鼎盛一时的唐皇朝推向了战乱的深渊。

三镇内部，不断地自立主帅，自杀主帅，进行激烈的权位争夺。唐晚期的朝廷，只是不断地承认三镇主帅已成事实的更迭，根本没有收复三镇权力的打算。三镇的人民遭受很大的痛苦，而朝廷直接统治下的人民同样受到越来越深重的压迫和剥削。人民群众忍无可忍了，便举起了起义的大旗。

第十一讲　唐末农民大起义

1. 农民大起义的前奏

860年1月，浙东裘甫率众百余人起义。许多贫苦农民纷纷赶来参加。起义军很快打下了象山、剡县（今浙江省嵊州市），发展成为拥有3万多人的队伍。起义军推戴裘甫为天下都知兵马使，立年号“罗平”。这支起义军经过半年的战斗，才被镇压下去。

裘甫（？—860年），剡县（今嵊州）人，出身于贫苦农家，早年以买卖私盐为业。唐朝末年，皇权衰落，出现了“藩镇割据”局面，土地兼并十分严重，广大农民流离失所，民不聊生，怨声载道，裘甫率领百名农民起义，一举攻克了县城，起义军又乘胜经宁海，过奉化，在剡县境内的桐柏山打败了唐军。起义军冲破剡县，声威大震，进城后，打开府库，赈济穷人，招募壮士，起义队伍很快发展到几千人。

当时，浙东观察使郑祗德急忙调集浙东所有唐军，还招募了新兵，派正将沈君纵、副将张公署、望海镇将李珪等3人，领兵包围起义军。裘甫“诱敌深入，就地歼灭”，先将起义军撤出剡城，开赴三溪（今属新昌县），起义军一部分列阵于溪北，主力埋伏在溪南。在上游堵水，使下游仅可涉渡。双方接仗后，起义军佯装退败，诱敌涉水追击，唐军中计，半渡时，起义军在上游决壅，致使溪水猛涨，起义军就乘机掩杀，打得唐军几乎全军覆灭，3个唐军将领都被击毙。三溪大捷，大大鼓舞了起义军和百姓的斗志，起义军迅速发展到3万多人。紧接着，起义军连续攻下上虞、余姚、慈溪、奉化、宁海等县。又分兵攻打衢州、婺州（金华）、唐兴（天台县）

等地。唐王朝极为惊慌，急忙派安南都户王式担任浙东观察使，调集各路唐军，又将流放在江淮的回鹘人和吐蕃人编成骑兵，再以本地数千名地主武装为先导，兵分两路，向起义军进行疯狂的镇压。经过多次激烈战斗，起义军最后都失败了。六月，裘甫和刘睢等起义军首领在突围中被俘，就义于长安。裘甫领导的农民起义军沉重地打击了唐王朝在浙东的统治。

868 年，邕州（今广西壮族自治区南宁市一带）爆发了庞勋领导的戍卒起义。被派到邕州戍守的徐州士兵，在起义后攻破湖南、淮南的一些州县，直奔自己的家乡徐州。一路上，贫苦农民纷纷参加，队伍发展到 20 多万人，许多妇女也加入了战斗的行列。他们苦战 14 个月后，被镇压下去。

这两次起义，只是唐末农民大起义的前奏。

庞勋（？—869 年）唐末桂林戍卒起义军领袖。初在戍守桂林的徐州、泗州军中任粮料官。863 年，唐曾在徐州、泗州募兵 2000 戍守交趾，其中抽出 800 人戍守桂林（广西桂林）。原定戍卒 3 年调换 1 次，至 868 年已满 5 年，仍未调换。868 年，戍守桂林的唐军发动兵变，庞勋被推为领袖，经湖南、浙西，入淮南，攻克宿州（安徽宿县），称兵马留后。全歼彭城（江苏徐州）来攻的崔彦曾所遣的 3000 人。庞勋北渡濉水，取彭城，俘唐徐泗观察使崔彦曾等，扩展至万余人。他巩固彭城外围，人们远道来归，发展至 20 万人，占有今鲁南、皖北、苏北大片地区，乘胜连克濠、滁、和等州。唐命康承训为都招讨使，并约沙陀朱邪赤心（后来唐赐名为李国昌）协助镇压，庞勋屡胜，滋长骄傲轻敌情绪，部众纪律松懈。庞勋派徐州归将张玄稔拒守，玄稔叛变，宿、徐失守。庞勋反攻失利，在蕲县（宿县南）西渔水边战死。

2. 王仙芝、黄巢起义

更大规模的起义在 874 年爆发。在这一年，濮州（今山东省鄄城东北）人王仙芝聚众数千，在长垣发动起义。不久，冤句（今山东省曹县北）人黄巢聚众数千响应。起义军打败唐朝的军队，攻克曹、濮二州，队伍发展到几万人。王仙芝、黄巢从今山东转战河南，接连攻下了许多州县，势力一直发展到淮南地区。

王仙芝，贩私盐时奔走各地，为抗拒官府查缉，练会武艺。时关东大旱，官吏还要催缴租税、差役，百姓走投无路，聚集在王仙芝周围，从濮州濮阳（今河南濮阳西南）发出檄文，斥责唐朝吏贪赋重，赏罚不平，自称天补平均大将军兼海内诸豪都统，率领起义军攻克曹州（治今山东曹县）、濮州。六月，冤句人黄巢起义响应，率众数千会师曹州，声势日益浩大。四方苦于苛征暴敛的百姓，散居民间的庞勋旧部，争先投奔义军，发展到几万人。

王仙芝从起义开始到战死，3 年有余。他首先高举义旗，提出“平均”口号，对动员农民起而反抗唐朝黑暗残暴统治具有很大推动作用。但他经不住胜利的考验，一再乞降削弱了对敌斗争，分裂了义军内部，他的失败，是动摇妥协的必然结果。

黄巢（820—884 年），稍通书记，屡举进士不第，以贩私盐为业。家富于财，善击剑骑射。

878 年，王仙芝战败牺牲，余部投奔黄巢，推黄巢为王，号称冲天大将军。黄巢率领起义军渡过长江，到江南活动。攻入浙东后，起义军开通了从衢州（今浙江省衢州市）到建州（今福建省建瓯市）的 700 里山路，进入福建，又从福建打到广州。879 年，黄巢以天补平均大将军的名义发表一篇声讨唐朝的檄文，率军从广州北上。他的军队先后攻下桂州（今广西壮族自治区桂林市）、衡州（今湖南省衡阳市）、潭州（今湖南省长沙市），转战到今湖北、江西、安徽和浙江等省，队伍发展到几十万人。

880 年，黄巢从采石（今安徽省当涂县）渡江，攻下东都洛阳，又西破潼关，直入长安。起义军的纪律好，民众夹路观看，一点也不惊惶。黄巢的将领向民众宣告：黄王起兵，是为拯救百姓，不像李家不爱惜你们，大家应当照常安居乐业。黄巢在长安即了帝位，国号大齐。

起义军流动作战，没有建立根据地，不能巩固战果。起义军打了很多胜仗，但并没有完全解决唐朝的主力部队。在黄巢称帝的同时，唐朝已调集各路兵马，包围长安，使长安城里的粮食供应发生了严重困难。

881年，黄巢派兵进攻凤翔，想要打开被包围的困境，但被唐军打败。这时，起义军的组织已经涣散，手中有实力的各部首领开始各自为战，不听黄巢的指挥。原属起义军的朱温，率领部下叛投唐朝。唐朝又招来李克用的沙陀兵，配合作战。李克用于883年从今山西省北部渡过黄河，攻下一些州县后，逼近长安。黄巢率领起义军残部往东退到河南，战斗了一段时间，又退到山东。

884年，黄巢被围于泰山狼虎谷，自刎而死。这次起义前后经历十年，转战半个中国，规模之大是空前的。黄巢的“天补平均”的称号，反映了起义军这时已有了“等贵贱，均贫富”思想的萌芽，不过还没有成为正式的斗争口号。这比过去农民起义之反奴役、求生存，已进了一步。

3. 藩镇之间的混战

在农民军起义的日子里，宦官和藩镇都利用战乱的机会扩张自己的势力。这时当权的宦官是田令孜。在起义军进入潼关后，他挟持僖宗西奔成都，一切专断，不容僖宗做主。他收了许多养子，派他们分掌兵权。还派亲信到地方上刺探消息，对不驯服的地方官捏造罪名，加以陷害。朱温、李克用是在镇压起义军战争中发展起来的新藩镇，他们比以前只满足于局部割据的藩镇有更大的野心。在起义军失败后，藩镇之间发生了争夺地盘的混战。

宦官和朝臣的矛盾又尖锐起来，分别勾结藩镇作为外援。为了掌握皇帝做政治资本，藩镇之间还演出了几次抢夺唐昭宗的丑剧。896年以后，朱温和宰相崔胤勾结起来。903年，朱温和崔胤先后在凤翔和长安大杀宦官，并命令各地杀掉担任监军的宦官，宦官势力被彻底消灭。904年，朱温派人杀死唐昭宗，立李柷为皇帝，即昭宣帝。907年，朱温废昭宣帝，自立为帝，国号梁。当时还有李克用和其他几个藩镇的存在，历史进入了五代十国时期。

4. 民族关系的演变

唐晚期的民族关系，吐蕃因本身趋向衰落，不再与唐对抗。822 年，吐蕃赞普与唐穆宗派出的会盟使在逻娑（今西藏自治区拉萨市）会盟。第二年，立唐蕃会盟碑于大昭寺前。以后，吐蕃出现了长时期的分裂局面，直到 13 世纪后半期接受元朝的统治。回纥汗国于 840 年被其属部黠戛斯灭亡，回纥人向西迁徙，在天山南北立足，形成后来的维吾尔族。南诏在唐晚期不断袭扰西南各地，跟唐朝的关系最为紧张。830 年，南诏军攻入成都，掳走民众、手工业工人数万。861 年，又攻破邕州，掳走了很多当地居民。870 年，南诏军又一度围攻成都。直到 875 年，唐朝派高骈为西川节度使，经过激烈战斗后，才把南诏军赶过了大渡河。902 年，南诏为其权臣所灭，经过 30 多年的混乱后，白蛮贵族段氏在南诏故地建立了大理国。

5. 唐末文化的衰弱

唐晚期的文化，随着国势的日益衰弱，也大不如前，只有在诗坛上，犹如日落前的夕照余晖，还有几个诗人在忧时悯乱、感叹身世，在为唐皇朝的衰落唱着挽歌。他们之中最著名的有杜牧和李商隐。杜牧（803—853 年），字牧之，是《通典》作者杜佑的孙子。他的部分诗作，对朝政的混乱和国势的衰微，表现出无限的忧愤。他的著名作品《阿房宫赋》，显然是借古讽今，针对晚唐帝王们的奢靡生活而写的。他的《江南春》《泊秦淮》等著名诗篇，名为写景，其实也流露着对时事的忧伤。李商隐（813—858 年）字义山，怀州河内（今河南省沁阳市）人。他早年写过一些关心皇朝命运，抒发个人抱负的诗，对宦官专权、藩镇割据都表示过愤懑之情。但后来由于仕途失意，他在更多的诗篇中感叹起个人的沦落来了。他的诗在技巧上是很有成就的，但已经是盛极一时的唐诗尾声了。

在诗走向衰落的时候，以言情为主的词却在唐晚期逐渐兴起。词跟诗的主要不同点是它有一定的调子，即所谓词牌。每调的句数、每句的字数，以及用韵的位置、字声的平仄，都有固定的格式。词大约起源于唐初，从敦煌发现的曲子词来看，它可能是由民间的歌唱逐渐演变而来的。唐朝中期的诗人刘禹锡、白居易写过不少的词，《忆江南》《长相思》等，已经成为很有名的词牌。唐晚期的温庭筠、韦庄写了很多词。他们的同五代十国时的一些著名词人的作品，被汇集为《花间集》，因而有“花间派”之称。温庭筠（约812—约870年），字飞卿，并州（今山西省太原市）人。韦庄（约836—910年），字端己，杜陵（今陕西省西安市南）人。他们在社会动乱的时候，却在那里用华艳的辞藻描写爱情和形容妇女的体态和服饰，内容是颓废的。他们除了在写词的技巧上为后人起了一些开拓作用以外，别的无可称道。真正给词注入思想内容的，是两宋时期的一些著名词人。

第十二讲　社会生产力的发展

1. 农业显著的发展

隋唐时期的农业有了显著的发展。

隋唐时，农民耕田已较广泛地采用便于转弯回头，并能控制犁地深浅的曲辕犁。这种犁由11个部件组成，有铁制的犁镜和犁壁，能把犁起的大土块翻向两侧，便于深耕。播种用的农具，北魏时，制作了二脚楼、一脚楼，，比过去的三脚楼使用起来更加灵活。播种后用一种农具覆盖土壤，使种子跟土密切结合，容易萌发生长。中耕除草的农具也有多种。收割用的镰刀，到唐代已改进为两头窄中间宽的弯月形，比以前的前窄后宽的镰刀更便于收割。

水利事业在这一时期也有发展。隋唐时，水利工程的修复兴建多于前代，唐代兴修的水利工程据粗略统计约有二百六七十处。唐朝在建立之初，就在同州（今陕西省大荔县）开渠，自龙门引水，灌田6000多顷。玄宗时在蔡州新息县（今河南省息县）修浚玉梁渠，溉田3000余顷。唐朝设有专门管理水利工程的机关，并颁布了《水部式》，规定了河渠、灌溉、舟楫、桥梁、水运的法令。

这一时期水利事业的发展，也表现在灌溉工具的改进上。唐代北方出现了用木桶相连汲井水的水车。长江流域出现了形似纺车的筒车。筒车的轮子周围缚有竹桶，由水流推动而旋转，把水由低处送到高处。

这一时期农业生产技术，强调精耕细作、防旱保墒、保持和提高土地肥力和良种的选择。耕作按季节不同而分为春耕、夏耕、秋耕和冬耕，按先后顺序而分为初耕和转耕（第二遍耕），按深浅而分为纵耕和横耕，各有具体的操作方法。土质的燥湿和水旱的不调，都受到注意而采取了相应的措施。在作物生长的过程中进行多次中耕除草，被认为能防旱保墒，使作物得到较多的水分和养分，从而使产量增加。

对于施肥、轮作和复种等保持和提高土地肥力的方式，这一时期已积累了不少经验。良种的选择已受到注意。隋唐时，良种选择更为农民所重视，当时农业生产连年丰收，跟良种选择有密切关系。

2. 手工业较大发展

隋唐时期的手工业也有较大发展。

唐代，波斯锦纬线起花的技术传入中国。中国行销国外的丝织品，为了适应当地人的喜好，也采用了这种纬线起花的织法。唐代的纺织品种类很多。有用丝织成的锦、绢、纱、绫、罗、缯等，而绫的品种最多，锦、罗次之。有葛、火麻、纻麻，还有蕉，织成的各种布。西北地区有用兽毛织成的毡。这时，内地棉的种植还很稀少。

唐代的制盐业很受朝廷重视，盐税成为唐中叶以后的重要税源，唐代盐业在全国的规模，远比秦汉时期要大。

制茶业是这一时期新发展起来的手工业。茶树的栽培在中国已有悠久历史。唐代，茶树的种植已遍及南方各省，茶叶的品种已有20多个。今安徽省祁门县、浙江省湖州市，已成为当时著名的茶叶产区，茶税成为国家的一项重要税收。唐代的陆羽，著有《茶经》一书，对茶树的栽培和加工方法作了系统论述，是世界上最早的关于茶叶的专门著作。

制瓷是中国独创的一项重大发明。商周时期已出现原始的青瓷。唐代，除作日常生活用具的瓷器外，还大量制作精美的艺术品，所制彩色的骑马、骑骆驼的胡人形象和各种动物形状的瓷器，生动逼真。这时，属今江西省景德镇市的地区制瓷业跃居首位，所产瓷器质量很高，行销国内外。

唐代，造纸术有很大发展。造纸原料，扩大到麻、楮皮、桑皮、藤皮、竹、麦秸和稻秆。纸的种类，有各种颜色的，各种特定用途的。唐代制造的纸，质地匀细，洁整平滑，享有国际声誉。作为书法绘画名贵用品的宣纸，唐代以“玉版宣”著名，在宣州（今安徽省泾县）问世，质地细腻，洁白柔软，经久而不变色，一直到现在还为世所重。

雕版印刷术，至晚在唐初已经出现。商周的甲骨、先秦以来的印玺和刻石、晋代的砖志，都刻有文字，而有的是反刻的文字，有的还刻有图画，这就是雕版的先驱。现在只要把文字图画刻在木板上，并把它们刷印在纸张上，雕版印刷术就成功了。一开始，雕版印刷用于佛像、佛经、历书、算学等篇幅不多而销路较广的书。后来，如白居易、元稹的诗集，也有印刷的了。在唐的晚期，成都有专门经营印本书籍的书店，可见当时印刷业是相当发达的。现存最早的印本书，是868年王玠出资刻印的《金刚经》，全长16英寸（约40.64厘米），宽1英尺（约30.48厘米），是由七张粘连起来而成一卷的。雕版印刷术和造纸术，都是中国的伟大发明，为人类文化的宣传和发展提供了极为重要的条件。

在建筑和都市设计方面，三国两晋南北朝隋唐时期有了新的发展。由于这一时期佛教兴盛，佛寺和寺塔的建筑成为社会的重要建筑活动。佛教建筑，最初是受印度的影响，但很快就跟中国建筑的传统风格相融合。佛寺，从布局到建筑本身的楼阁、密檐、雕墙粉壁都是发展了中国的民族形式。佛塔，无论是楼阁式的木塔或密檐式的砖塔，也都表现了中国的民族风格。

隋唐的都城长安，是中国建筑史上都城设计的杰作。隋建长安，由宇文恺负责规划。唐在隋代长安已有的规模上，又陆续有所建设。唐代长安城，面积约84平方公里，内有宫城，有皇城，有东西并列的14条大街和南北平行的11条大街，而这些街道把全城划分为108个里坊。城外东北有大明宫，位于龙首渠上，居高临下，可以俯瞰全城。龙首渠、黄渠、清明渠、永安渠等水，自南而北，流贯城中，可供全城用水。这是当时世界上最大的城，为后世的城市规划提供了光辉的范例。

隋初，工匠李春在赵州（今河北省赵县）建筑了安济桥。桥用平行而紧密并列的28个石券所构成。桥长50.82米，宽9米，跨度37.37米，弧形平缓，便于车马行走。桥的两肩，各有两个小券，既减轻重量，又利于排洪，且增加美观，这是现存世界上最古的敞肩桥。1300年来，历经多次洪水和多次严重地震等的考验，至今仍巍然横跨河上。

3. 商业在逐渐兴盛

隋唐时期的商业逐渐兴盛。广州、明州是隋唐时对外贸易的港口。中国的商品，特别是丝织品和瓷器，行销日本、南海诸国和阿拉伯等地，并成为一些国家的贵族、富人所喜好的高级奢侈品。唐代，在市场上还出现了“飞钱”。商人把大宗货物运到长安等地出售以后，由商行付给凭证，能到外地兑取现款，省却在旅途上携带许多银钱的麻烦。

4. 天文历算的新绩

隋唐时期跟生产活动有联系的天文历算、医药卫生等都有了新的成就。唐代的天文学家僧一行（683—727 年），组织并领导了在全国 12 个点对北极高度和日影长短的测量。这种测量也就是对子午线的实测。他是世界上第一个用科学方法实测子午线的科学家。

第十三讲　封建关系的新发展

隋唐时期，封建关系有了发展。

1. 门阀社会地位渐弱

隋唐以科举取士，在政治上出现了越来越多的人跟门阀地主竞争，因而门阀地主的社会地位逐渐受到削弱，但仍然占有很大势力。李世民和武则天都想用重新排列地主阶级中家族等级的办法，压抑有历史传统的门阀而抬高一些新贵，但并没有收到预期的效果。

2. 新兴的寺院地主层

寺院地主是三国两晋南北朝隋唐时期又一新兴的地主阶层。他们有宏大的寺院，有丰富的寺产，有人数众多的劳动人手。他们不纳税，不服役。寺院中的田地和资产，实际上是他们所私有。寺院中的劳动者，实际上是为他们劳动的。他们各立门户，有师徒长期沿袭的财产和佛学传授系统。他们可以不敬君父，不受世法约束。664 年，玄奘病，唐高宗遣御医急往诊治。玄奘死，高宗废朝数日，殓以金棺银椁。送葬者据说有 100 多万人，宿于墓地者有 3 万多人。八世纪初年，有人上奏，说“十分天下之财而佛有七八”。这些记载，可能都有夸大，但也可见当时寺院地主财富之厚及社会地位之高。他们是出家人，其实是以出家形式出现的门阀地主，而且有的寺院比世俗门阀地主拥有更多的土地和更大的势力。

3. 所谓的庶族地主层

三国以后，有所谓庶族地主，泛指门阀地主以外的地主。这可以包括非门阀出身的品官地主，包括豪族地主和富商地主。李世民在命人修《氏族志》时说：“不须论数世以前，止取今日官爵高下作等级”。像这样，不问家族历史，只问本人官职的品级，是非门阀出身的品官地主的特点。自魏立九品官人法以后，非门阀出身的品官跟门阀出身的品官一样都得到国家给予的土地和劳动力。但他们多居于官级的下品。隋唐推行科举制以后，这个阶层逐渐发展起来，成为跟门阀地主在政治上进行竞争的力量，其中还出现了一些位居宰相的人物。唐中叶以后，宦官的权力越来越大，他们享有高官的品级，夺占了首都附近的大量土地。他们不同于一般的品官，但也可说是品官地主的另一系统。

4. 地方性的豪族地主

豪族地主，是地方性的封建势力。豪族地主没有门阀，不是品官，但在地方上很有活力。豪族地主，有的人可以转化为门阀地主或品官地主，后二者有时也跟豪族地主没有太大的区别，但这三种地主阶层究竟各有自己的特点。在社会安定的时候，豪族地主往往凭借他们在地方上的势力，作奸犯法，横行乡里。在社会变动的时候，豪族地主又往往能集结力量进行自保或利用时机发展武装以至进行地方割据。三国时曹操的部将李典迁宗族部曲1万3千余口于邺，许褚曾聚少年及宗族数千家抗拒农民军的进攻，刘备部将魏延、霍峻也都有部曲，他们都是豪族地主。隋唐之际，农民起义四起，豪族地主中颇有人利用这个形势，占据城邑，如占据兰州等地的薛举、占据河南的李轨，都是当地的豪族地主。

5. 富商地主资产雄厚

三国两晋南北朝隋唐时期的门阀地主和品官地主，有的利用职权进行商业活动，虽多次有诏命禁止，并没有多大效力。在广州等有对外贸易港口的地方做官，更有机会谋取厚利。唐中叶以后，各地军事长官以军用的名义在扬州等地开设店铺，经营商业，在当地商业活动中占有极大的优势。但这些人还不能说是富商地主。富商地主，是以一般地主的身份进行经常的商业活动，从而积累了雄厚的资产的人。三国时，糜竺的祖先有好几辈人都作生意，养有奴仆上万人，积累了上万万的财产。他献给刘备奴仆2000千人和金银货币，使刘备脱离当时军资上的困境。隋唐间，郑凤炽的货栈、庄园、住宅分布各地，跟权贵往来，势倾朝野。他对李渊夸富，说："我家的绢，在终南山的每棵树上挂一匹，也挂不完。"像糜竺、郑凤炽这样的人，可以说是当时富商地主中的大人物了。三国以后，有不少专业性质的商人，但从富商大贾到小商小贩，特别是盐商和茶商，都离不了对封建势力的依附。

6. 土地私有的广泛性

寺院地主和庶族地主，跟门阀地主一样，都有自己的荫附户。这些荫附户是不在国家户籍的劳动者。他们的存在，意味着这些地主跟封建国家间对劳动人手的争夺。封建国家为了把游离于土地的农民重新附着于土地上，也为了跟这些地主进行斗争，采取了具体的措施。一种措施，是用整理户籍的办法，使国家户籍上的户口增加。又一种措施，是实行授田，为农民附着于土地创造了条件。三国以后，实行了几种形式的授田法。196 年，曹操开始在许昌屯田，把流民以军队形式编制起来，分给耕种的土地。使用官牛耕种的，按收成的六成交纳地租，不用官牛的按收成的一半交纳地租。280 年，西晋规定，农民男女都可分配到两种田，一种是不向国家交纳地租的占田，一种是向国家交纳地租的课田。交纳的地租，主要是粮，同时还有绢和绵。485年，北魏规定，授田有露田、桑田之别。露田，专供种植谷物之用，男女各分配以一定的面积，不得买卖，年70岁时交还国家。桑田，供种植桑、榆、枣树之用，不须交还国家，也可以出卖其中的一部分。受田的农户，必须向国家交纳粮食和帛。624年，唐规定按男女、年龄、健康情况，分别授予不同面积的田。唐把露田称作口分田，一般不得买卖，受田者身死交还。桑田称作永业田，可以传子孙，不再交还国家。在一定条件下，永业田和口分田都可以出卖。受田的成年男女，要向国家交纳定量的粮食，绢、绵或布、麻，每年服劳役20天。授田法的这几种不同形式，实际体现了授田法的发展。第一，由课田、占田之分，到露田、桑田之分，再到口分田、永业田之分，以至永业田、口分田都可以出卖，逐步明确了农民在所受土地中有对部分土地的私有权。第二，对每年服役日数的规定，明确了农民在这方面的负担，同时也明确了在劳动量上应受到的限制。这两点表明，从法的观点来说，农民的地位有所改善，农民所受封建国家的束缚有所减轻。但是，第三，农民交纳的地租，跟门阀地主等的荫附户不同，仍然是跟国税统一起来的。第四，封建国家分给露田，还要分给桑田，征收粮食，还要征收织物，这还是要加强农业跟家庭手工业的结合以保持男耕女织的自然经济生产结构。

封建国家的法令向来是很难一一兑现的，更加以唐中叶后土地兼并的盛行和战争的频繁，唐初关于授田的规定已遭到破坏。780年，唐朝廷颁布新法令，规定：国家按照支出的需要定出征税的数额，按照个人资产、田亩的多少定出应纳国税的数额。这里不再说永业田和口分田了，也不再说土地的分配和交还了，这意味着封建国家对土地私有权的广泛的承认，意味着国税之摆脱地租形式而单独地出现。这是中国封建社会在经济方面的很大变化，反映了社会经济的发展。但从这新法令得到好处的，只能是封建国家和地主，他们或是得到随时扩大税收的便利，或是得到任意进行土地兼并的便利。唐末以后农民的起义，仍不得不为摆脱奴役而斗争，并且还要为争取土地而斗争。

第十四讲　炼丹术的鼎盛和化学的发展

1. 古炼丹术的鼎盛与悲哀

隋唐两代，以至北宋，是中国炼丹术发展的鼎盛时代。

唐代，皇室姓李，附托老子李聃为始祖，尊为玄元皇帝，把道教奉为国教。唐代帝王，又多宠方士，迷信神仙方术，炼丹术得到了统治者的支持，也出现了不少有名的炼丹家和内容丰富的炼丹著作。中国炼丹术经过几百年的发展，在唐代达到了全盛时期，火法炼丹与水法炼丹都有很多新的成就；用药品种大为增加，所用植物药料开始增多；实验操作更为复杂，炼丹工具和设备从两汉所用比较简陋的土釜、竹筒等，发展到特制的铁质上下釜、水火鼎、铜桶等，是相当精制和考究的；在理论上也趋于系统和完整，但失去了两汉时期的朴实，更多的是玄奥隐晦的神秘色彩。当时“有法可营造”的长生丹药就有 98 种，收录论述炼丹服食的书目则有 97 部，流行的药金达 15 种。

当时，炼丹家的“仙丹”，大多含有汞、铅、硫、砷等剧毒物质，吃了非但不能长生，反会置人于死地。汉代诗人有“服药求神仙，多为药所误”的感叹，以后不断有人对此发出警告，但服食受害者仍屡见不鲜。“唐诸帝多饵丹药”，唐太宗、宪宗、穆宗、敬宗、武宗、宣宗皆服丹药中毒致死。皇帝如此，何况臣民百姓。当时一些大臣如杜伏威、李道古、李抱真等也都是因服食丹药中毒致死。白居易笔《思归》诗云：

退之（韩愈）服硫黄，一病讫不痊。

微之（元稹）炼秋石，未老身溘然。
杜子（杜牧）得丹诀，终日断腥膻。
崔君（崔玄亮）夸药力，终冬不衣棉。
或疾或暴夭，悉不过中年。

炼丹术的兴盛，带来了死亡与悲哀。

2. 孙思邈及炼丹术的贡献

任何事物都有反正两面。这一时期，出现了不少在当时和对后世都有重要影响的炼丹家和炼丹著作。如孙思邈和他的弟子陈少微、张果、楚泽先生等著名人物。他们或亲自进行炼丹实践，或收录前人经验，汇编成书，探索自然现象、认识自然规律、制备新的物质和保存原始文献等，都做出了不可磨灭的贡献，推动了化学和药物学的进展。

孙思邈，其著述以医学为主，今存《备急千金要方》《千金翼方》各30卷；其炼丹著作多已失散，现仅存《太清丹经要诀》等。此书记有不少化学上的重要成果，如“伏雌雄二黄用锡法”一条，非常明确地介绍了用雄黄、金属锡制作彩色金的方法。这是目前世界上最早的关于制得二硫化锡的明确和翔实的记载。今人的模拟实验表明，这已经是一个相当成熟的方案，用此法制彩色金也较后世阿拉伯和西欧炼金家采用硫黄、硇砂的方法简便，这无疑是世界古代化学史中的一项卓越成就。

陈少微，也是著名炼丹家，推测是玄宗时人，其他就无记载可寻了。陈少微撰写的炼丹著作有《大洞炼真宝经修伏灵砂妙诀》和《大洞炼真宝经九还金砂妙诀》，这两部著作十分重要。在书中，如在销汞法中，关于汞硫用量、火候掌握、操作程序、出现的现象，以及最后汞“化为紫砂，分毫无欠”的结果等也都有记述，可谓准确又细致。从一定意义上来说，书中的这些内容确为很有价值的化学试验记录，并不为过。当然，从书中也可以看到，当时在制取红色硫化汞时所达到的高度工艺水平。

除了孙思邈、陈少微之外，同时代的著名炼丹家还有张果，就是民间所传“八仙”中的张果老。张果是玄宗时人，大约生活在 7 世纪后期至 8 世纪中期，生平同样不详。张果并非“虚无缥缈”，此“仙”著有《神仙得道灵药经》《丹砂诀》和《玉洞大神丹砂真要诀》等绝好著述。书中可见当时制造丹砂确已积累了丰富的经验，其制作工艺较为合理，也相对科学些。

楚泽先生，事迹也不详，是《太清石壁记》的作者。据《新唐书·艺文志》载，此书为隋开皇时著名炼丹家苏元明撰。唐肃宗乾元年间剑州司马编纂。书中记载的“艮雪丹方”，即为锡汞齐制法。此外还记载有制“水银霜法”，其飞炼要诀中所用药物为水银、盐、朴硝、太阴玄精和敦煌矾石。经模拟实验判明，如此飞炼所得的“水银霜”是升汞或甘汞与升汞的混合物。这是我国现存古籍中制得升汞的最早记录。孙思邈《千金翼方》所载《飞水银霜法》的制品，也只能是氯化亚汞（甘汞）。王焘《外台秘要》所收西晋《崔氏方》“造水银霜法”时代更早，也确有可能制得氯化高汞，但因制炼条件较为复杂，能否实现，尚有待研究。

《黄帝九鼎神丹诀》是唐代一部重要的炼丹著作，书中含有丰富的化学知识。例如详细记述丹砂、雄黄、空青、矾石、朴硝等药物的产地及鉴别质量好坏的方法；记载了利用物质不同的溶解度来制取药物的方法，如利用朴硝和芒硝溶解度的差别来提取结晶硫酸钾，等等，这种方法是前所未见的，是一项新的发明。特别值得一提的是，书中收录的“假别药作石胆法”，非常翔实地记载了石胆的人工合成法。这个方法利用了绿矾（黄矾）与曾青之间的复分解反应，其实质与现代无机化学合成方法，几乎完全一致，也是中国古代化学史上的一项很出色的成果。

唐肃宗乾元年间（一说武后至玄宗时），金陵子撰《龙虎还丹诀》上下两卷。金陵子的真实姓名已不可考，从他的道号来看，可能是今江苏人。《龙虎还丹诀》中对用砒霜点化白铜制取砷白铜的技术作了详尽具体的叙述。这是我国古代炼丹家的一项重要贡献。《龙虎还丹诀》还记述了 15 种从各种铜化合物中提取“红银”（即红铜）的方法，甚至做了定量的研究。“炼红银法”实际上是一种新的水法炼铜的方法。

除上述外，唐代还有不少炼丹著作，大多收入《道藏》洞神部众术类中，如《金石簿五九数诀》《铅汞甲庚至宝集成》《真元妙道要略》《张真人金石灵砂论》《修炼大丹要旨》《太虚丹经》《灵宝众真丹诀》《涌泉匮法》等。其中也载有不少关于中国古代炼丹化学成就的珍贵资料，有的书如《金石簿五九数诀》还可能是翻译外国的或者由外国人撰写的作品。可惜的是对许多炼丹著作迄今尚缺少甚至无人进行深入的研究。

此外，唐代的医学和本草学著作中也记录了有化学意义的一些重要成就，其中有些与炼丹术是密切相关的。例如孙思邈的“飞水银霜法”，又如《唐本草》记载的“银膏”制法：用白锡、银箔和水银合成之，“凝硬如银”，这是世界上见于记载的最早的补牙合金。此书还叙述了氯化铜的制法；其制银粉法，也很神妙。另一方面，通过炼丹所得到的化学药物，在医学上得到了广泛的运用。如其中有些丹药具有提毒、拔脓、杀菌、消炎等显著功效，有些则是治疗疥癣、湿疹等皮肤病的良药，现在仍然应用于临床，这也是炼丹术的重要贡献。

3. 古代炼丹家发明火药

火药作为中国古代的四大发明之一，对于世界文明的进步产生了不可估量的影响。

火药是中国古代炼丹家最伟大的发明和最杰出的贡献。

火药的基本成分是硝、硫和炭。而硝石、硫黄和含碳物质则是古代炼丹家所常用的药物，其中硝石是火药的关键原料，中国早在2000多年前就早已利用了。马王堆三号汉墓出土帛书的医方里已有硝石；西汉司马迁的《史记》中，也记载了名医淳于意曾用消石（硝石）治病，在《神农本草经》中，硝石被列为上品药。硝石也是一种主要的炼丹药剂。早期丹经《三十六水法》就着重介绍了硝石在水溶液中对丹砂、雄黄、云母、石英等矿物的化学作用。中国使用硫黄大约始于西汉。《神农本草经》将硫黄列为中品药，说它“能化金银铜铁奇物”。早期炼丹术著作《黄帝九鼎神丹经》和《三十六水法》，已用到硫黄，称之为“石亭脂”。三国两晋时期，中原地区开始从焙烧黄铁矿制取绿矾的窑顶上，收集冷凝成液的硫黄。至于炭类，更是古代常常接触的物质。中国炼丹家对于硝、硫、碳类物质性质的认识和应用，为火药的发明创造了必要的条件，奠定了重要的基础。

中国古代炼丹家在炼制丹药时，常使用硝石、硫黄、雄黄和含碳物质等药料，一旦将这些药料混在一起，加热，则有可能发生猛烈的燃烧，甚至有可能爆炸。葛洪在《抱朴子内篇·仙药》中的“饵雄黄方”就是一个可能引起爆炸的配方。另外，炼丹家们还有一种“伏火法”，其中“伏”的含义和目的在古代炼丹术语中还不是很清楚，但其大概之义，“伏”即为驯伏，是降低某种物质的毒性，或使不稳定的物质变得相对稳定，以便控制，制得相关产品。例如对硝石、硫黄、雄黄的伏火法，就可能是试图将它们通过加热，或其他的手段加以处理，以改变其易燃易爆的剧烈性质。在唐代的丹经中，有不少这类伏火法。其中《诸家神品丹法》所引《孙真人丹经》内“伏火硫黄法”，一般认为是现存最早的火药配方。这个配方包含了硝、硫和炭这三种黑色火药的基本成分。也有学者认为这段话并非《孙真人丹经》的内容。唐元和三年（808 年）清虚子撰《铅汞甲庚至宝集成》中记载“伏火矾法”，是与《诸家神品丹法》所录同类的实验。有人认为这才是有年代可考的最早的火药配方。在中唐时期托名晋郑思远所撰的丹经《真元妙道要略》中提到，“有以硫黄、雄黄合硝石并蜜烧之，焰起烧手面及烬屋舍者”，并告诫说：硝石，“生者不可合三黄等烧，立见祸事”。“蜜”加热易成炭，“三黄”，指硫黄、雄黄和雌黄，在火药发展史上，这两条材料尤为重要。因为前面提到的关于火药配方的两条记载，只是说明该配方中含有硝、硫、炭三种成分，并没有说明会不会引起燃烧或爆炸，而在古代炼丹实践中，丹炉起火或爆炸的事件是时有发生的，只不过未把所含药物记录下来而已。在以上两条记载中，实际上已经把硝石、硫黄和炭混合在一起，这种混合物就是原始的黑色火药。这两条记载也说明，至迟在中唐时期，中国炼丹家已经明确地认识到在一定条件下，火药有剧烈燃烧性和爆炸性，这已是炼丹家实践经验的总结。当然，这一阶段对于火药，只停留在对它的性质的认识，和对它危险性的防御上，至多只是在医药上有所应用罢了。火药直到晚唐五代时期，才被作为自觉和有意识的研究对象，从炼丹家的丹房里，移交到军事家们的手中，成为战争中威力强大的军火弹药，由此军火弹药乃至相配套的武器的研制也才真正开始，迅速地得以发展。

第十五讲　中医药学的突出发展

隋唐时期，中医药学的发展特点，其一，系统全面地整理了医学理论和临床经验，出现了若干大型的专著；其二，中医药与国际之医药的交流，促进了中国医药学的突出发展；其三，朝廷的关注、支持，为中医药学的发展创造了较好的条件。

1. 基础医学理论的研究

对于基础医学理论的研究，在隋唐时期，无论朝廷还是医学家们，都是十分关注的。隋代统治者组织医药学专家，集体编撰大型医方著作《四海类聚方》，多达 1600 卷。

在医药卫生方面，隋朝开始设立太医署和药局，负责宫廷的医药事务和医药人才的培养。唐朝更在此基础上有所发展。

隋朝的太医博士巢元方于 610 年主编《诸病源候论》一书，论述了内、外、妇、儿、五官等科疾病的病因、病理和症状，全书 50 卷，67 门，1720 论，是中国医学史上内容丰富而有创见的专著。

太医博士巢元方等集体编撰，专门论述病因、病理、症候的医著《诸病源候论》，分述各科各种疾病的病因、病理变化、体征与症候等，其宗旨是论述诸病源候，一般不涉及治疗的原则和方法。但是，《诸病源候论》中也有一小部分病症例外，讨论了诊断、预后以及导引和手术治疗所涉及的问题。这部专著不满足于传统的“千般疾病，不越三条”的病因学说，而是更加重视实际观察经验的理论总结。因此，对传染病共性的认识和不同传染病的特点的描述，对疾病之分类或某些疾病的特点的记载，以及对医疗技术创造发明的重视等，都有许多精辟的见解和独特的论述。学术水平都明显超过了前代。《诸病源候论》对中国医学乃至日本、朝鲜医学的发展有着深远的影响，至今仍作为重要的中医典籍，而得到国内外医学界广泛的引证和发挥。

在隋唐时期，关于《黄帝内经·素问》的研究，也有了新的重要进展。如王冰继南朝梁代全元起注释《内经》之后，次注《黄帝内经·素问》，使其难懂的文辞和欠明了的医理，得到注释和阐发，从而扩大了《内经》的影响，及其在医学上的推动作用。此后，1000多年来的数百家《素问》研究者和注家，都是以王冰次注本为蓝本的。

2. 《新修本草》是我国的第一部药典

唐高宗时，苏敬、长孙无忌等23人奉命于657年撰《新修本草》。同时并征集各地药物，绘出药物实谱，供修书之用。659年，书成，共54卷，收录药物844种，考证了过去记载错误的药物400多种，增补后世所用药物100余种。这是世界上第一部国家制定的药典。

隋唐以来，新药品种在不断地增加，外来药物使用的经验也日益丰富，而旧《本草》“防葵狼毒，妄曰同根；钩吻黄精，引为连类；铅锡莫辨，橙柚不分”等，存在的错误也相当严重；用药也十分混乱。为此，医药学家苏恭（又名苏敬）在个人修订《本草》的基础上，于高宗显庆二年（657年）上书请求朝廷详定《本草》。苏恭的请求，得到了唐高宗的赞同。于是，就征召了医药科技等名家22人进行本草学的修订。为了编好这部书，朝廷命令天下郡县，将所产地道药材按实物绘描成图，与标本一并送上。同时，制定了统一收录删节的原则，即：“《内经》虽阙，有验必录；《（名医）别录》虽存，无稽必正。”此外，还要求“下询众议”，“定群言得失”，征询各方面的意见。经过举国上下共同努力，于显庆四年（659年）完成了修订任务，定书名为“新修本草”。全书分药物为玉石、草、木、禽兽、虫鱼、果菜、米谷及有名未用等9类。书成后，颁布全国。这是我国由朝廷主持，动员了全国力量编撰，并由朝廷颁行全国的第一部药典，其时代也远早于国外药典的颁行年代。

《新修本草》也称《唐本草》，可以说是集唐以前本草之大成，完成后除颁行全国作为医学用药的准则外，并列为国家太医署的教科书。《新修本草》不但在国内有着广泛的影响，而且受到国外重视，日本、朝鲜的医药学教育也都以此为课本。这部著作不仅广征博引，而且吸收了国内外的先进成就，如：记载用白锡、银箔、水银制成齿科汞合金填充剂等，这是当时国内最先进的医疗技术。

3. 孙思邈和《千金方》

唐代杰出的医药学家孙思邈（581—682年），京兆华原（在今陕西省铜川市）人，著有《千金要方》和《千金翼方》。书中详细论述了各种疾病的诊断、治疗和预防，对妇科病和小儿护理论述尤为详细。书中还收载了当时常用的药物800多种，对药物的采集、炮制都有记述。后人根据孙思邈在药学方面的成就，尊称他为“药王”，立祠庙来纪念他。

我国早期的医学百科全书，可以讲是孙思邈所著的《千金要方》与《千金翼方》。

孙思邈幼年多病，为筹汤药之资，家产罄尽，但坚持攻读经史百家著述，不懈研习医药的志向不了，自谓“青衿之岁，高尚药典；白首之年，未尝释卷”；“至于切脉、诊候、采药……一事长于己者，不远千里，伏膺取决”，“志学之岁，驰百金百徇经方”。孙思邈终于取得了卓越的成就。

孙思邈博极医原，精勤不倦；广采众方，百年不懈。先后撰成《千金要方》与《千金翼方》，各30卷。他尝谓人曰：“人命至重，有贵千金，一方济之，德逾于此。”故以“千金”命名自己的著作。《千金要方》分223门，列医方5300余首，按妇产、小儿、五官、口腔、传染病、杂病、外科、急救、食治、养生、诊断、方剂、针灸等分科叙述，有理论，有经验，内容十分丰富。《千金翼方》完成在《千金要方》后30年，是他为补充“要方”之不足而编撰的，是《千金要方》的姊妹篇，所以二者的体例基本相同。他的两部《千金方》，被确认为我国早期的临床医学百科全书，是很有道理的，是恰如其分的。

孙思邈在他的书中，重视妇幼保健，以丰富的经验总结和在理论上强调并促进妇产、小儿独立设科，重视按各科每一种疾病逐一叙述对本病的理论认识和各家治疗经验等，在许许多多疾病的认识和治疗上明显超过了前人。如脚气病、地方性甲状腺肿大、夜盲症、糖尿病、急性黄色肝萎缩、营养缺乏症以及免疫技术、咽部异物剔除技术、正骨技术、针灸技术，等等，均为现代研究者所称道。

《千金方》不但在国内有着广泛的影响，日本、朝鲜、美、德、法等国，也很重视对孙思邈的学术思想、医疗道德的研究、继承发扬。

4. 王焘与《外台秘要》

王焘（约670—755年），宰相王珪的重孙。

王焘青少年时期多病，常寻当时的名医，日久天长对医学产生了兴趣。其后，他任职弘文馆，管理国家图书达20余年，此间努力攻读医药书籍，体会匪浅，心得日增。其中，他深刻地认识到中医学的重要缺点，就是理论与实践的脱节。在认真攻读医药书籍的过程中，每当摘录要义，却苦于书中不注出处，难以确知时代与作者，他想要改变上述缺陷，并立于行动，持之以恒。

王焘终于在天宝十一年（752年）实现了自己的心愿，将秘密枢要之方，编撰成书，命名为《外台秘要》。此书共40卷，分1104门，每门皆以《诸病源候论》《内经》或张仲景学说之理论贯其首，并分卷别类收载各种病症治疗医方6000余首，有着理论联系实际的明显特点。其次，凡他所攻读的五六十家的古方，或数千卷新撰，只要《外台秘要》引用者，皆一一注明出处。这是我国医学文献强调详注引文出处的开始，他也被誉为我国古代整理医学文献的大师。由于王焘治学严谨，并且《外台秘要》

所引用的医学著作多已散佚不存，所以《外台秘要》成为现代医学家研究唐代以前医学和据以辑佚、校勘古医籍的重要参考书。

5. 蔺道人与正骨医术

九世纪中，唐统治者推行废止寺院，以促进僧侣还俗从事耕织的政策，蔺道人（已不知其名）也由长安流落江西，隐名埋术，过着半自耕的生活。后来，帮他耕种的彭老人的儿子，因去打柴，多处骨折筋断，求医不愈。此际，蔺道人用他埋没多年的正骨医术为彭老人的儿子治愈了折伤，由此而名扬乡里。蔺道人不愿现名，他将自己的医术传授给了彭老人，并以《理伤续断方》相赠，此后不辞而别。彭老人称蔺道人为仙人，也将所得《理伤续断方》称为《仙授理伤续断秘方》。

《理伤续断方》是现存最早的骨伤科专书，内容丰富，并有相当高的学术价值，也反映出了我国在九世纪前，骨伤科理论和技术已达到了相当高的水平。此书在“总论”中，叙述了诊断治疗方法和步骤，强调运用麻醉、拔伸之牵引，收入骨、捺正之复位，夹缚之小夹板固定，外敷内服药物，以及早期的全身和局部活动等，已为现代中西医结合治疗骨折和实验研究，给予了较高的科学论证。

6. 太医署和医学教育

我国历来沿用以师带徒的传统医学教育方式，六朝创始而隋唐继之兴办的医科学校教育，已经达到了相当完善的地步。唐太医署实际上是国家设立的医科大学，其规模之大，学制之健全，课程设置之新，教学目标之高，考核制度之严，在中国医学教育史上都是十分突出的。

太医署属太常寺领导，除设太医署令、丞以及府、史、医监、医正等行政、教学管理人员外，下设医科、针科、按摩科、咒禁科以及药园等5个系。在医科之下，又分有体疗（内科）、疮肿（外科）、少小（小儿科）、耳目口齿（五官科）、角法（理疗科）等5个临床治疗学科。教师根据不同水平，分有博士、助教、医师、医工等职务，博士、助教负责授课，医师、医工则多承担临床治疗教学的辅佐工作。当时在校师生员工等近400人。在学制以及考核晋升方面，其规定也是很严格的。例如：医科系之体疗是七年制，疮肿、少小是五年制，耳目口齿是三年制；对学生成绩的考核，月考由博士负责，季考由太医署令主持，年终或毕业考试则由太常寺丞主考。品学皆优者可提前分配任职，若不及格者则要降级且不得超过两年，否则则予除名。在课程设置和分科重点教学方面，其制度也是比较严谨的。例如：各科学生均须学习的医学基础课《明堂》《素问》《针经》《本草》《脉经》等，要求"皆使精熟"。在共同学完基础课之后，则分专科重点教学，即所谓"诸医生既读诸经，乃分业教习"。在分业教习上，各科均有不同的学习重点和明确的培养方法和目标。如药园在京师有良田300亩，栽培种植药材，以适应联系实际进行各科学生教学和培养药园师之需要。"药园师以时种莳，收采诸药"，"凡药有阴阳，配合子母兄弟，根叶花实，草石骨肉之类及有毒无毒、阴干采造时月皆分别焉"，使学生能"辨药形，识药性"等。

唐代除国立医科大学外，地方也办有医学校，其规模比朝廷要小，师生最多者20人，并强调："各于当界巡疗"，"掌州境巡疗"，"医药博士以百药救民疾病"，确为基层人民群众服务，此等地方医学教育更有它的特点与实用价值。

7. 国内外的学术交流

中医学，在隋唐时期已居于世界先进之列，但在我国的边远地区，医药学仍较落后。随着国家的统一和经济交通的发展，中原与边远地区在医药学方面的交流也进一步繁荣。

大约是在唐中叶，吐蕃的著名医学家宇妥•元丹贡布搜集民间医疗经验，并吸取了汉族医学著作的内容，主编了《四部医典》一书。这是藏族医学的重要著作，并曾在蒙古流传，对藏医和蒙古医的发展有重要的影响。

当时，随着汉藏关系的改善和文成公主、金成公主之结亲，中医学大量传入西藏，并有多种中医典籍先后被译为藏文。松赞干布等还命令藏医、中医、印度医、阿拉伯医等编撰藏医学著作，其中影响最大者是宇妥·元丹贡布等编撰的《四部医典》，约成书于公元八世纪。是书内容丰富，是藏医、汉医和印度医学等在西藏综合发展的一次总结。是书被全译或节译为蒙汉文外，还有俄、英等文字，影响广泛，为世界藏学家较关注的一部藏医古典著作。

四川、云南、贵州的一些地区，也由于与内地的交流，使原来“只知卜巫，不晓医药”和“杖头挂食，遥以哺之”的落后习俗得到了改变。在北部和西北部，这种医药交流随着丝绸之路繁盛起来。中医学和中医相继在新疆、内蒙古等地得到发展，这些地区的医疗经验和药物也更多地传到内地，并为内地医家撰著所采用，从而更加丰富了中国医药学的宝库。

隋唐时期，国际医药交流更为广泛。隋唐以前，中国与国外的医药交流，特别是中医对国外的影响主要在日本、朝鲜，从隋唐时代起则与印度、阿拉伯等有了更广泛的往来。在繁荣的中日文化交流方面，医学仍占着一个重要的地位。此期日本大量引进中国医学。他们派遣留学生来中国学习医药学，大量输入中国医药书籍，甚至将中国兴办的医学教育体制、课程设置等几乎原样搬到日本，并以《大宝律令》的形式形成制度。在此时期朝鲜医学也经历了与日本大致相似的情况，朝鲜化的中国医学在朝鲜卫生保健中发挥着非常重要的作用。

随着佛教从印度大量传入我国以及广泛传布，印度医学也不断传入，并在隋唐医学的发展中产生了明显的影响。如，汉译的印度医学著作，仅《隋书·经籍志》及《旧唐书·艺文志》等所收录者就有十余种之多。与此同时，在隋唐医学家的著作中，也有不少引用了印度医学的理论和方药等，可见其影响之广泛。中医学同时也传播到印度、巴基斯坦等国家，印度等所谓的“神州上药”，即指中药而言。

中国医学与阿拉伯医学在隋唐时期也有着较广泛的交流。一方面是阿拉伯国家所产的许多药物和香料药物大量运进中国，并为中国医药学家所接受和发展运用。另一方面是中国先进的医学理论和丰富的医疗经验被传播到阿拉伯世界，最著名的有脉学、中药学等，也为阿拉伯医学家的著作所引用。据统计，此期与中国有医药交往的国家和地区约有 20 多个，这对促进中国医药学的发展发挥了良好的作用。

第十六讲　民族融合的隋唐音乐

隋唐两代的音乐，特别是唐代的音乐，在当时或后世，都产生过较为深刻的影响。要探索隋唐两代的音乐，还应追溯到南北朝时代。南北朝是个动荡的时代，由于民族的迁徙杂居，文化的频繁交流，那时的音乐正酝酿着巨大的变化。

江南各地的新的民间音乐不断地涌现出来，充实着南朝“清商乐”。在北朝，北方各地的民间音乐也被发掘、整理，而“西域音乐”，即指我国西部各民族的音乐，以及中亚和印度等地的音乐，又陆续地传入。北周武帝天和三年（568 年），北周和突厥联姻，西域的龟兹（今新疆库车）、康国（今中亚撒马尔罕）等地派艺人组成乐队，随着突厥皇后到了长安。乐队中有个龟兹人名苏祇婆，擅长龟兹琵琶，他把龟兹琵琶七调传授给长安音乐家郑译。民族融合达到了一个新的阶段，南北文化有了更多的交流，各族人民都有了统一的要求，隋文帝杨坚建立了隋朝，统一南北，继承了南北朝的文化，其中包括音乐文化。

1. 隋朝的宫廷燕乐

“太常寺”为隋朝设立的礼乐机构，其中“太乐署”（雅乐）、“清商署”（俗乐）和“鼓吹署”（礼仪音乐）为掌管音乐的部门。开皇二年（582 年），隋文帝下令整理音乐，引起了一场关于乐律的争论。

这时国内民族之间、中外之间的音乐文化交流，乐律的差别，引起了音乐家们的注意。郑译上书阐述龟兹乐律，将中原和西域的乐律结合了起来。这种龟兹乐律大概是西域广泛流行的，属于西域乐系的一种古老乐律，因用琵琶定律比较方便，传入中原之后，就被一些音乐家采用，而对隋唐“燕乐”乐律有一定的影响。“燕乐”因常在宫廷宴会（燕通宴）上演奏而得名，后来也泛称隋唐新兴起的音乐为“燕乐”。隋代初年，宫廷燕乐置7部乐：国伎，即西凉伎，出于凉州（今甘肃武威）一带；清商伎，指中原和江南地区的传统音乐；高丽伎，高丽在今朝鲜；天竺伎，天竺指古印度；安国伎，安国即今中亚布哈拉；龟兹伎；文康伎，是最后的一个结束节目。

此外，又杂有疏勒（今新疆喀什）、扶南（今柬埔寨）、康国、百济（朝鲜古国）、突厥、新罗（朝鲜古国）、倭国（日本）等伎。隋炀帝时，又加以调整，定为9部：清乐（即清商伎）、西凉、龟兹、天竺、康国、疏勒、安国、高丽、礼毕（即文康伎）。这些演艺只可反映出当时朝廷已经搜集到的国内外多种乐舞。但这些只是在朝廷的宴会上乐舞表演的节目单，旨在炫耀皇帝的威望，而不能反映出当时社会的新音乐状况。

2. 唐朝的宫廷燕乐

唐朝前期的100多年间，社会安定，经济发展，人民不仅继承和发扬了南北朝的文化传统，各民族、各地区的文化交流，以及对国外的文化交流，频繁而广泛，民间的音乐活动已形成了社会潮流，新的音乐不断并大量地涌现出来，得到了普遍的传播。

唐朝初年，宫廷燕乐沿用隋9部乐，但增“讌乐”（燕乐），删“礼毕”（文康伎）。至唐太宗时，调整为燕乐、清商乐、西凉乐、天竺乐、高丽乐、龟兹乐、安国乐、疏勒乐、康国乐、高昌乐（高昌即今新疆吐鲁番），共10部。这其中的第一部是狭义的燕乐，包括《景云乐》《庆善乐》《破阵乐》和《承天乐》四个项目，都是为统治阶级歌功颂德的；第二部清商乐是中原的传统音乐。其他8部各有民族、地区的特点，或外来乐舞的特点。

唐高宗时，10部乐即向“坐部伎”（在堂上坐着演奏）和“立部伎”（在堂下站着演奏）转化，至唐玄宗时才算确定下来。“坐部伎”有《燕乐》《长寿乐》《天授乐》《鸟歌万岁乐》《龙池乐》和《小破阵乐》；“立部伎”有《安乐》《太平乐》《破阵乐》《庆善乐》《大定乐》《上元乐》

《圣寿乐》和《光圣乐》，皆以传统或民间乐舞为基础、吸收了 10 部乐及其他乐舞内容，或者就外来乐舞加以改编，创造出综合性的大型乐舞。这一切都标志着唐代乐舞在艺术上的一次代表性的突破。

3. 唐朝的音乐机构

在唐朝的音乐机构中，教坊在宫廷中的规模很小，至唐玄宗开元二年（714 年）加以扩充，在宫廷中设内教坊外，在西京长安（今西安）和东京洛阳，各设外教坊 2 所，都不属太常寺主管，而另由宫廷派年官（宦官）为“教坊使”进行管理。而宫廷中还有“梨园”等处培养乐工。“玄宗既知音律，又酷爱法曲。选坐部伎子弟三百，教于梨园，声有误者，帝必觉而正之，号‘皇帝梨园弟子’。”“宫女数百，亦为梨园弟子，居宜春北院。”这些扩大和新成立的音乐机构，主要传习俗乐，是搜集民间乐舞、培养乐工的地方，也是提高乐舞艺术、传播乐舞技艺的地方。此外，贵族豪门以及各州郡也都有乐人伶工。在唐玄宗倡导之下，乐舞盛行，风靡一时。

唐玄宗时，唐代音乐已达鼎盛时期。天宝十三载（754 年），“以先王之乐为雅乐，前世新声为清乐，合胡部者为宴乐（燕乐）”。此谓雅乐用于朝廷礼仪，伪托为古代圣王遗留下来的；胡部主要指西域音乐，就唐代音乐的发展趋势和整体来说，继承了传统的清商乐，以中原民间音乐为基础，并吸收国内各民族的音乐，以及外来音乐。实际上，广大地区的民间音乐，都依照各自的传统和规律在发展着，并未受到外来音乐的影响。

天宝十四载（755 年），安史之乱爆发，“渔阳鼙鼓动地来，惊破《霓裳羽衣曲》”，又“梨园弟子散如烟”。唐玄宗仓皇出走，教坊乐人流散各地，教坊乐舞却因此更广泛地流传于民间。至德二年（757 年），唐肃宗收复两京，教坊未能恢复开元天宝之盛。唐代宗大历十四年（779 年），下诏罢除梨园伶使及冗员 300 余人，留者隶属于太常寺。至唐宪宗元和十四年（819 年），复置内教坊于延政里。唐宣宗初年，太常乐工仍有 5000 余人，俗乐 1500 余人。而唐宣宗每宴臣僚，自制新曲，所教女伶犹有数千人。终唐之世，一直保存着开元乐舞的异彩斑斓。

4. 唐代的民间音乐

在唐代，业余的和专业的音乐家，有的生活在人民当中，即直接从人民生活中汲取音乐原料从事创作；有的搜集民间音乐作品进行加工改编或再创作，同时吸收并总结广大人民在音乐实践中所取得的经验和知识，整理成音乐理论，音乐理论使音乐艺术的提高更加迅速。社会不断地发展，人民生活不断地发生变化，新的音乐就永远不断地涌现出来，通过各种渠道浮升上来。

当时民间的集体音乐活动，往往和民间节日以及寺院的宗教活动结合起来。唐代佛教已发展到鼎盛时期，寺院林立。有些大寺院是宗教活动、娱乐活动以及其他文化活动的场所，也是商业活动的场所。甘肃敦煌莫高窟保存的大量的乐舞壁画和文书，提供了丰富的珍贵资料。壁画的时代，上起北魏，下至元代，而以唐代的居多。根据这些壁画可以大致辨清文献记载的乐器形状和演奏方式。壁画所描绘的大概也有寺院艺僧演奏的状况。

唐高宗时，“敕九部乐及京城诸寺幡盖众伎，送玄奘及所翻经像、诸高僧入住慈恩寺”。这里所说的“众伎”可能包括各寺的艺僧。艺僧中有不少高手。如唐德宗时的段善本（段和尚）就是最突出的一个。古代相传，长安东西两市祈雨，比赛音乐，都用琵琶弹《六幺》大曲，西市的段善本赛过东市以擅长琵琶著名的康昆仑，传为艺坛佳话。诗人元稹的《琵琶歌》赞扬段善本的弟子李管儿说：“段师弟子数十人，李家管儿称第一”。“管儿还为弹《六幺》，《六幺》依旧声迢迢。猿鸣雪岫来三峡，鹤唳晴空闻九霄。”管儿弹出的这样悠扬清爽的《六幺》曲，可以使人想象善本的艺术修养和风格。

长安的大寺院里平时也设“戏场”。唐玄宗大中年间（847—859年），“戏场多集于慈恩（寺），小者在青龙（寺），其次在荐福（寺）、永寿（寺）”。戏场里都有些什么活动呢？除乐舞之外，大概还有“俗讲”、歌舞小戏、杂技幻术之类。敦煌发现的文献资料中有乐谱、舞谱、曲子词、变文等，都是寺院保存使用的，也有些作品出于僧人之手，反映出了当时寺院音乐活动的内容。

在敦煌石窟中，保存下来了极多的音乐史料，而曲子词中宣扬佛法的并不多见，大多是以爱情为主题的，这大概是由于当时寺院的音乐活动，已经和社会上的音乐活动相结合。西安地区历史悠久的"鼓乐"社团，其成员有农民、市民、和尚、道士，他们互教互学，而有些乐社以佛寺、道观为主，但所传习的仍然是鼓乐，当然也会有佛曲或道曲。上述的这一种情况，皆可触发对于当年敦煌寺院音乐的狂想，以及对于敦煌寺院音乐活动的奇异构想。

5. 唐代的乐曲

唐代的乐曲，就曲式结构来说，可以分为两大类：一大类为杂曲子，是独立小曲，一般都比较短；二大类为大曲，是包括许多乐章的具有固定结构的大型套曲。其中有些小曲是可以独立的或原是独立小曲而被编入大曲的。大曲都和舞蹈结合。它的曲式是继承了相和大曲而又借鉴西域大曲而形成的，结构相当复杂。

唐代乐曲很多，唐崔令钦的《教坊记》，所录杂曲子及大曲，多半是开元、天宝年间流行的乐曲，或出于传统音乐，如《乌夜啼》《广陵散》本为清商曲，或来自各地民间，如《凉州》来自今甘肃武威，《伊州》来自今新疆哈密，《赞普子》出于藏族地区，或出于宫廷音乐家的创作，如《秦王破阵乐》，也有外来乐曲改编的，搜集的范围也很广。另外，段安节的《乐府杂录》和宋王溥的《唐会要》，都比较集中地记录下来了一部分。

6. 唐代的曲子词

唐代的歌词有歌诗，有曲词。歌诗指齐言诗，大多是五言或七言绝句体。这种形式的，多是民歌的基本形式，在配合乐曲时，有广泛的适应性，律诗讲究语音的高低升降，本身已具备了音乐的谐和，演唱时，只要依照乐曲的旋律，在节奏上加以适当的配合，就能和曲调合拍。

曲词即曲子词，是严格依照乐曲的节拍所填写的长短句体的歌词，即文学史上所说的“词”。其中除极少数始终保持齐言体的唱词以外，不包括歌诗。填过长短句的乐曲，即称为“词调”，是唐代乐曲的一部分。早期的词调中有许多是教坊曲。教坊曲是当时最流行的乐曲。

长短句曲词最早出于民间，已为敦煌曲子词所证明。经学者考证，敦煌曲子词中有些可能是盛唐的作品，但在写作技巧方面已经达到相当熟练的程度，因此推断这种长短句体裁的产生当在盛唐之前，大约在七世纪中叶唐高宗时。至盛唐时期，文人开始填写曲子词，但保留下来的不多。中唐时期，白居易、元稹等填了不少的词。他们和民间的音乐活动接触较多，不可能不受到民间曲词的影响。

词调大部分出于民间乐曲。如《长相思》原名《湘妃怨》，是民间祭祀娥皇、女英时所用的乐曲。古代有个神话，说虞舜巡游云南，使二妃——娥皇、女英留居潇水、湘水一带。舜死了以后，“二妃泪下，染竹成斑。（二妃）死为湘水神，故曰湘妃”。白居易依照《湘妃怨》的节拍填词，此曲因而成为词调，改名《长相思》。白居易词的第二首：“深画眉，浅画眉，蝉鬓鬅鬙云满衣，阳台行雨回。巫山高，巫山低，暮雨潇潇郎不归，空床独守时。”用《湘妃怨》曲调写巫山神女的传说。白居易《听弹〈湘妃怨〉》诗说：“分明曲里愁云南，似道‘潇潇郎不归’。”自注：“江南新词有云：‘暮雨潇潇郎不归’。”由此可以推断，《长相思》的前身即《湘妃怨》，《湘妃怨》是祭祀湘水女神的琴曲。白居易又有《忆江南》词三首，第二首：“江南忆，最忆是杭州。山寺月明寻桂子，郡亭枕上看潮头，何日更重游。”自注：“此曲名《谢秋娘》，每首五句。”刘禹锡有《和乐天（白居易）春词，依〈忆江南〉曲拍为句》词。第一首：“春去也，多谢洛城人。弱柳从风疑举袂，丛兰浥露似沾巾。独坐亦含颦。”“洛城人”指白居易。白居易自称所填《长相思》词为“江南新词”，正是为了表示不同于齐言体的歌诗。他填写《忆江南》词，特别指出原曲为《谢秋娘》，而刘禹锡与白居易唱和的《忆江南》词，题目即标明“依《忆江南》曲拍为句”，可见这时文人填词还没有形成普遍的风气，还是一种新的创作方式，此后，作词的风气在文人中间辗转，盛行于晚唐五代，而大盛于两宋。

关于唐代大曲的研究，根据唐代文献可知，大曲分为三大段，即“散序”、“中序”和“破”。每一大段包括若干“遍”，遍也是段的意思。早期的大曲歌词都是齐言诗，到宋代才有长短句体的大曲词（散序无拍，不配诗词）。

我国的讲唱文艺源远流长，唐代的变文有了新的发展。在唐代，民间有“转变”，学者或认为即讲唱变文。“转”或写作“啭”，是唱的意思。寺院利用这种形式宣扬佛法，但为了招引听众，募集布施，于是广泛采用社会题材。这种形式称为俗讲，所用说唱底本称为变文。《乐府杂录·文叙子》条记载：“长庆中（821—824年），俗讲僧文叙（溆）善吟经，其声宛畅，感动里人。乐工黄米饭依其念四声‘观世音菩萨’，乃撰此曲（《文溆子》）。”唐赵璘《因话录》说：文溆举行俗讲时，“听者填咽寺舍”，可见深受群众的赞赏。但唐代的变文直到敦煌莫高窟藏经洞被发现以后，大家才看到。关于变文的范围，说者多有分歧，现在暂时以说唱故事的文艺作品为限。就这批变文的形式说，可以分为三类：一，有说有唱，是标准形式，占多数；二，只唱不说；三，只说不唱，和音乐无关。也许第二类说的部分不多，第三类唱的部分不多，在写定文本时便省去了，待讲唱时再临时补充。变文的咏唱部分，主要是五言或七言诗。大约佛教变文多采用佛曲，其他变文多采用流行乐曲。

唐代的音乐资料，还有敦煌发现的乐谱和舞谱。乐谱是“工尺谱”，用“工”、“尺”等笔画简单的字记写唱名，有《倾杯乐》《西江月》《心事子》《伊州》等九曲。这种记谱法不知始于何时，但发展到敦煌乐谱的记写水平，一定经历过相当长的实用过程。敦煌舞谱残卷包括《遐方远》《南歌子》等六曲，还有《五段子》等三曲各一段，所用谱字有“令”、“送”、“摇”、“据”等，也是企图用最少的谱字记录下每个舞蹈的动作和结构。但无论舞谱或乐谱，记下来的都只是基本结构，在表演或演奏时都还需要乐伎临时依照乐舞规律加工，或即兴加以补充和调整。

7. 中外音乐的交流

隋唐时代，由于陆路、海路交通的发达，商业贸易的兴旺，民族迁徙流动的频繁，等等，东方各国各民族开始了更加广泛的接触。各国各民族都有长期积累的文化成就，一经接触，彼此触及，展现各方奇异，取长补短，充实各自的社会生活内容，引起了大规模的活跃的文化交流，而乐舞艺术又是其中最显著的一种。

当时中国已成为东方文化交流的枢纽，隋朝的“七部乐”中有外来乐舞3种，7部之外又有外来乐舞5种。宫廷燕乐中虽然只安排一些著名的外来乐舞，也可反映南北朝以来中外音乐文化交流的部分成果。唐代初年的9部乐和10部乐中都有外来乐舞4种。后来10部乐为坐、立部伎所代替，立部伎的《太平乐》就包含有天竺乐舞因素。《太平乐》也称《五方狮子舞》。狮子原出于“天竺、狮子等国”，狮子国即今斯里兰卡。舞蹈表演时，驯狮人“作昆仑象”，即化妆成黑皮肤的人，“百四十人歌《太平乐》，舞抃以从之”。古代泛称东南亚诸岛为昆仑。

唐代有许多著名的艺人和宫廷乐师来自中亚。如“舞胡”安叱奴来自安国；琵琶名手曹善才、曹纲来自曹国，曹国故地在今中亚撒马尔罕的北方；米嘉荣、米和郎来自米国，米国在撒马尔罕的西南方。唐代的教坊吸收了一些中亚、印度以及更远地区的乐舞。如《柘枝》源出于石国，石国即今中亚的塔什干；《婆罗门》出于印度；《拂林》出于东罗马帝国或其东方属地，等等。

隋朝宫廷燕乐《天竺乐》中有《天曲》，《天曲》就是佛曲。当时有些佛曲已经在社会上流行，其中有代表性的被选入燕乐中。到了唐代，佛教音乐在中国有很大发展。有些佛曲经过改编，有些为民间乐曲或传统乐曲所代替。中国僧人也创作佛曲。但总有一部分佛曲或多或少带些印度或西域的音乐因素，有宗教意味。寺院也起了传播西域和印度乐舞的作用。

唐代的其他外来宗教，还有摩尼教、袄教、景教等。摩尼教出于波斯，约六至七世纪传入我国新疆，武则天延载元年（694年）传入长安。《隋书·音乐志》所载宫廷燕乐《龟兹乐》中有歌曲《善善》《摩尼》，或认为应读为《善善摩尼》，即鄯善地方的摩尼教乐曲。但《通志·乐略》所列龟兹乐舞曲名及顺序与《隋书》稍有不同，《善善》和《摩尼》不相连接，显然不是一个乐曲。《摩尼》也未必和摩尼教有关。袄教也称拜火教，出于波斯，约于北魏神龟年间（518—519年）传入中原。据记载，河南府袄祠祭神时，“琵琶、鼓笛，酣歌醉舞”。这可能是袄教徒祭神时的普遍状况。袄祠中主持祭祀的僧人称为“穆护”。唐代有《穆护子》《穆护砂》

（砂应作煞）等曲，都可能和祆教有关。又《教法佛经》称“祆神”为“摩醯首罗”，而唐天宝十三载（754年）太乐署改诸乐名，其中《摩醯首罗》改名“归真”，任半塘认为此曲可能和祆教有关。景教是基督教的聂斯脱利派。唐太宗贞观九年（635年），教徒叙利亚人阿罗本等经波斯来长安译经传教。敦煌发现的七、八世纪的景教资料中，有一种即近代天主教“弥撒”中所唱的《荣福经》，又杂以《谢恩经》，既有歌词，应有相应的曲调，当然曲调或有变化，或由中国曲调代替。

其他国家，还有“室利佛逝”国于七、八世纪之间，曾派遣使臣带领艺人到长安。室利佛逝即今印度尼西亚的苏门答腊。唐代宗大历十二年（777年），渤海国的使臣送日本舞女11人到长安。唐德宗贞元十八年（802年），骠国（今缅甸）派遣庞大的乐团携带乐器19种32件，到达长安，演奏的乐曲有12首。这些国家的乐舞对唐朝的乐舞都有影响。

唐代的中国人民对外来乐舞的吸收，是有条件、有选择的。他们所采取的方法可以分为三种：一、吸收。例如，唐代曾一度盛行由波斯传来的“泼寒胡戏”。在严冬季节，表演者持油囊装水，互相泼洒，载歌载舞，以为戏乐。后来，此戏被禁绝，但所用的舞蹈《浑脱》、乐曲《苏幕遮》却保留下来。“浑脱”大概是波斯语“口袋”（kunda）的音译，“苏幕遮”大概是波斯语“披肩”（samosa）的音译。二、融合。例如，把《浑脱》舞和中国传统的剑舞糅合起来，成为《剑器浑脱》。开元年间，舞蹈家公孙大娘擅长此舞，“浏漓顿挫，独出冠时”。杜甫为她和她的弟子的精湛艺术，写下了《观公孙大娘弟子舞〈剑器〉行》的著名诗篇。三、改编。例如，天宝十三载，太乐署公布更改一大批乐名舞名，其中“沙陀调”《苏幕遮》改为《宇宙清》，“金风调”《苏幕遮》改为《感皇恩》。乐曲改名不只是为了使曲名中原化，而且也意味着乐曲本身已经按照中原风格的要求经过了改编或再创作。这次改名的乐曲中有外来乐曲，也有我国西部地区的乐曲。唐代乐人采取这些方式对唐代音乐的内容有所补充。

隋唐时代，中国乐舞也不断地向四周各国传播。例如，当时最流行的乐器之一“筚篥”，原出于龟兹。语言学家岑麒祥先生说，古龟兹语称筚篥为“巴勒喀”，“喀”是词尾，是微小的意思。按汉语筚篥当是龟兹语的音译。现在维吾尔语称筚篥为“皮皮”，有的地方也称“巴勒满”，其形状和名称都和“巴勒喀”有继承关系。筚篥流传到各邻国，或称为筚篥，如朝鲜、日本；或称为筚，如越南、泰国。流传到伊朗后，波斯语称为“巴勒般”，当是巴勒满的音变。

唐朝初年，有歌颂“秦王”李世民的《秦王破阵乐》，有歌有舞，影响很大。贞观三年（629年），僧人玄奘到印度取经，当地的两个国王都对他谈论过这个著名的舞蹈。他们都只是听说过，似乎没有看到。

隋炀帝大业八年（612年），曾在中国学习乐舞的百济人味摩之到日本，传授“伎乐舞”，伎乐舞即指中国乐舞。当时，日本推古天皇在位，由圣德太子（即厩户皇子）摄政。圣德太子把这种舞蹈定为佛教祭仪，以后就逐渐盛行起来。味摩之带去的伎乐面（假面），至今保存在东京国立博物馆里。据日本史书记载，当时对传入日本的中国乐舞，“皇太子厩户最好而讲之，于是韩、吴诸乐始行于世”。所谓“韩乐”指朝鲜乐舞，“吴乐”指中国乐舞。公元702年，日本宫廷设“雅乐寮”，有唐、高丽、新罗等伎乐乐师。隋唐乐曲不断地传到日本，见于著录者就有150多首。大约从八世纪后期，日本流行一种歌谣俗曲，称为“催马曲”（saybala）。据日本学者河口慧海考证，“催马曲”（saybala）是西藏语“saybar”的音译，saybar是“地方恋歌”的意思。日语saybala的内容并不限于爱情，歌词中有时掺杂着藏语。流传到今天的只有7章。

朝鲜古代宫廷乐舞分为两类：唐乐，指由中国传过去的乐舞；乡乐，指朝鲜本国的乐舞。这种分法一定始于唐代。九世纪前期，在中国学习佛法及梵呗的新罗禅师真凿回国后传授梵呗，开创了一个流派。

在历史上，中国人民和各国人民的音乐文化交流，不仅丰富了各自的文化内容，提高了各自的音乐艺术，而且加深了人民之间的了解，增进了友谊。

第十七讲　独具特色的服饰与礼乐

礼俗是指礼制、礼法、礼仪和人们日常生活中的风尚习俗，其包含的内容非常广泛。如衣食住行、婚丧嫁娶、礼乐节庆、人事交际，等等，这些对于古代人们来讲十分重要，“礼俗”是统治国家、治理百姓的重要原则，这在《周礼·天官·大冢宰》中也有表示。隋唐礼俗，内容丰富多彩，形式独具特色，继往开来，一脉相承。

隋唐的服饰与礼乐，就是隋唐礼俗的一部分，充满了那个时代的浓厚气息。

1. 服饰显示时代的精神

服饰，在隋唐时期，在国家统一，社会稳定，经济文化的发展，民族交往，中外交融等背景下，都显示出了那个时代的精神和物质的富足。无论是统治阶级制定的服制，还是民间流行的服饰，都彰显出兼容并存、绚丽多彩的特色。

隋唐统治者为体现封建社会的尊卑等级制，对官阶等级进行了严格的划分。隋炀帝外出巡游，左右随从官员不穿朝服，而穿戎服，致使天下士庶，都爱穿戎服，这也是为了方便。隋代为了分别官吏、庶民的等级和身份，把戎服的服色按品级区分。大业六年诏曰：“五品以上，通着紫袍，六品以下，兼用绯绿，胥吏以青，庶人以白，屠商以皂，士卒以黄。”

唐朝在服饰制度上，沿袭隋朝的品色服，并加以完善。唐高祖武德四年（621 年）8 月颁布敕令，“三品以上，大科绸绫及罗，其色紫，饰用玉。五品以上，小科绸绫及罗，其色朱，饰用金。六品以上，服丝布，杂小绫，交梭，双紃，其色黄。六品、七品饰银。八品、九品鍮石。流外及庶人服绸、绢、絁、布，其色通用黄，饰用铜铁。”至唐太宗贞观四年八月，下诏规定，凡官吏三品以上的穿紫色官服，四品、五品以上的穿绯色官服，六品、七品的穿绿色官服，八品、九品的穿青色官服。紫、绯、绿、青四色，定官品的尊卑，也正式确立了品色服制度。到了唐高宗上元元年（674 年）八月，对官吏的品级高下、地位尊卑，从服色佩饰上，做了更细致的区分和规定，“文武三品以上服紫，金玉带，十三銙。四品服深绯，金带，十一銙。五品服浅绯，金带，十銙。六品服深绿，七品服浅绿，并银带，九銙。八品服深青，九品服浅青，并鍮石带，八銙。庶人服黄，铜铁带，七銙。”各级官吏所穿官服的颜色一目了然，“唐百官服色，视阶官之品。”从此，彻底禁止臣民穿戴黄色的衣服饰物。原来在隋代，还不禁用黄色，臣民士庶都可以服黄。到了唐代武德初年，因隋旧制，唐高祖以黄色袍衫为常服，后又渐渐用赤黄色，于是开始禁止士庶百姓穿戴赤黄色的服饰。但是服黄的禁令并不很严格，如唐太宗贞观四年（630 年）及唐高宗龙朔二年（662 年）还规定说：“虽有令，仍许通着黄。”“朝参之处，听兼服黄”。后来，因洛阳县尉柳延在一个夜晚穿着黄衣行走，被部人殴打，唐高宗知道了，认为章服品色紊乱，便下令“一切不得着黄”。从此，黄色被皇帝独占，黄袍为帝王专用，一旦加身，就象征着登上了皇位。如此，延续了 1000 多年，直至清朝灭亡才废止。

品色服制度不只规定了大小官吏要依据服色表明身份，而且还规定了他们的母亲、妻子要依据不同的等级身份而穿戴不同品色的服饰。到唐玄宗开元十九年（731 年）八月，又有更加明确详细的规定，“妇人服饰，各依夫、子。五等以上诸亲妇女及五品以上母、妻，通服紫；九品以上母、妻，通服朱。”另外，五品以上官员的母亲、妻子所穿衣服的领口袖子上，可以使用锦绣，凡间色衣裙不能超过十二破，单色衣裙不能超过六破。这样对上层社会的妇女们在服装品色上所做的划分，不仅是对品色服制度的进一步完善，也更完善了作为封建社会统治基础的等级制。品色服虽在唐太宗贞观年间就被确定下来了，但对它的补充和发展却从来没有停止过，除了用色彩、织料来区分官阶品级，到武则天时，又翻出了新花样，就是用不同的绣饰纹样来标明身份。“延载元年（694 年）五月二十二日，出绣袍以赐文武官三品以上。其袍文各有训诫，诸王则饰以盘龙及鹿，宰相饰以凤池，尚书饰以对雁，左右卫将军饰以对麒麟，左右武卫饰以对虎，左右鹰扬卫饰以对鹰，左右千牛卫饰以对牛，左右豹韬卫饰以对豹，左右玉钤卫饰以对鹘，左右监门卫饰以对狮子，左右金吾卫饰以对豸。文铭皆各为八字回文。”（见《唐会要·舆服下》）这种胸前有禽兽花纹，背部有文铭字样的异文袍衫，在唐玄宗时上面的文字被废止了。但针对不同职务的官员，袍服上绣饰各种禽兽纹样以区别文武品级的做法还是延续了下来，如开元十一年（723）六月，唐玄宗敕令千牛卫饰以瑞牛，左右卫饰以瑞马，等等。不仅使品色服制度得到了进一步的发展，而且为明清时期官服“补子”所承袭。

隋唐时期，随着社会风气的变化，服饰也受到影响，总的看来，服饰在前期比较朴素，后期则日渐奢华。唐代后期，社会风气日下，奢侈之习渐长，不遵律令，超越本分，穿戴不合身份的贵重衣料饰物的人越来越多，致使表现在服饰上的等级差别越来越混乱。如在天宝年间，只是唐玄宗和杨贵妃能穿着绣有金乌的锦袍，可到了唐文宗时，一般富贵人家都有这样贵重的衣服。为了恢复封建礼法，严肃服饰制度，唐文宗于大和六年（832 年）六月再次下令制定官员服饰：三品以上官员的衣服可以绣上鹘衔瑞，用孔雀绫制作袍袄，佩戴雁衔绶带；四品、五品官员的衣服只许用地黄交枝绫来制作；六品以下官员只可穿用小团窠绫和无纹绫等织料做的衣服。除此之外，其他所有华贵袍服，一律禁止。外任州府的四品以上官员，可以穿丝布衣服，但不能有花纹。这是唐文宗试图通过重新制定衣服的形式来确立表现在服饰上的礼制，不过在晚唐世风日侈的情况下，诏令虽严，却难以实施。

品色服是伴随着封建统治的强化，作为划分封建等级尊卑，体现封建统治秩序而产生的。而品色服在隋唐时期的发展，则表明封建统治较之前代有所加强，并为后代专制统治的进一步强化提供了可资借鉴的官服形制，从而得以补充、完善，到明、清时代，就形成一套十分繁缛而完备的服饰制度。

隋唐时期的男女服装，既有定制，也有变化。而且，服装在形式上的发展变化之大，花样之多，习俗形成之快，往往使当时人感觉跟不上潮流，如文曰：“吾小时，南市帽行见貂帽多，帷帽少，当时旧人，已叹风俗。中年至西京市，帽行乃无帷帽，貂帽亦无，男子衫袖蒙鼻，妇人领巾覆头，向有帷帽、羃离，必为瓦石所及。”可见服饰习俗新潮迭起，并非一般。

隋唐时期，一般男子的装束是头戴幞头，身穿圆领袍衫，脚登乌皮六合靴，这洒脱飘逸，英武之气的装束，正是中原汉人与北方少数民族相结合的一种服装。隋到唐初，男子在穿着上，最流行的是一种受胡服影响而产生的圆领袍衫，上至皇帝，下至百官，乃至士庶，都经常穿。它的式样一般为圆领、右衽，领子、袖口及襟边有缘边，衣长至膝或至脚，而袖子随着时尚变化而有宽窄之分。穿上这种紧身、适体的服装，行动方便，所以很时兴。但隋唐统治者从有利于巩固封建政权考虑，需要弘扬儒家礼仪，遵守传统礼制，从而对袍衫加以某些改革，因为它毕竟是受北朝游牧民族服装影响的袍衫。唐太宗时，有人建议采用汉人服装上传统的深衣之法，在衫上加襕，也就是在袍衫的腰下加一道宽边作为上衣、下裳的区别标志。又在衣袖处加褾，也就是在袖口处加一段硬衬，当手运动时可以自如地折叠伸缩以便行动。于是这种“襕衫”被定为一般士人应穿的上服。同时为了使从事生产劳动的平民方便行动，就规定在衫下两边开衩，叫作“缺胯衫”。还有人提议在官服袍下加襕，襕的颜色与官品服色一致。从此，襕袍、襕衫渐渐成为男子中不分官吏士庶的流行上服。到盛唐以后，由于胡服的影响减弱，一般世俗又兴起了魏晋时的宽袍大袖。

脚登靴子，本来是北方游牧民族的穿着习俗，后来中原汉人为便于打仗，着戎装时就着靴子，日常生活中还是着履。但到了隋唐时期，靴已不限于戎装，无论帝王官吏及庶民百姓都通行穿“乌皮六合靴”。它是一种短鞠黑皮靴，用七片皮革缝制，有六道接缝，所以又叫六缝靴。不过，隋至唐初，为了维护中原汉人文化传统礼仪，臣僚们上殿廷见君，进官署办公，仍要着履，禁止穿靴。到唐太宗时，经马周一番改制，改长鞠靴为短鞠靴，使靴筒变短，里面再衬上靴毡，于是允许“着入殿省”。这样一来，靴子就可以穿着上朝了。可见唐代穿靴已成风尚。

女子服饰及胡化风尚，隋朝妇女通行的服装是小袖长裙。至于社会上层妇女的衣着式样，还受着南朝齐梁风气的影响，一般仍穿没有袖端的大袖衫子。那些身份地位较低的妇女，大多穿小袖上襦，而且这种式样已成为流行趋势，日益普及。贵族妇女出行时多是穿着大袖服，另外又在肩上加披风式小袖衣，而这种披风式小袖衣都是翻领，里外的颜色不同。

由于社会风气开化，唐朝的妇女受封建礼法限制最少，又因深受北方游牧民族习俗的影响，所以，表现在服饰上，唐代妇女不仅十分讲究服装款式的多样化，追随时代风尚的变化而变换服装式样，而且还出现了被封建礼教视为有伤风化的袒露服装。

唐初妇女的装束，多近于隋代，平常是小袖长裙，长裙向上束至乳部以上，外面穿着短袖衫，有绣带双垂，常常裙束在外露腰。长裙多是用两色绫罗拼合，形成间道裥褶效果。同时，在社会上日益流行一种足以表现妇女思想开放的袒胸窄袖服。穿这种服装，里面不穿内衣，袒领开得很低，使胸脯半露于外。最初多为后宫妃嫔、歌舞女伎所服，“胸前瑞雪灯斜照”。但很快就受到官宦人家妇女的崇尚，并流传到民间女子中，“粉胸半掩疑晴雪，醉眼斜回小样刀”；“日高邻女笑相逢，慢来罗裙半露胸。莫向秋池照绿水，参差羞杀白芙蓉”；“二八花钿，胸前如雪脸如莲。耳坠金镮穿瑟瑟。霞衣窄，笑倚江头招远客”，这些都是描写着袒胸窄袖服的妇女的。那时，贵族妇女中也有穿宽袖袒胸服装的，袒露胸脯，只是袖子更大，并有很宽的绣花缘边。另外，在贵族妇女中又出现过一种新服饰，即不穿内衣，袒胸而系团花长裙，用轻纱蔽体，露肩裸背，从披纱中透出细腻的肌肤。这种袒胸服的流行，表现了唐代妇女对美的大胆追求，对封建礼教的无声抗争，是力求摆脱封建礼法束缚的行为，也是“胆大妄为”，绝无仅有的。

中唐以后，妇女服装是宽衣大袖，且颜色艳丽。“近世妇人，晕淡眉目，绾约头鬓，衣服修广之度，及匹配色泽，尤剧怪艳”。女装衫袖加宽，民间甚至达到四尺，以至皇帝出面制止，在大和元年，规定妇女襦袖不准超过一尺五寸。“诏下，人多怨者”，禁而不止，皇家礼法不敌世俗风尚。

唐代妇女服饰受胡人风俗的影响很大，特点是女穿胡服、女着男装。这种开放的风气，突破了封建礼法男尊女卑的束缚，是有积极意义的。盛唐时期，被称为胡人的西域一些民族的舞蹈在中原地区已非常流行，为社会各阶层所喜爱，而跳胡舞时所着的胡服也受到人们的注目，于是穿胡服之风日盛。

2. 礼乐主要为“礼”服务

古代统治者举行祭祀天地、祭拜宗庙、求神祈雨以及重大朝会等礼仪活动时，组织的大型的乐舞演出，这些活动大都属于“礼”，而“礼”的内容却主要是对社会秩序做出具体规定，自然而然，“乐”舞也就被纳入“礼”的范围。“礼”与“乐”于是并提，“礼乐”实际上“礼”为主导，“乐”为从属，故乐舞的娱乐性相对地较小，主要意义是为“礼”服务。

这些重大朝会等礼仪活动，象征着统治地位，统治者总是以加强“制礼作乐”来巩固其统治权力；一旦“礼崩乐坏”，则表示其统治权威的衰弱，可见乐舞附加于礼，就有了较强的政治性。隋唐时期，统治者把具有正统性质的祭祀礼乐称为“正乐”或“雅乐”，并设有专门的管理机构。“太常，掌陵庙群祀、礼乐仪制、天文术数衣冠之属。”专管乐舞演出的“清商”、“太乐”二署就隶属于它。太常寺的属官“太乐令，调合钟律，以供邦国之祭祀享宴”。

隋朝开始整理雅乐时，颜之推曾上奏请用南朝梁旧乐，但隋文帝认为那是亡国之音而未采纳，并要求通晓音律的人士详议“正乐”。由于战乱的时间长，雅乐散失，不易考求，用了七年时间仅考出一个音律问题。当时何妥为迎奉隋文帝而奏说：“黄钟者，以象人君之德。”隋文帝听了演奏很高兴，这才采纳了他的意见，只采用黄钟一宫。隋文帝开皇九年灭陈之后，获得南朝宋、齐旧乐，认为史传相承，合乎古法，可以当作“正乐”。当时演奏雅乐所使用的多是钟、鼓等打击乐器，歌词则多仿古代诗句。

唐初雅乐，因隋旧制。至高祖武德九年正月，才命祖孝孙考正雅乐。“孝孙以陈、梁旧乐杂用吴、楚之音，周、齐旧乐多涉胡戎之伎，于是斟酌南北，考以古音，而作大唐雅乐。”他所制定的十二和之乐，共有三十二曲，八十四调，在举行祭祀圜丘、方泽、祖宗、天神、地祇及驱鬼、除邪等礼仪活动中分别使用。后再经张文收的一番改革，“然后乐教大备”。

隋唐时期，朝廷常举行各种祭仪，其中像祭奠天地、宗庙、社稷等，要显示出皇权的尊严，皇家的气派，礼仪隆重，规模盛大。所以，与之相配合的礼乐歌舞，其表演场面自然也要庄重宏伟。仅以一种“大傩之礼”观之，即可窥其盛况之一斑。据《新唐书·礼乐志》记载，每年除夕之夜，唐宫廷中都要举行“大傩之礼”，即一种驱除魔鬼邪神的宗教礼仪乐舞，人数众多，气势磅礴，十分壮观。有“工人二十二人”，其中一人扮方相氏，作为驱鬼的头目，头戴假面，黄金四目，身蒙熊皮，上穿黑衣，下着红裳，执戈扬盾，大声诵咒语，高声唱祷歌，做出驱赶魔鬼的架势。这时，有12岁至16岁的男童扮作驱鬼的“侲子”，戴假面，穿红布裤褶，每24人为1队，高声应和着。又有“执事”12人，披红发，穿红衣，执麻鞭，高呼各路神灵快来吞食魔鬼。还有“唱帅”、“巫师”、“鼓吹令”、“太卜令”等，“各监所部”。于是组成一支声势浩荡的驱鬼大军，“以逐恶鬼于禁中”。一面拼命击鼓吹角，一面使劲歌唱舞蹈，再加上那奇怪的服装和狰狞的扮相，颇能显出阴森恐怖气氛。这种形式的驱鬼乐舞在唐代民间也流行，不过和宫廷中的“大傩之礼”不尽相同，更多地表现出游戏娱乐的色彩。就像孟郊在《弦歌行》诗中所描写的：“驱傩击鼓吹长笛，瘦鬼染面惟齿白。暗中崒崒拽茅鞭，倮足朱裈行戚戚。相顾笑声冲庭燎，桃弧射矢时独叫。”人们击鼓吹笛，歌唱跳舞，驱赶着假想之鬼，等彼此一看到那奇形怪状的假面，却不禁放声大笑，顿时失去了神秘的气氛。除此之外，在唐代民间还流传着其他祭祀乐舞风俗，如巫术活动中的乐舞，也逐渐淡化了宗教性的神秘气氛，增强了群众性的娱乐趣味。甚至还有军士参与此项活动，使娱神表演不为职业性女巫所专断了。这些都在唐人诗作中有所反映。“荆巫脉脉传神语，野老娑娑起醉颜。日落风生庙门外，几人连蹋竹歌还。”“女巫箫鼓走乡村”，描写了当时江南地区的情况。“婆娑依里社，箫鼓赛田神……女巫纷屡舞，罗袜自生尘。”写了当时西北地区的情形。“健儿击鼓吹羌笛，共赛城东越骑神。”描写了边地兵士们奏乐祀神的情景。另外，因为经常发生天旱，所以当时用祭祀乐舞来求神祈雨的风俗也很盛，通行于官府与民间。一旦旱情严重时，朝廷也举行祈雨仪式，演出祭祀乐舞。张九龄《奉和圣制烛龙斋祭》：“群灵鼓舞”，李约《观祈雨》：“箫管迎龙水庙前”，裴谞《储潭庙》：“老农老圃望天语，储潭之神可致雨……女巫纷纷堂下儛，色似授兮意似与”，这些诗句都描写了祀神求雨活动中的乐舞表演。

第十八讲　隋唐之巾帼英雄

1. 巾帼第一人：冼夫人

冼夫人是广东南部越族人。梁武帝天监十一年（512年）生于高凉郡冼氏家中，一个世代为南越首领的家庭。相传她本名阿英。隋时封为谯国夫人。当地人称她为岭南圣母，公元602年于海南巡视途中辞世。在《隋书》中，这样记载着她家，“世为南越首领，跨据山洞，部落十余万家。夫人幼贤慧，多筹略，在父母家，抚循部众，能行军用师，压服诸越。每劝亲族为善，由是信义结于本乡。越人之俗，好相攻击。夫人兄南梁州刺史挺，恃其富强，侵掠傍郡，岭表苦之，夫人多所规谏，由是怨隙止息，海南儋耳归附者千余洞”。

冼夫人20多岁时，为了维护国家的统一，加强民族的团结，力请梁朝于海南置崖州，使自汉元帝时起脱离大陆656年的海南岛，重新回归中央统治，并教化民众，传播先进文化与技术，极大地改变了以往海南的部族割据、互相残杀、茹毛饮血的原始落后局面，使海南得到了安定，经济得到了发展。

梁大同元年(535年)，24岁的冼夫人与冯宝结婚。当年，冯宝为高凉(今广东阳江西）太守，是北燕苗裔，不为高凉人看好，大家也就不太信服他。婚后冼夫人来到后，诫约本族人，要本族人尊重当地的风俗习惯。冼夫人与冯宝处理诉讼案时，对待犯法的本族人，也是依法办事，从不徇私舞弊，不讲情面。这样一来，冯氏在当地的威信建立起来，正是“自此政令有序，人莫敢违”。

梁太清二年（548 年），东魏大将侯景投降了梁朝，后又背叛了梁朝，并进攻梁都建康，围困台城。广州都督萧勃征兵，力救援助解围。此时，高州刺史李迁仕谎称有病，实是不愿前往。但却派人召冯宝前往。冯宝正想前往，却被冼夫人阻止。冼夫人说：“刺史无故不召太守，必欲诈君共为反耳。……刺史被召援台，乃称有疾，铸兵聚众而后唤君，今者若往，必留质，追君兵众，此意可见。”冼夫人话落不久，李迁仕果然举兵反梁。

冼夫人为挡李迁仕，设计请冯宝遣使传信给李迁仕，说冯宝自己“身未敢出，欲遣妇往参”。李迁仕得知后，信以为真，并不加防备。此后，冼夫人便亲率千余人“步担杂物，唱言输赕”，前往大皋口。至灨石，猛然袭击，获大胜。李迁仕败走保于宁都。此时，冼夫人与长城侯陈霸先所率部队会合。冼夫人出征回后，见到了冯宝，便说；“陈霸先大有可为，是个人才，我看陈霸先一定能平定叛乱，你一定要多多帮助他才是！”冼夫人的如此高见，显示出了她的善识时务和军事才智。

梁敬帝太平二年（557 年），陈霸先废梁，自立为帝，建国号陈。这时，岭南地区政局大乱。冼夫人安抚百越各部，并派自己的儿子，年方九岁的冯仆率百越首领去丹阳。陈武帝拜冯仆为阳春郡（今广东阳江一带）太守。

陈永定二年（558 年），冯宝卒，岭南大乱。冼太夫人凭着自己的威望，劝服、团结百越，使社会安定了下来。

陈宣帝太建元年（569 年），广州刺史欧阳纥谋反，把冯仆召至高安，企图拉他一同反陈。冯仆派人告知母亲。冼夫人得知后说：“我为忠贞，经今两代，不能惜汝，辄负国家。”遂发兵拒境，率百越诸部与陈朝派来征讨的将领章昭达内外夹击，使欧阳纥军溃被擒。冯仆因冼夫人助平欧阳纥之功，被封信都侯加平越中郎将、转石龙（治在今广东化州东北）太守。冼夫人被陈朝册封为中郎将石龙太夫人，“赍绣幰油络驷马安车一乘，给鼓吹一部，并麾幢旌节，其卤簿一如刺史之仪”。

陈至德年间（583—586 年），冯仆卒。

隋文帝开皇九年（589 年），隋师攻陷建康，陈朝亡。此时岭南一带未有归属，当地共奉冼夫人为“圣母”，以保境安民。隋文帝派江州总管韦洸安抚岭南，被陈将徐璒阻于南康。在广东，有陈东衡州（州治在今广东始兴县）刺史王勇“征兵据守”。因此，韦洸兵至岭下，“逡巡不敢进”。统帅隋师的晋王杨广命令被俘的陈后主写信给冼夫人，“谕以国亡”，让冼夫人归顺隋朝。随信还有冼夫人当年所献犀杖及兵符为证。夫人见后，确知陈亡，于是她“集首领数千，尽日恸哭”。由于儿子冯仆已去世，决定派孙冯魂率部迎韦洸入广州。至此，岭南悉定。冯魂因被隋朝封为仪同三司，冼夫人被册为宋康郡夫人，隋文帝后来曾对大臣高颎、杨素说“韦洸将二万兵不能早度岭，朕每患其兵少”。可见冼夫人的决断对全局影响之大。

隋开皇十一年（591年），番禺将领王仲宣举兵反隋，围韦洸于广州。驻军衡岭。冼夫人派另一个孙子冯暄前去救围。冯暄因与王仲宣的部将、泷水（今广东罗定）豪门陈佛智关系亲密，迟迟按兵不动，贻误了军机。冼夫人发现后，大义凛然地将冯暄问罪下牢，改派另一孙子冯盎出讨叛军，与隋官军鹿愿会师，共败王仲宣。平息后，冼夫人披甲乘马，亲自护卫隋招抚专使裴矩巡抚各州，岭南遂定。这时，她已届八十高龄了。隋文帝为冼夫人的举动赞叹，特降敕书慰劳。独孤皇后也赐她一批贵重服饰。其孙冯盎因协助隋军平叛有功，拜为高州刺史，次孙冯暄也被赦，拜为罗州刺史。冯宝被追赠为广州总管、谯国公，冼夫人则被册封为谯国夫人。同时，“开谯国夫人幕府，置长史以下官属，听发部落六州兵马，若有机急，便宜行事”。

隋文帝仁寿元年（601年），番州（即广州）总管赵讷贪虐害民，岭南诸部多有亡叛。冼夫人上书朝廷，予以揭发，使赵讷得到制裁。文帝降敕委托冼夫人招慰亡叛。她以九十高龄亲载诏书历十余州，宣述圣旨，抚慰当地民众。朝廷因冼夫人揭发赵讷及安抚民众有功，赐夫人临振县汤沐邑1500户，赠（冯）仆为崖州总管、平原郡公。冼夫人把梁、陈、隋三朝所赠礼品，分三库保管，每逢过年过节，她总要取出展示在庭中。并对子孙们说：“汝等宜尽赤心向天子，我事三代主，唯用一好心。今赐物俱存，此忠孝之报也。愿汝皆思念之！”

仁寿二年（602年），冼夫人卒，享年91岁。谥曰诚敬夫人。在《隋书》《北史》中，均有谯国夫人专传。

冼夫人历经梁、陈、隋三朝约80年，其军事、政治活动横跨南越10余州。

谯国夫人正处全国时局最乱之时，她作为南越首领，拥有自己的武装力量，并得民心，完全具备了割据称雄的条件，但她却能完全顺应历史的发展与人民的心愿，始终致力于国家的统一和民族团结，一生不遗余力地协助朝廷剪除地方割据势力。

冼夫人还能惩治贪官污吏，革除社会陋习，以促进民族融合和推动社会文明进程。她事国以忠，亲民以德，行政以仁，治兵以义，因此恩播百越，威震南天，而深受人民爱戴，屡得皇朝褒扬。而她的子孙们相继为祖国的和平统一和民族团结尽心尽力，成为南朝梁、陈及隋与唐初稳定珠江流域政治局面的主要支柱，为岭南地区社会百年的相对稳定和经济发展做出了巨大贡献。冼夫人是爱国主义典范。

为了纪念冼夫人，后人在两广的高、雷、化、钦、廉等州县建造了她的庙宇，其中茂名、电白等地一县就有冼庙 20 来处，海南岛各地建有冼庙 100 余座，在香港、台湾、马来西亚、越南、新加坡等地区和国家也有华人建的冼庙。在中国，政府或者民间每年都举行盛大的纪念活动。自六朝梁陈至明清皇朝先后给予册谥之外，还有如唐魏徵、宋苏轼、明李东阳、清王士祯等名人给予作记与歌颂。周恩来总理誉冼夫人为“中国巾帼英雄第一人”。2002 年，江泽民主席视察冼庙时，称冼夫人为“我辈后人永远学习的楷模。”

2. 绝对英雄：平阳公主

平阳公主是唐高祖李渊的第三个女儿，也是李渊嫡妻窦氏（窦皇后）的爱女。她是巾帼英雄，她的才识与胆略，丝毫不逊色于她的兄弟。

平阳公主的名字和出生日期，在记录其事迹的《旧唐书》和《新唐书》中，从没记载。平阳公主去世，应是武德六年（623 年）。

南北朝在隋朝统一之后，不久又一次陷入了大分裂的状态。隋文帝的外甥李渊用了 7 年的时间，击败了群雄，再一次统一了天下。李渊当上了皇帝，这当然与他个人的天赋是决然分不开的，但其中很重要的是他有一群杰出的儿女。在这群儿女中，建功立绩最为突出的是太子李建成、次子李世民和三女儿平阳公主。

平阳公主后嫁柴绍为妻。柴绍，在唐朝的凌烟阁24功臣中排第14名，其谋略出众，善于以少胜多，婚后，柴绍携妻平阳公主定居长安城。

当初，隋末政局动荡，民不聊生，天下大乱。隋大业十三年（公元617年）五月，李渊决定起兵反隋。而当时李渊的胜出机会并没有多大。他地处山西边境，远离首都长安和东都洛阳。手下兵力也很缺乏，不过万把人，而且当时要面对突厥的进攻，他的家眷还全在长安，身边只有次子李世民。李渊领兵离开自己的防地时，对外宣称是为了到江都去接应被困在那里的隋炀帝。可是，李渊的行军方向，却直指首都长安。这种声东击西的做法，当然瞒不过长安的隋朝官员。长安方面立即下令拘捕李渊的家人，其中就有平阳公主和她的丈夫柴绍。此时形势危急，李渊密约柴绍到太原相会，柴绍决定直奔太原。柴绍此时感到偕妻子同行确有困难。平阳公主体贴丈夫的难处，她和丈夫快速商议后，决定分头行动。当时，平阳公主表示："你尽管走路，我自有办法。"平阳公主送走了柴绍后，在后方进行着各种筹划安排。平阳公主很快动身回到鄠县（今陕西户县）的李氏庄园，女扮男装，自称李公子，将当地的产业变卖，赈济灾民，很快招收了一支几百人的队伍。很快李渊起兵的消息就传来了。平阳公主听到这个消息，决心要招募更多的军队，扩充军力。当时，在鄠县一带有几支胡人队伍，各有数千人。于是平阳公主就派家奴马三宝前去说服，劝他们都归顺了平阳公主的队伍。此后，平阳公主的队伍飞快发展，多达7万多人，声势大振。由于这支队伍由平阳公主率领，被当时的人们称为娘子军。在此期间，隋朝廷不断派兵攻打平阳公主。平阳公主率领的军队，不但打败了隋军的每一次进攻，而且势如破竹，连续攻占了鄠县、周至、武功、始平等地。后来，柴绍与平阳公主各率自己的部队，与唐军李世民的队伍会师渭北。李渊称帝后，平阳公主多次因功受赏。

平阳公主去世时，唐高祖想以鼓吹送葬，主管人并不同意，说这"鼓吹送葬"有违古俗。从古今来，还从没有为妇女用"鼓吹送葬"的。唐高祖却认为公主亲身经过多次战事，这难道是以前的妇女所有的吗？鼓吹是军礼，有何不可！平阳公主的葬礼，在唐高祖的坚持下，最终还是使用了军礼。这样，平阳公主便是中国封建史上，唯一一个由军队为她举殡的女子，乃巾帼英雄。

《旧唐书·柴绍传》有平阳公主的附传，《新唐书·诸公主传》也有平阳公主的传记。

3. 妇女书与宋氏姊妹

隋唐时期的妇女书，指那时的妇女写的作品，以及有关论述妇女的著作。隋唐时期。妇女书远较前代为兴盛。

据《隋书·经籍志》著录，有《妇人书仪》8卷，《妇人集》20卷，《妇人集抄》2卷，《杂文》16卷为妇人作，《女鉴》1卷，《妇人训诫集》11卷，《贞顺志》1卷，均不著年代。《旧唐书·经籍志》和《新唐书·艺文志》所著录有妇女作品及有关妇女的著作多种，主要有：《述圣记》，1卷，大圣天后撰。《高宗实录》，100卷，大圣天后撰。《圣母神皇实录》，18卷，宗秦客撰。《则天皇后实录》，20卷，魏元忠等撰，刘知幾、吴兢删正。《列女传》，100卷，大圣天后撰。《保傅乳母传》，1卷，天后撰。《玄览》，100卷，天后撰。《妇人方》，10卷。《女则要录》，10卷，长孙皇后撰。《列女传》，7卷，魏徵撰。《孝女传》，20卷。《古今内范》，100卷。《内范要略》，10卷。《王氏女记》，10卷。《王嫔传》，5卷。《尚宫朱氏女论语》，10篇。《训记杂载》，10卷，武后撰。《维城典训》，20卷。《紫枢要录》，10卷，大圣天后撰。《百寮新诫》，4卷，天后撰。《青宫记要》，30卷，天后撰。《少阳正范》，20卷，天后撰。《臣轨》2卷，天后撰等。这些书大部分是武则天以“大圣天后”名义编写的，武则天当时依据个人的权力，才有能力主持修书工作。虽然武则天的这一举动，既不能反映出当时的妇女在文化上有什么要求，同时也无助于妇女在文化上有什么样的提高，尽管当时撰写妇女书的数量很大，但没有一定的社会基础与需要，几乎无一流传下来。但是从当今的角度来看，有总比没有要好。

唐代妇女书传下来的有二，一是女道士鱼玄机的诗集，流传也不广，如今中华书局出版；二是宋若莘著、宋若昭注的宋氏姊妹篇《女论语》，这是一部流行较广的书，长期以来为女童的教材，这同班昭的《女诫》，共为妇女书中的两大名作。

宋若莘（？—820年）和宋若昭（？—825年），生年不详，字不详，为贝州清阳（今河北清河东）人。宋若昭为宋若莘妹妹。她们分别于唐宪宗元和末、唐敬宗宝历初故去。

她们的父亲宋庭芬，世为儒学，有才华，生五女，分别取名为若莘、若昭、若伦、若宪、若荀，都十分聪明。宋庭芬教授她们学习经史和诗赋，不到成年，这五个女儿，均能书文成章。宋若莘、宋若昭两姐妹所写的文章，清丽淡雅，但不追寻时尚，并向她们的父母发誓："这辈子不嫁人，愿以学问使父母得以扬名。"宋若莘作为大姐，经常教导四个妹妹，要求妹妹们十分严格。

宋若莘仿效《论语》，著有《女论语》10篇，内容皆以妇女所尚；妹妹宋若昭加以注解，条理甚为清晰。贞元四年（788年），昭义节度使李抱真表荐宋氏五姐妹。唐德宗将宋氏五姐妹召入宫内，试以诗赋，考问经史大义，宋氏五姐妹的不凡表现，使唐德宗深为赞叹。唐德宗本就能诗，常与侍臣作诗唱和，每每都要宋氏五姊妹出席，唐德宗"高其风操，不以妾侍"，通常称呼宋氏五姊妹为学士、先生。因此，她们的父亲宋庭芬同样受到唐德宗的抬举，授官。

元和末年（约820—821年），宋若莘卒，赠河内郡君。宋若莘自贞元七年（791年）以后，一直掌管着宫中记注、簿籍。宋若莘去世后，唐穆宗又令若昭接管，并拜若昭为尚宫。宋家五姐妹中，宋若昭最通晓人事，唐世宪宗、穆宗、敬宗三帝都称她为先生，六宫嫔媛和诸王公主、驸马也都以礼相待，十分尊重她。宋若昭后被晋封为梁国夫人。宋若昭的著作，今存诗《奉和御制麟德殿宴百僚应制》一首（见《全唐诗》）及传奇文《牛应贞传》一篇。

奉和御制麟德殿宴百僚应制

垂衣临八极，肃穆四门通。自是无为化，非关辅弼功。
修文招隐伏，尚武殄妖凶。德炳韶光炽，恩沾雨露浓。
衣冠陪御宴，礼乐盛朝宗。万寿称觞举，千年信一同。

注，唐代传奇《牛应贞传》记叙了女神童牛应贞的事迹。牛应贞为《纪闻》作者牛肃的长女，又说宋若昭《牛应贞传》实出其父牛肃的《纪闻》。

宝历初年（825 年），宋若昭卒。宋若昭故世后，唐敬宗又令宋若宪代管宫籍。宋若宪不但善书文章，还拥有论议奏对之能，故此能在唐敬宗之后，又深受唐文宗的重视。不幸的是太和中（约 830 年），宋若宪遭受诬陷，而被赐死。

宋氏姐妹在新、旧《唐书》中皆有立传，被纳入后妃传中。不同的是，在《旧唐书·后妃传》中，称“女学士尚宫宋氏”，在《新唐书·后妃传》中，则附在《宣懿韦太后》后，称“尚宫宋若昭”。这都说明宋氏姐妹在当时的显赫地位与非凡的影响。

隋唐之妇女人物，不仅仅为上所述，在这样如此重大变化的时期里，上曾有武则天，下有参加农民起义的妇女们，她们同样也都是隋唐之风云人物。

第十九讲　隋唐的交通纵观

1. 交通与东南财富

中国历史上的大事，在政治方面是有两次大统一的出现和崩溃，在民族方面是华人两度战胜了异族，而最后又为异族所败。这种情形，表现在交通上：一方面，由于国内的统一，而唐宋州郡干路，往还交织；其他方面，则由于民族地位的优越，隋唐的域外交通大见昌盛。这两方面，无论就哪一方面说，隋唐盛时的情形都较秦汉时代进步。隋唐交通之所以能为一个新的时代，并不是完全由于上述两方面的情形。这个新时代的最大特征，是运河的开浚和使用。这一方面创人工开河的新纪录，另一方面表现并推进东南诸郡在全国交通上的新地位。这两点，尤其是后一点，在交通史上是有划时代之意义的。

原来当秦汉时，东南经济地位极为落后。无论在农业方面或商业方面，秦汉时东南各地都在很幼稚的状态中，不能和黄河流域相比。这时的南北交通虽可畅达无阻，但东南各地在全国交通上，实在谈不上有什么价值。这时堪称交通中心的大都会，除成都外，都是在黄河流域的。三国时，因魏蜀吴鼎立，南北不能相济，逼迫东南当局，不得不想开发产业的办法。《晋书·食货志》说："吴上大将军陆逊抗疏，请令诸将各广其田。权报曰：'甚善。今孤父子亲自受田，车中八牛，以为四耦。虽未及古人，亦欲与众均其劳也。'有吴之务农重谷，始于此焉。"这是东南农业提倡之始。而《吴都赋》所述建业贸易情形，亦足证明东南商业之逐渐活泼。于是，东南在全国交通地位之取得上，才开始具备了一些重要的条件。晋平吴后，东南农业更有进展。此后，历宋齐梁陈，东南一直为南朝的根据地。170

年中，南朝虽改朝换代，并无多大的变乱。于是，东南遂为天下财富之区，为后来统一的政府所不能不取资的地带。它在全国的交通上，也就不能不有重要的地位了。隋炀帝开运河，正是一方面适应这种新时势的需要，同时在另一方面代表了新的时代之显著地展开。固然，隋炀帝的初意，是在游幸娱乐。但时代的需要，当时纵无隋炀帝，也要有人开辟一条沟通南北的新河道的。

运河通后，南北交通的面目大变。这条新水路，历隋唐至于北宋，其为北方仰食东南的一大通路，日益增加其重要。我们检视新旧《唐书·食货志》和《宋史·食货河渠》二志，不难想象当时运河的景象，如何漕船往来，千里不绝。这是“河渭漕挽千里”的秦汉时代所梦想不到的事。

2. 国内交通路线

(1)

隋唐时，中国境内的交通路线，较秦汉时颇为易知。唐宋因有《元和郡县志》《太平寰宇记》《元丰九域志》的存留，各道或各路以及各州间的距离，都有很明白的记录，我们颇有取资的材料。隋虽无方志书的流传，但隋享国不永，唐又紧承隋后，隋的交通路线和唐时应该没有很大的不同。我们知道了唐时的情形，也就可以知道隋时交通路线的大致了。

隋的幅员，东和南皆临大海，北至五原（今绥远五原），西至且末（今新疆且末），东北至辽西，西南至安南。唐代盛时，“东极海，西至焉耆（今新疆焉耆），南尽林州南境，北接薛延陁界。”隋地，东西 9300 里，南北 14815 里。唐地，东西 9510 里，南北 16918 里。隋唐交通干路之长，至少应在 25000 里之上。然唐有驿 1639 所，驿 30 里一置，应有驿路 49170 里。若置驿之处皆临大道，则唐代的交通干路，不只在 26400 里以上，并且几乎有 50000 里的路线了。

(2)

唐的国内交通路线，据《元和郡县志》于每州下所记的“八到”，上都与各州之间都有通道。今举其主要的路线言：

①上都西北的主要路线

上都西北行，300里到邠州，180里到泾州，330里到原州，390里到会州，380里到兰州，400里到鄯州。从鄯州东北行，500里到凉州。又西北行，500里到甘州。又西行400里到肃州，480里到瓜州，300里到沙州。又北行700里到伊州。更西北行730里到安西都护府，已至唐西北边境。

②上都以西的主要路线

上都西行310里到凤翔，又280里到凤州，450里到成州，380里到武州，250里到文州，160里到扶州，330里到松州。

③上都西南的主要路线

上都西南行760里，到山南西道兴元府，490里到利州，190里到剑南道剑州，290里到绵州，180里到汉州，100里到成都。

自汉州西南行75里到彭州，又120里到蜀州，80里到邛州。又西南行170里到雅州，240里到黎州，650里到雟州，350里到姚州。

自成都南行200里到眉州，140里到嘉州，320里到戎州。

④上都东北的主要路线

上都东北行35里到坊州，125里到鄜州，150里到延州，400百里到夏州，西北经宁远镇故落盐池，750里到天德军。

上都更取道防州之东南，东北行250里到同州，67里到河东道河中府，从河中府北行260里到绛州，又140里到晋州。又东北行360里到汾州，180里到忻州，160里到代州。自代州西北行，120里到朔州，通单于都护府。自代州西北行，400里到蔚州，通天行军。

⑤上都以东的主要路线

上都东行180里到华州，120里到潼关，130里到虢州，435里到东都。

自东都东北行150里，到河北道怀州，260里到卫州，250里到澶州，110里到魏州。

自东都东行，280里到郑州，140里到汴州。

自汴州东行，240里到曹州，370里到兖州，370里到淄州，120里到青州，350里到莱州，240里到登州。

自汴州东南行，330里到宿州，420里到泗州，220里到楚州，250里到扬州。扬州南行70里到润州，170里到常州，190里到苏州，370里到杭州，130里到越州，275里到明州。自杭州西北行315里到睦州，160里到婺州，260里到处州，270里到温州。又自睦州西行280里到衢州，700里到建州，

600 里到福州，370 里到泉州。

⑥上都东南的主要路线

上都东南行 265 里到商州，640 里到山南道邓州，180 里到襄州。

自襄州南行 470 里到江陵府，东南行 570 里到岳州府，550 里到潭州，460 里到衡州，370 里到郴州，410 里到韶州，530 里到广州。

自襄州到江陵，西南行 259 里到峡州，190 里到归州，330 里到夔州，298 里到万州，260 里到忠州，350 里到涪州，330 里到黔州。

自襄州东南行到随州，155 里到安州。290 里到沔州，7 里到鄂州，200 里到黄州，230 里到蕲州，250 里到江州，325 里到洪州。自洪州西南行，570 里到吉州，520 里到虔州，过大庾岭 350 里到韶州，530 里到广州。

以上各地距离的里数或不必完全和实际的情形相符，各路线所经过的大城也许较实际上更迂回，但和唐时主要路线的大致情形，总是没有什么大出入的。

唐之晚季，藩镇坐大，国内割据的形势已成。五代时，中国境内或分为 11 国，（后梁时）或分为 8 国，（后唐后晋后周时）或分为 7 国。（后汉时）各地的交通通路被割成许多独立的区域。但唐以长安为上都，各方路线俱自长安辐射。这是唐交通路线系统之最大的不同。唐的国内交通路线中，不少新开的和新筑的道路；同时也承继了隋的伟大的运河，并新辟了许多水道。关于新道，则《新唐书·地理志》中，所记甚多。

①《关内道商州》下，说：“贞元七年，刺史李西华自蓝田到内乡，开新道七百余里，回山取涂，人不病涉，谓之偏路。”

②《河南道河南府偃师》下，说：“天宝七载，尹韦济以北坡道迂，自县东山下，开新道，通孝义桥。”

③《河南道虢州湖城》下，说：“天宝八载，馆驿使御史中丞宋浑开新路，自稠桑西，由晋王斜。”

④《江南东道杭州余杭》下，说：“宝历中，……（令归）珧又筑甬道，通西北大路，高广径直百余里，行旅无山水之患。”

⑤《江南西道歙州祈门》下，说：“西四十里，有武陵岭。元和中，令路曼凿石为盘道。”

⑥《江南西道潭州益阳》下，说：“永泰元年，都督翟灌自望浮驿开新道，经浮丘，至湘乡。”

⑦《岭南道韶州始兴》下，说："下有大庾岭，开元十六年，诏张九龄开。"

这七条道，恐怕要以关内道的偏路为最长，大庾岭的山路为最要。大庾岭是一条由西而东的山脉。在未开新路前，这山似只有蜿蜒小径，供单人崎岖地通过，为南北交通的阻碍不少。新路既开，自广州北上者，便可得到许多便利。张九龄在《开大庾岭路》一文中，说："以载则曾不容轨，以运则负之以背。而海外诸国，日以通商，齿革羽毛之殷，鱼盐蜃蛤之利，上足以备府库之用，下足以赡江淮之求。"所谓"以载则曾不容轨，以运则负之以背"，应是新路未通前，大庾岭山径交通的困难情形。而"海外诸国"云云，则是新路开通，交通发展后的情形了。此外，还有骆谷路，在周至县西，唐武德七年开，以通梁州。有参天至尊道，又名参天可汗道，在"回纥以南突厥以北"，当即在现在新疆及中亚细亚境内，贞观二十一年开，沿途置驿68所。又有黄巢所刊山道自浙东趋建州，约700里。

3. 运河

（1）

隋唐的水道，合能通舟楫与不能通舟楫者，总计之，凡"三亿二万三千五百五十九。其在遐荒绝域，迨不可得而知矣。其江河，自西极达于东溟，中国之大川者也。其余百三十五水，是为中川。其又千二百五十二水，斯为小川也。若渭、洛、汾、济、漳、淇、淮、汉，皆亘达方域，通济舶舻，从有之无，利于生人者也。"然江、河、渭、洛、汾、济、漳、淇、淮、汉，是天然的水道，不能表示隋唐人对于水道交通之最大的努力；同时，又几乎全是自西而东的水道，也不能在南北的沟通上发挥作用。隋唐人开凿及使用的大运河，独能具备这两种条件，所以运河在隋唐水道交通上的地位，比江河等水道要居较高的地位。

隋唐时的大运河，是由通济渠、山阳渎、孟渎和永济渠联络而成的。通济渠，开于隋炀帝大业元年（605年），唐时叫作广济渠。依《唐地理志图》所绘，则此渠在荥阳之北，引黄河水东南行，经河阴、荥泽、郑州，流入开封南境。东行经考城、宋州、楚邱、虞城，东南行至萧、徐州、下邳、宿迁，更东南入于淮水。山阳渎，隋文帝开皇间开，自楚州之山阳，南行，经宝应、高邮、江都，至扬子入长江。孟渎自润州丹徒引江水东南行，经武进、无极、苏州、嘉兴、盐官，西南至杭州，入浙江，系唐宪宗元和八年开。永济渠引沁水南达于河，自武陟、修武间，引而东北行，经获嘉、新乡、魏县、馆陶、永济、武城、漳南、长河、安陆、景州，至涿郡境，入于海，系隋炀帝大业四年（608年）开。这四个渠联合起来的总长度，大概要有三四千里。

隋炀帝凿通济渠、永济渠成功后，遂即利用它们作大规模的运输。大业元年（605年），炀帝幸江都，所用龙舟、凤媚、黄龙、赤舰、楼船等，凡数万艘，“舳舻相接，二百余里。”八年（612年），隋炀帝自江都御龙舟，入通济渠，渡河，经永济渠以幸涿郡。九年，集大军于涿郡，以讨高丽。共有军队1133800人，运输的人约当军队的一倍，总计有340万人。这340万人，以及这340万人的被服、兵械、粮饷，总也有不少的数目要从这条新水道上走。炀帝做这些事的是非，另作别论；由这些事所表现的南北交通之活泼气象，是以前所没有的。

唐初，关中的出产不够京师官员兵民吃的，开始岁运东南之粟，以资补助。东南之粟，每年按时聚集扬州，由扬州经山阳渎入淮，经通济渠入河，由黄河西入渭水，以至京师。本运河的南段，在这时的经济价值上已见得重要。但唐初需要东南供给者尚少，每岁漕粟不过20万石。高宗以后，需用渐多。玄宗朝漕运最多时，江淮漕米，三岁之中竟达700万石。肃、代以后，关中需于东南者尤殷。唐中叶以后，大运河的南段简直是中央政府的支柱，如有阻碍，立时即感到恐慌，不得不想一个补救的法子了。

（2）

除大运河外，隋唐所开浚的河渠还很多。今举其最要者，有：

一、广通渠，隋文帝开。自大兴城东至潼关，三百余里。“转运通利，关内赖之。”

二、新漕渠，唐垂拱四年（688年）开，南通于淮，北通海、沂、密等州。

三、直河，唐太极元年（712年）敕使魏景清开，引淮水至黄土岗，以通扬州。

四、贵乡西渠，唐开元二十八年（737年），刺史卢晖徙永济渠，自石灰窠引渠水至魏州贵乡城西，注魏桥，以通江淮之货。

五、嘉陵江，唐元和中（806—820 年），山南道节度使严砺，自兴州长举以西，疏嘉陵江 300 里，焚巨石沃，醯以碎之，通漕以馈成州戍兵。

六、新源水，唐开元二十三年（932 年），长史章仇兼琼因故渠开通，漕西山竹木，至于温江。

以上各水，都各经过相当繁重的工程，也都各有其在交通上的重要性。但如就当时全中国的交通说，这些河渠所给予的影响很小，是不能和大运河比的。

4. 域外交通

隋唐时的域外交通很发达，尤以唐的中叶为盛。无论从交通路线的远近说，或从交通密度的疏密说，唐均为隋所不及，并且也比秦汉时有进步。唐贞元间（789—805 年），宰相贾耽详考方域道里之数，从边州入四夷，通译于鸿胪者，莫不毕纪。其入四夷之路，与关戍走集，最要者七：

一曰营州入安东道。

二曰登州海行入高丽渤海道。

三曰夏州塞外通大同云中道。

四曰中受降城入回鹘道。

五曰安西入西域道。

六曰安南通天竺道。

七曰广州通海夷道。

在这七道中，尤其安西入西域道、安南通天竺道、以及广州通海夷道，路线最远。

安西入西域道，据《新唐书·地理志》引贾耽所记，唐盛时西域大道上有一个很繁盛的镇市，由此西进，可到波斯大食（阿拉伯），直达西海（地中海）之滨。

在这几条路程中，在西域方面，唐与隋时不尽相同，而唐天宝乱后，西域交通渐形衰落。安南通天竺道，除见于贾耽所记者，别项记载甚少。而入印度者，似自南北朝时已多取道海上，历隋唐不绝。至于印度至波斯湾之海程，唐以前航行者似不多，而自唐中叶以后，此道的旅客日盛不衰。

故在隋唐时代的域外交通中，虽有向四方的平均发展，但较前代为特别进展并历时最久的，是南海上的交通。

至于隋唐域外交通繁盛的状况，可于当时的大都会中见之。

5. 大都会

隋唐的大都会，有做隋唐京都的长安和洛阳，有位置在黄河运河接连处的汴州，有位置在运河长江接连处的扬州，有滨海的广州、交州、泉州、明州、杭州，有通广州大道的洪州。

长安在隋初，因文帝励精图治，已逐渐由荒凉回复到繁华里去。而因政治中心的关系，长安在交通上的地位，又回复到秦汉时代的样子。这时，“诸州调物，每岁河南自潼关，河北自蒲坂，达于京师，相属于路，昼夜不绝者数月。”可见长安道上运输之盛，交通之繁。唐时，长安更为一国际贸易场所，不只在全中国的交通上占据重要地位，且为唐时的国际贸易之在西方的一个集会点。当时胡人在长安者很多，长安胡化明显。宋时，虽定都于汴，但《太平寰宇记》所记诸州里数，必记诸州与长安间的距离，则宋时长安虽然衰落，仍不失为西方一大都会，而为入蜀入甘的一大枢纽。

洛阳，在隋炀帝时，大事营造。《隋书·食货志》说：炀帝初即位时，“始建东都。以尚书令杨素为营作大监，每月役丁二百万人。徙洛州郭内人及天下诸州富商大贾数万家以实之。新置兴洛及回洛仓。又于阜涧营显仁宫苑囿连接，北至新安，南及飞山，西至渑池，周围数百里。课天下诸州各贡草木花果奇禽异兽。……又命黄门侍郎王弘上仪同于士澄，往江南诸州采大木，引至东都。所经州县，递送往返，首尾相属不绝者千里。”这可见洛阳新宫工程之大。大业三年，洛阳有过一个盛大的国际大会。《隋书·裴矩传》说：“其冬，帝至东都。矩以蛮夷朝贡者多，讽帝令都下大戏，征四方奇技异艺，陈于端门。街衣锦绮珥金翠者，以十数万。又敕百官及民士女列坐棚阁而纵观焉。皆被服鲜丽，终月乃罢。又令三市店肆皆设帷帐，盛列酒食，遣掌蕃率蛮夷与民贸易。所至之处，悉令邀延就座，醉饱而散。蛮夷嗟叹，谓中国为神仙。”这种表面上的装扮，虽出于人工的制作，但既然能制作得出，则洛阳在这时已经又成了一个富庶的地方，而同时也成了一个四夷聚合的场所。唐时，洛阳为东都，其地位之重要仅下于当时的京师一级。我们只要看《元和郡县志》及《太平寰宇记》记诸州间的里数，必提东都或西京，也就可以知道洛阳在唐时交通上之重要了。

汴州，为自运河至长安者所必经之路。唐时商业已很兴盛，《朝野佥载》记述当时汴州的流氓敲诈商人，积累巨万，可见汴州商人资力之厚。不然，是无从受这样大的数目之敲诈的。

扬州是唐时最富的都会。就国内说，它是东南漕运的起点，是盐铁转运使的所在地。就国外说，它通海的道路可至日本，南通广州的商路也吸收海外船舶的大量利益。

广州是唐时南海贸易最盛的口岸。外国商人在广州留居者，大概比扬州的还要多。唐末黄巢乱时，广州外国人被杀者达12万人，真是一个可惊的数目。并且由于这次变乱，南洋交通断绝，波斯湾上的商人因而破产者很多，可见广州在国际贸易上之价值，也可见广州在域外交通上的地位。

6. 唐馆驿

（1）

隋唐的馆驿和交通法令，可以唐时的为代表。隋的享国过短，在这方面没有什么表现。今举有唐一代，也就可看出这个时代的大概情形了。

唐驿的组织，有驿长，有驿夫。驿长每驿一人。驿夫，每驿数人，或数十人，视驿的等第，事的繁简而定。一县之驿，由县令兼理。一州之驿，掌于州之兵曹。一道之驿，于节度使下，置馆驿巡官四人，判官一人，以治理之。全国之驿，属于兵部之驾部郎中员外郎。《唐律疏义》卷25，“诈乘驿马”条，云：“邮驿本备军速。”唐设驿的要义，在于传递军事消息，故在行政系统上属于兵部了。

唐代的驿，也是30里一置。但唐驿似兼具汉之驿邮两种性质。

唐驿总数，计陆驿1297所，水驿260所，水陆相兼者86所，共1639所。

唐律，凡奉命乘用驿马及止宿驿馆者，都叫作驿使。关于驿使，唐律有明文的规定：

一、驿使发遣时，给予符券；得凭符券在一定限期内，乘用驿马。未得符券，辄乘驿马者，处徒刑一年。稽误限期者，误一日杖八十，二日加一等。如遇军情紧急时，而稽误者，刑加三等，或处绞罪。

二、驿使不得无故以书使别人寄送。违者处徒刑一年。

三、驿使受书，不依题署，误诣他所者，随书稽留，以行书稽程论，减二等。若由题署者误，坐其题署者。

四、驿使增乘驿马者，多一匹，处徒刑一年；多一匹，加刑一等。

五、驿使乘驿马辄枉道者，一里杖一百，五里加一等。越过所诣之处者，各加一等。经驿不换马者，杖八十。

六、乘驿马者，唯得赍随身所须衣仗。衣谓衣被之属，仗谓弓刀。除此之外，辄赍行者，一斤杖六十，十斤加一等，罪止徒一年。

七、驿使犯以上各条之失，而系乘驿驴者，准乘马者减刑二等。

八、驿使得在驿止宿。其非驿使，及不应入驿而入者，笞四十。

依这几条规定，唐代的驿完全是为行政上的和军事上的便利而设。唐驿虽兼有馆舍性质，但却是专供贵人之用，与汉之邮亭是不相同的。

（2）

唐的私人旅舍事业很发达。《通典》说：“东起宋汴，西至岐州，夹路列店肆待客，酒馔丰溢。……南诣荆襄，北至太原范阳，西至蜀川凉府，皆有店肆，以供商旅，远适数千里，不持寸刃。”这可见唐时私人旅舍事业之盛。

在唐时的各种客店里，也有外国商人自己经营的客店。大概当时因国际贸易发达的结果，外国商人为适应自己的需要，在贸易昌盛的区域都设有客店。这种客店，大概具备一种行栈之性质。

7. 交通工具

（1）

隋唐的交通工具，在船的方面极为发达。隋炀帝幸江都，舳舻相接，千里不绝，可见当时内河船只之盛。隋炀帝伐高丽，沧海道军，“舟舻千里，高驭电逝，巨舰云飞，横断沮江，”可见当时海上船只之盛。此种海河船只发达的情形，在隋炀帝时或为一时的特殊情形。但以唐时水上交通发展的情形说，唐船只，视此种盛况，应有增无减。

唐德宗时，中国南海官吏已有自制海船，从事海上贸易。《旧唐书·王锷传》：“锷迁广州刺史，御史大夫，岭南节度使。……西南大海中，诸国舶至，则尽没其利。由是，锷家财富于公藏。日发十余艇，重以犀象珠贝，称商船而出诸境。周以岁时，循环不绝。”这时王锷的商船似尚不能直抵波斯湾。其航行的范围或仅在南洋群岛一带。且其船既称为艇，形式尚不甚大也。宣宗大中间，有阿拉伯人苏莱曼者，东游中国，作《故事之铰练》一卷。若依此所记，则这时中国船只直达波斯湾者当已甚多，而中国船只之形制似乎也特别的大，故阿拉伯人之运货东来者，多装在中国船里，而中国船每船一艘之税亦较任何别种船只者为多也。

(2)

唐时，有所谓轮船者，《旧唐书》卷131，李皋“常运用巧思，为战舰，挟二轮踏之，翔风破浪，疾若挂帆席。”《新唐书》卷80也记，李皋“教为战舰，挟二轮踏之，鼓水疾进，驶于阵马。”《册府元龟》卷908，“唐王皋为洪州观察使，多巧思，尝为战舰，挟以二轮，令蹈之，翔风破浪，其疾如挂帆席。”在这三条记载里，王皋是否李皋之误，我们不必深问，唐之有用简单推进机发动的轮船，则为事实无疑。

唐时，又有利用鸽通信之事。唐李肇《国史补》卷下：“南海舶，外国船也。……舶发之后，海路必养白鸽为信。舶没，则鸽虽数千里，亦能归也。”唐末，段成式《酉阳杂俎》卷十六：“大理丞郑复礼言，波斯舶上多养鸽。鸽能飞行数千里。辄放一只至家，以为平安信。”这是外国船上的通信鸽。王仁裕《开元天宝遗事》记张九龄养鸽通信，则是中国人亦有利用鸽者。又《朝野佥载》记唐太宗令鹘送书，自长安到洛阳与魏王，一日往返数次。此事远在唐初，不过用以通信者，不是鸽而是鹘耳。

在车的方面，隋唐时不见有何发展。指南车、司里鼓之属，唐时虽有以意创制者，在大体上也不异于前也。

第二十讲　中国在世界上的地位

隋、唐是继西晋灭亡以后，南北长期分裂，又重新走向统一的两个皇朝。中国经过270多年的分裂，又重新建立起统一的国家，不管在政治、经济、文化哪一方面，都有发展，致使中国封建社会出现了繁荣的景象。

隋、唐不仅在中国历史上占有极为重要的地位，而且在当时的世界上也占有非常重要的地位。在整个人类历史的进程中，中国曾经发挥过先导的作用，也曾经起着楷模的作用，成为东西方经济文化交流的中心。

1. 中国成为世界历史的先导

在当时世界历史的进程中，在当时所有先进国家的历史中，没有一个国家能比中国更早地进入封建社会，拥有先进的社会制度，这是非常重要的。

法兰克封建制度的形成，是欧洲封建制度的开端，然而在中世纪早期，法国是法兰克王国的主要部分。当西欧的封建制度才有一个世纪的时候，正是我国隋朝建立的时候。法国，作为欧洲封建制中心的国家，封建制度的开端，就已经晚于中国700年之久了。法兰克王国的初期，除了国王、贵族从罗马国家和奴隶主贵族那里得到的大庄园以及原有的法兰克地主所拥有的私有土地以外，在生产资料所有制方面，主要的应该是农村公社所有制。因为日耳曼人在入侵西罗马帝国之前，正处在氏族公社向阶级社会过渡的阶段，法兰克王国建立初期，普通的法兰克人还是自由农民，国王是以这些自由农民的农村公社（马尔克）为单位分配土地的。他们的土地是公有的财产，不准买卖或转让。到了六世纪末，他们才从公有制转为私有制，买卖或转让土地也才成为普遍的现象。

再看中国，春秋中期以后，奴隶制度逐渐衰落，奴隶主贵族逐步在形势迫使之下，改变了剥削方式，这就是封建等级土地所有制的剥削，代替了奴隶制的剥削。到了战国初期，新兴地主阶级的政治家又在各诸侯国实行了变法，废除了奴隶主国王所有的土地制度，确立了等级所有制下的私有制，准许土地的自由买卖。后来，西欧也沿着与中国历史大体类同的道路，走向了封建社会，与中国相比，应已是千年之后的事情了。日耳曼贵族分给被征服的奴隶一小块土地，让奴隶纳租服役；原来的西罗马大土地所有者，也正在使用隶农劳动的基础上，进一步剥削自由佃农或依附佃农；农村公社公有的土地制度也正在向私有制转化。中国的奴隶主与西罗马的奴隶主虽然不同，但却都放弃奴隶制剥削，而采用了封建制剥削的道路，才转化为封建地主；中国的井田制与法兰克的农村公社虽然不同，但却都在沿着向私有制转化的道路逐步崩溃。这一切说明了，中国与西欧的历史，虽然内容不同，但都在遵循着一个共同的规律向前发展，早于西欧 700 年进入封建社会的中国，很自然地已经是世界历史前进的先导了。

当时，拜占庭帝国是从七世纪（中国的隋末唐初）开始走向封建社会，印度是在五到七世纪（中国南北朝到唐前期）形成封建制度，朝鲜和日本都是在七世纪中期（中国唐高宗时）进入封建社会，其他各国进入封建社会的时期，应该也都晚于西欧。当时，世界上比较先进的国家刚刚进入封建社会或者正在走向封建社会的时候，中国的隋、唐已经是成熟的封建社会了。决定社会性质的是生产关系，生产关系的主要内容是生产资料所有制。当时，隋、唐皇朝都已是地主、官僚、贵族占有大量的土地，就个体农民而言，虽然占有的土地不多，但是已经可以自由买卖个体农民的私有土地了。“居官挟势，侵夺百姓私田者，一亩以下杖六十，三亩加一等，十二亩有余，杖一百”，这是当时的唐律规定。这表明隋、唐皇朝的土地私有权，已是非常牢固的了。均田制下的土地，还不是完全私有化，只是在战争之后，朝廷不得不把劳动者重新固定在土地上的权宜之计，事实上均田制下的土地也不是绝对不能买卖的，家贫身死无以供葬者，可卖永业田；由狭乡迁往宽乡，可并卖口分田；官人的永业田、勋田和赐田也可以买卖。有如此的土地买卖，均田制实际上难能长期维持下去。自秦以后，多发的农民起义，也无不与土地兼并密切相关，土地私有制早已在中国历史的进程中起着相当重要的作用。中国早已确立的土地私有制，已在当时的阶级矛盾发展中明显地起着加速或延缓的作用。

隋、唐时期的中国社会是成熟的封建社会，而法兰克只是初期封建社会，它的土地农村公社所有制才正在向私有制方面转化。

先进的社会制度，必然促进生产力的迅速发展，也必然导致社会经济的繁荣。这也是隋、唐时期的社会经济发展远远高于西欧的最终原因。当时，最明显的标志就是隋、唐皇朝的商品生产相当发达。商品生产的发达是以农业生产的高速发展为前提的。农业生产可以保证当时社会人们的最低生活需要，如不这样是谈不到发展商品生产的，也同样谈不上促进城市经济的繁荣，等等。城市的发展情况，反映着整个经济的发展情况，其发展水平是相辅相成、互相关联的。可以讲，隋、唐时期的中国城市经济处于世界领先地位。

中国的唐代，已有许多著名的大城市。如首都长安，就是最大的政治、经济、文化的中心。当时长安的人口已近 100 万。这样多的人口，需要大量的农产品、手工业品等多种商品的保障供应，而且所有的商品还对外贸易。当时许多的中外商人云集长安，通达贸易，“四方珍奇，皆所积集”。长安的东西两市是繁荣的商业区，东市有220个行业，邸（货栈）、肆（店铺）鳞次栉比，西市的繁华情况与东市不相上下，这里居住有很多西域胡商，还有大食、波斯的商人。唐朝后期，西市的繁荣情况超过了东市，店肆行业远远超过东市，还有收买各种宝物的胡商和波斯邸。当时的长安，不仅是唐朝国内的重要的工商业城市，而且也是国际性的重要城市。其他城市，如洛阳，仅次于长安，城中有三市，仅南市就有 120 行，3000 余肆，400 余店，商品、货物堆积如山，买卖兴隆。

再看西欧的城市，则远远落后于中国。隋、唐时期，西欧原来古罗马的城市都已衰落，由于生产力水平低下，自然经济占统治地位，商品生产极不发达，所以城市很难发展起来。一直到十或十一世纪，也就是中国的五代到北宋时，都尔奈、巴黎、里昂、马赛等城市，也才刚刚开始发展。那时能够提及的城市是拜占庭的首都君士坦丁堡（今土耳其伊斯坦布尔），有 80 万人口，也就是欧洲最富、人口最密的大城市了。君士坦丁堡的地理位置优越，位于黑海与地中海的交通要道，又是欧亚大陆的桥梁，从而成为东西交通的枢纽，东可与波斯、中国、印度通贸，西可与西欧交往，北与北欧也有商业往来。全部地中海的贸易，无不与君士坦丁堡密切相关。君士坦丁堡除了商业外，手工业也相当发达。它的最重要的丝织业原料生丝，一部分由中国进口，这多亏以长安为起点的丝绸之路在当时发挥的作用；另一部分则由拜占庭本国生产，主要供贵族、官吏享用，少部分则向国内外市场销售。其次，它制造金银餐具和镶嵌金银的器皿，供统治阶级享用，另外还有军火制造业。君士坦丁堡的手工业当时受国家控制，最大的丝织作坊设在皇宫，军火工业更是私人不能经营的。因此，它的独家经营没有竞争，必然影响技术的改进和产品质量的提高，也必然影响商品生产的发展。

从长安到君士坦丁堡之间，还有阿拉伯帝国的巴格达，公元 762 年以后，它是阿拉伯帝国的首都。这里不仅是政治中心，而且也是工商业中心，城里有毛织、棉织、珠宝、香水、玻璃等手工业。巴格达地处亚、非、欧国际贸易的中介地位，这里聚集着许多埃及、印度、中国、拜占庭的商人。中国的丝绸和瓷器，印度等地的香料与染料，中亚的宝石，东非的象牙、金砂和黑奴等，也都从这里转运世界各地。当时，巴格达还有专卖中国货的市场，可见唐帝国的经济发展水平是很高的。

六到九世纪，东方的隋、唐皇朝，西方的拜占庭帝国，西亚的阿拉伯帝国，是当时世界上的经济发达地区。长安、巴格达、君士坦丁堡等是当时世界上著名的大城市，其中以长安更为先进，长安的人口最多，既反映了工商业的发达，也说明了农业生产发展的水平之高。因为，只有农业生产水平高了，才能供应大量的农业生产品，满足大量的非农业人口的需要，也必须有相应的粮食等农作物的加工业。当时长安的城市面貌，充分反映出唐代全面的经济发展水平。总而言之，当时的隋、唐皇朝都是世界上最先进的国家，中国已成为世界历史的先导。

2. 中国成为东方文化的渊源

隋、唐时期先进的经济和政治，必然有相应的先进文化，那时的中国已成为东方文化的渊源。隋、唐的文化，在当时的世界上影响深远，尤其是对东方诸国，朝鲜、日本和南亚诸国的影响更大。

（1）隋唐文化与日本

从西汉起，中日两国就有了历史上的交往。在唐代以前，中国的史籍记载就简略地提到了日本。这些史籍有《汉书·地理志》《山海经·海内北经》《论衡·儒增篇》和《后汉书·东夷传》，等等。其中《三国志·魏志·倭人传》记载得较为详细，史料价值也是比较高的，内容也是十分重要的，此书全文 2000 多字，这也是现存有关四世纪以前日本基本情况的唯一史料，直到今日日本史学界还是非常重视《三国志·魏志·倭人传》的研究。这是因为日本有文字可考的历史，也需从中国的古籍中谈起，并加以研究，由此也可看出中日文化关系的密切与不可分割。

最初，日本接受中国的文化，是绕道朝鲜半岛间接而得的。到了隋、唐时期，日本的有识之士出使隋唐，派遣国使直接赴华，吸取中国的文化，并有些迫不及待。日本木宫泰彦先生曾经说：“日本古代人民生活，在精神和物质两方面，都因中国文化的输入而丰富起来。但是，这些中国文化，都是由三三两两移来的朝鲜人和乐浪、带方的汉人带来的，只是自然而然地、极其缓慢地经由朝鲜半岛传入的。这样始终听其自然发展下去，对于当时多少能够阅读中国典籍，开始理解中国文化的先进人士，是不能忍受许久的，一定热切希望前往当时堪称东方文化渊源的中国，直接吸收优秀的文化。这种愿望的具体实现，便是遣隋使的派遣。”隋朝以前，日本虽然也曾多次与中国通好，但日本朝廷并未曾预料此事之深远。到了日本推古天皇十五年（607 年），圣德太子才开始派遣隋使小野妹子等，由百济使节陪同，于大业四年（608 年）到达长安。日本国遣隋使来华的目的，看似是求佛法，其实更为重要的是为了更多地输入中国的文化。第二次日本国遣隋使的组成人员有僧人，还有学生。圣德太子在知道了很多有关中国文化的知识后，也阅读了些汉文典籍，从而想方设法地去试图吸取向往已久的中国文化，日本国遣隋使也就必然肩负起这种重任。

为了吸取中国文化，日本遣隋使的成员多是隋以前从中国大陆通过朝鲜半岛迁来的汉人，他们懂得汉字，通晓汉语，便于达到吸取中国文化的目的。在隋以前，这些人在日本常出使海外，起草外交文件。例如，南北朝时，日本雄略天皇上南朝刘宋顺帝的表文，有六朝风格，是骈俪体裁，显然是这些人的手笔。遣隋使在中国留学的有的长达 20—30 年，对隋末唐初的政治都有较为深刻的了解，接触也较为广泛。因此，回国以后必然对日本的文化产生巨大的影响，对日本国落后的政治，也必然有所表示和行动，也必然想要尽快仿效唐朝，可能不拘内容，也可能只在形式方面，甚至是期望尽速修饰宫廷的冠服，整饬政府的编制，等等。当然，这种愿望不仅当时有，早在同吴国（中国南朝刘宋）往来的雄略朝（475—479年）时，就已经有了萌动，到了推古朝（593—628 年），这种倾向应该更加显著，其具体地表现在圣德太子制定冠位和颁布宪法上。随着遣隋留学生的回国，日本国的这种愿望更加强烈，竟然达到了无可遏止的程度。日本的有识之士并不满足，反而“益加赞叹向往，热狂地试图汲取、模仿。遣唐使的派遣就是实现这种愿望的手段”。这些也同样表明，日本国遣隋使的活动，已达到了日本统治者最初遣使来华的目的了。

日本国派遣遣唐使共计约 13 次，另还有 2 次只有任命，并未成行。遣唐使的成员，最多的一次达 651 人，最少的一次也有 120 人。其中，最重要的是大使、副使、判官、录事等官吏。这类官员要通晓经史，长于文艺，也都是著名的学者或文人，至少也是有一技之长的学者或文人，并熟悉唐朝，如遣隋留学生回国后，多又充任遣唐使者，他们是容易接受唐朝文化的。除此之外，遣唐使中还有医师、阴阳师、乐师、画师等。医师除了为使团人员医治疾病外，还为了到唐请教医学的疑难问题；阴阳师也是请教相关问题；乐师主要是到唐参观礼见、朝贺、拜辞等仪式奏乐的；画师多为到唐描画珍奇风物，总之都是为了到唐吸取先进文化。遣唐使的成员回国后很受重用，很多人做了朝廷或地方的文武官员。这些官员在任职期间，利用各种机会，把在唐朝的所见所闻推广于日本。在日本历史上有划时代意义的大化革新，就是日本留唐的学生在政治上发挥作用的标志。

当时，日本大化革新的主要内容：废除贵族私家占有土地和部民制度，把全国的土地和人民都作为天皇（国家）的公地和公民；实行班田制，朝廷对 6 岁以上公民，每 6 年班给口分田 1 次，男子 2 反（反也称段，1 反约合 9.918 公亩，1 公亩 =100 平方米），女子为其 1/3，奴婢为其 1/3，死后归还国家，受田者负担租庸调，租即田租，交稻米；庸即役，每人每年 10 天；调即贡物，交纳绢或布；在官制方面，废除世袭制，各级官吏均由国家任免，集权于朝廷。从革新的内容上看，班田制与唐朝的均田制大体类同，而且沿着共同的道路向前发展，国家掌握的土地又逐步转入私人手中，形成了庄园制。官吏制度的改革，实际上也是以唐为样板的。由此可见，日本大化革新是学习唐朝文化在政治方面上所产生的结果。

《唐律》对日本的影响也非常显著。大化革新后，日本官制仿照唐制，设立刑部省。唐高宗乾封二年（667年），制定了最早的成文法典《近江令》。编纂《近江令》的就是随同遣隋使小野妹子来华的高向玄理和僧旻。高向玄理在中国留学32年，僧旻在中国留学25年。《近江令》的主要依据，就是武德、贞观、永徽三朝的令。稍后又颁布的《天武律令》，也是以武德、贞观、永徽三朝律令为蓝本而成的。

《大宝律令》是日本历史上所谓划时代的法典，它与《唐律》一样，都有12篇，其篇目次序都和《唐律》一样，内容也大致相同，只是在某些地方稍有简化与合并。当时便有学人认为："日本律令制时代的法典，亦步亦趋地追随唐朝。"同时还引用日本学者的话说："自奈良至平安时期，吾国王朝时代之法律，无论形式上与精神上皆依据《唐律》。"另外，鸠山和夫与阪本三郎合著的《日本法制史一斑》，把日本的法律发展史分为四个时期，其第二时期就径称为"模仿唐时代"。这又一次说明了唐朝对日本在政治上、文化上的影响极为深远。

再看日本的文字。最初日本是没有自己的文字的，大约从三世纪起，中国文化通过朝鲜半岛传入日本，如《论语》《千字文》都由百济人传入日本。到五世纪，日本贵族已经能够熟练地使用汉字了。到八世纪，日本才正式有了文字，这是根据中国的文字创制的。日本文字的"片假名"，是吉备真备根据汉字的偏旁而创制的楷书字母，"平假名"是空海根据汉字草体而创制的草书字母。空海是唐德宗（780—805年）时到长安青龙寺学佛经的和尚。吉备真备是唐玄宗（712—756年）时在唐留学的学生，他在唐留学的17年中，对于经史、法律及技艺，都很有成就。回国时带回许多典籍和文物，如《唐礼》《大衍历经》《大衍历成》《乐书要录》、测影铁尺、铜律管、弓箭等，这对日本礼制、历法及音乐的改革与创造，都做出了不可磨灭的贡献。

日本的文学与史学，受唐影响也是十分可观的，成效更为显著。日本遣唐使和留学生回国，带回不少汉文诗集。唐玄宗天宝十载（751年）以后，日本作者也相继写出了不少汉诗文集，如《怀风藻》，这是日本最古的汉诗集，也是贵族文学的代表。另外，还有《凌云集》《文华秀丽集》《经国集》等，也都是著名的文学作品。日本最早的史籍《古事记》，是712年用“万叶假名”写成的。《日本书纪》是720年用汉文写成的。其后，《续日本书纪》《日本后纪》《续日本后纪》《文德天皇实录》《三代实录》等书，都是按汉文编年体相继写成的。这五种书，加上《日本书纪》，合称“六国史”。“六国史”的年代互相衔接，从神话传说起，直到公元887年，其内容虽然不完全可信，但却是日本古代的重要历史文献。与此同时，日本写出了一些《风土记》，这与中国的地方志相当。

中国的书法艺术与绘画，在日本同样很有影响。“书法”在日本称为“书道”。日本的奈良时代（710—789年），学习王羲之字体蔚然成风。空海、橘逸势、嵯峨天皇合称平安时期（794—1185年）的三笔。传说空海在唐时曾向韩方明学习书法，橘逸势在唐时向柳宗元询问过书法，嵯峨天皇的字学的是欧阳询体。至于绘画，中国画在日本早已广为传播与受宠，因此日本人也多模仿中国画，或者以中国为题材绘画。这种画，在日本称为“唐绘”。空海由唐带回日本的真言五祖（金刚智、善无畏、一行阿阇梨、不空金刚、慧果）画像，日本至今还收藏完好。

日本在当时的城市建设和建筑艺术方面，也全效仿唐朝。694年，在飞岛（在奈良县境）建立藤原京；14年后，又在奈良建造平城京，710年迁都于此。794年又迁都到平安京（今京都），一直到1192年。这三个都城，都是模仿唐都长安规划营建的。平城京和长安一样，也有朱雀大街，东市、西市。平安京仍然按照长安的街市布局，而规模比平城京更加宏大。虽大小不同，但其构造、布局大体相似。至于宫殿、寺院、官衙和私人住宅也完全是仿唐建筑的。

总之，中国的唐代文化对于日本的影响，是极为广泛而又深远的。日本学者认为：“唐朝三百年间，由于学生、学问僧学来和带回的中国文化产物，不断给予日本新的启迪，中国前进，日本也前进。因此，日本的文化一刻也没有停滞，不断吸收中国的优点，经过整理提炼，咀嚼融化，终于在平安中期以后，在各个方面都逐渐摆脱了唐风，产生了优美、典雅的日本文化。”

日本受唐文化的影响，不单单是日本的遣唐使、留学生起了重要作用，唐到日本去的汉人也起了相当的作用，在隋、唐以前，日本早有“秦人”、“汉人”、“新汉人”的存在。所谓“秦人”，是指一个被认为是秦始皇的后代的，名叫弓月君的人，从朝鲜带到日本去的汉人；所谓“汉人”，是指一个被认为是东汉灵帝后代的，名叫阿知使主的人，从朝鲜带去的一部分汉人；所谓“新汉人”，是指在“秦人”、“汉人”之后移居日本的汉人。这些人之后也融入了日本民族，成了日本民族的一部分，遣隋使的成员也多源于他们。当然，到日本去的唐人也发挥了很大作用。他们之中，有些以使者的身份赴日，完成任务后就回国了。如隋炀帝时就曾派文林郎裴世清等 13 人随小野妹子出使日本，并带有国书。到日本后，受到隆重接待，天皇接见裴世清时说：“我闻海西有大隋，礼义之国，故遣朝贡。我夷人，僻在海隅，不闻礼义，是以稽留境内，不即相见。今故清道饰馆，以待大使，冀闻大国维新之化。”回国时，日本天皇又派小野妹子同行。这些都足以证明日本对隋的尊重，这尊重正是中国文化对日本有极大影响的结果。到了唐朝，这样的活动更加频繁，日本曾专门派过送唐客使。唐朝也常在日本的遣唐使回国时派人伴送，伴送的唐使有时达数十人。如唐肃宗上元二年（761 年），日本迎入唐使高元度回国，唐派沈惟岳、陆张什等 39 人伴送；唐代宗大历十三年（778 年），日本持副使小野石根回国，唐派赵宝英、孙兴进等数十人伴送。这些伴送者，由于当时条件的限制，常因失去渡海机会而留在日本，这些人对唐朝文化的传播必然发挥了很大的作用。例如，袁晋卿、皇甫东朝都是唐玄宗开元二十四年（736 年）去日本留在那里的。袁晋卿精通《文选》《尔雅》的字音，皇甫东朝擅长音乐，他们对于日本音韵学的发展与日本音乐的发展，都做出了很大的贡献。

唐朝的僧人，也有不少到日本后未曾返回。如鉴真大师，他于玄宗天宝十三载（754 年）率领弟子 24 人东渡日本，在日本传授佛经之外，在建筑、医学、雕塑等方面也有过出色的贡献。鉴真大师与门徒们建造了唐招提寺，寺中金堂现仍存在。此堂被认为是“今日所存天平时代（729—748 年）佛殿之最完备者，其构造装饰，足以代表当时最发达之式样手法”。另在医药方面，鉴真大师帮助当时的日本人，对某些难辨真伪的药品以鼻辨别，非常准确。他还带去许多药方，据说，奇效丸、万病药、丰心丹的药方，都是鉴真大师带去的。在雕塑方面，鉴真大师带领门徒创作的佛像，独具一格，在日本雕塑史上被称为招提寺派。鉴真的门徒，多是建筑、雕塑的专家，他们在唐招提寺，发挥了唐代艺术的新成就，发展了日本的艺术，更快地促进了日本天平时代艺术的高速发展。

（2）隋唐文化与朝鲜半岛

中国与朝鲜半岛，自古关系就十分密切。中国的文化传入日本，朝鲜半岛起到了桥梁的作用。隋唐文化与朝鲜，不管是三国分立时代，还是新罗统一以后，都是密不可分的。新罗统一朝鲜半岛后，日本认为新罗是“中国文化的分店”，日本同时还向新罗派了数量可观的留学生。在此之前，大业四年（608 年），日本的遣隋使还曾与百济使节共同到达隋朝。日本学者估计，百济使节“或许为日本使节充任向导”，朝鲜受中国文化的影响要比日本更早。

朝鲜在 15 世纪前一直使用汉字，阅读汉文的书籍；在 15 世纪以后，才有了自己的朝鲜文字。在三国分立时代，高丽的书有《五经》及《史记》《汉书》《后汉书》《三国志》《晋春秋》《玉篇》《字经》《字林》；“又有《文选》，尤爱重之”。百济“其书籍有《五经》、子、史，又表疏并依中华之法”。不仅汉文书籍广为流传，书法也很有影响，唐初的书法家欧阳询，“高丽甚重其书，尝遣使求之”。新罗也大体类同。例如，贞观二十二年（648 年），新罗王真德派其弟金春秋及其子文王到唐。“春秋请诣国学观释奠及讲论，太宗因赐以所制《温汤》及《晋祠碑》并新撰《晋书》”。三国统一不久，新罗王政明就于武则天垂拱二年（686 年）遣使到唐，“因上表请《新礼》一部并杂文章，则天令所司写《吉凶要礼》，并于《文馆词林》采其词涉规诫者，勒成五十卷以赐之”。当时，新罗对于汉文书籍也是十分渴求的。朝鲜人为了便于阅读汉文书籍，在新罗统一后，由薛聪创造了“吏读法”，利用汉字的音来表示朝鲜的助词、助动词，夹在汉字中间，帮助阅读汉文。仅此，对于朝鲜文化的发展来讲作用极大。

为了直接吸收唐朝文化，贞观年间，“高丽及百济、新罗、高昌、吐蕃等诸国酋长，亦遣子弟请入于国学之内”。新罗统一朝鲜半岛后，留学生派到唐学习的更多了，并在长安设立了新罗馆。唐文宗开成二年（837 年），新罗派到唐的留学生多达 200 多人。从唐穆宗长庆元年（821 年）到唐末，登科的新罗学生就有 58 人，其中崔致远最为有名。崔致远 12 岁入唐求学，临行前他的父亲对他抱有很大的希望，并告诫他说：“十年不第，即非吾子也。行矣勉之！”崔致远到唐后，“追师学问无怠”。到信宗乾符元年（874 年），“一举及第，调授宣州溧水县尉。考绩，为承务郎、侍御史、内供奉，赐紫金鱼袋”。黄巢起义后，他又为高骈淮南从事。

后来，又为“侍读兼翰林学士，守兵部侍郎，知瑞书监”。他的著作有《桂苑笔耕集》20卷。这部著作，不仅在中国流传至今，而且是朝鲜现存的一部有价值的文集。崔致远在中朝文化交流史上享有重要的位置。

中国人到朝鲜传播中国文化同样起到了积极的作用。日本古代所谓的“秦人”、“汉人”、“新汉人”等，主要都是从朝鲜半岛东渡的中国人，由此可见中国人在朝鲜半岛的决不在少数。这些中国人在朝鲜半岛，有意识或是无意识地传播中国文化，朝鲜势必愈来愈多地接受中国文化。

隋朝末年，隋炀帝发动进攻高丽的战争。由于战争失败，军队溃散，很多人未曾回国，流落在朝鲜。武德年间，唐与高丽通好，高祖给高丽王高建武书曰：“隋氏季年，连兵构难，攻战之所，各失其民。遂骨肉乖离，室家分析，多历年岁，怨旷不申。今二国通和，义无阻异，在此所有高丽人等，已令追括，寻即遣送；彼处有此国人者，王可放还，务尽抚育之方，共弘仁恕之道。”“于是建武悉搜括华人，以礼宾送，前后至者万数，高祖大喜。”尽管这次有不少人回国，但已经在那里娶妻成家、未曾回国的还有很多。贞观十五年（641年），唐太宗派陈大德出使高丽，陈大德雅好山水，到处游历，“往往见中国人，自云：‘家在某郡，隋末从军，没于高丽，高丽妻以游女，与高丽错居，殆将半矣。’因问亲戚存没，大德诒之曰：‘皆无恙。’咸涕泣相告。数日后，隋人望之而哭者，偏于郊野。”不难看出，隋末流落在朝鲜，而唐初也未曾回国的华人是为数不少的，从文化知识到生活习惯来看，都会对朝鲜有较大的影响。当然，正途受政府派往朝鲜的，应该是有目的地去朝鲜半岛传播中国文化的。武德七年（624年），唐高祖派遣沈叔安前往高丽封高建武为上柱国、辽东郡王，“仍将天尊像及道士往彼，为之讲《老子》，其王及道俗等观听者数千人”。听讲《老子》者数千人，正说明朝鲜人对中国文化的向往。

武德九年（626年），新罗、百济、高丽三国之间矛盾激化，高丽阻止百济、新罗与唐往来。于是，百济、新罗派人到唐求援，并指责高丽“闭其道路，不得入朝”。唐太宗派朱子奢前往和解，三国才都能与唐交往。可见百济、新罗与高丽一样，也是向往中国，青睐中国文化的。

新罗统一后，中国文化继续向朝鲜传播。开元十六年（728年），新罗王兴光“遣使来献方物，又上表请令人就中国学问经教，上许之”。开元二十五年（737年），兴光卒，玄宗派刑琏“往新罗吊祭，并册立其子承庆袭父开府仪同三司、新罗王”。在刑琦临行前，玄宗对他说：“新罗号为君子之国，颇知书记，有类中华。以卿学术，善与讲论，故选使充此。到此宜阐扬经典，使知大国儒教之盛。”刑琦出使新罗，除了吊祭兴光，册封新王外，主要任务就是讲授儒家经典。无疑，这是唐统治者有目的地去朝鲜传布中国文化。

中国文化对朝鲜的影响是多方面的。在三国时代，高丽的“种田养蚕，略同中国”，“兵器与中国略同”。百济的“婚娶之礼，略同华俗”，“有文籍，纪时月如华人”。新罗“言语名物，有似中国人”，“其文字甲兵同于中国”。新罗统一后，像唐朝一样建立了朝廷集权制度。在朝廷设省，地方行政单位为州、郡县，全国有 9 个州、400 多个郡县，还有 5 个小京。选拔人才的办法也是仿唐在京城和地方设立学校，通过考试选拔。另外，由于中国天文、医学、算学的传入，也设置医学、律令、算学、天文等各种博士。这些博士，一方面教授学生，一方面从事有关方面的研究工作，都取得了较好的成就。唐在建筑、雕刻、艺术等方面对朝鲜的影响也是非常大的。

尽言中国文化对于日本、朝鲜的影响甚深，但他们的古代文化，并不等于照搬中国文化，而是在吸收中国文化的基础上，结合本国历史的特点加以创新。如日本、朝鲜最初都使用汉文，但由于日本、朝鲜人民的生活习惯、文化传统、历史发展的具体特点，与中国仍具差异，所以他们先后都又创造了自己民族的文字。

3. 中国成为经济文化交流的中心

隋、唐两代，在当时的世界，都处于领先的地位。由于隋、唐两代高度发展的经济、文化所产生的影响，东西方各国无不向往中国的物质、精神的文明。因此，中国很自然地就成为东西经济、文化交流的中心。

西汉通西域的道路，被称为“丝绸之路”。汉武帝以后，中国的丝绸即大量畅销中亚、西亚各国，并通过这些国家的商人转往欧洲，被希腊、罗马贵族视为珍品，欧洲人最早称中国为“丝绸之国”；三国两晋以后，绵、绢等丝和丝织品都列入正式税收项目，可见丝织业有进一步的发展。“丝绸之路”是当时经济交流的大道，虽然中途数次有断，但总体来讲还是向前发展的。到了隋唐时期，这条大道的作用显得尤为重要了。隋唐两代，丝织业的发展更胜过前代，唐代的丝织品，名目繁多，花样丰富美丽。同时，丝织品的工艺水平也大有提高，图案纹饰形成写真与浪漫相结合的特殊风格。另外，还受到波斯的影响，以纬线组成花纹，吸收了波斯织锦法的优点。由于唐代丝织业发达，唐朝打败突厥后，“丝绸之路”畅通无阻，对外的丝绸贸易十分发达。丝绸从长安经西域，达阿拉伯帝国，再经东罗马转往欧洲，丝绸之质之量，空前提高。

中国的丝织品对于日本来讲，也有很大影响。日本的遣唐使到唐，都带有丝织品，其有些是当路费用的，还有些作送唐的礼物之用。当时，唐朝赠给使团人员的礼品中也有丝织品，当然都是珍品，中日的丝织品也是各有特色。日本的丝织业当时也是相当发达的。

在唐代传到西方的，还有中国的造纸术。天宝十载（751 年）七月，唐将高仙芝率军与阿拉伯军在怛逻斯（今哈萨克斯坦江布尔）打仗，唐军溃败，30000 之众，所余才数千人，很多士兵被俘。被俘的士兵中有些是造纸工匠，阿拉伯就利用这些工匠开始造纸。后来，阿拉伯人又把造纸术传到埃及、摩洛哥以至欧洲。

当时世界上一些较有影响的国家无不与中国有贸易关系，这是由隋、唐的经济地位和政治地位所决定的。各国到唐的使节，均要贡献方物，唐对各国使节也要回馈礼品，还要对各国使节按照级别进行赏赐，这实际上是以国际礼仪的形式进行国际贸易。泥婆罗（尼泊尔）、天竺（印度、巴基斯坦、孟加拉）、波斯（伊朗）、拂菻（拜占庭）、阿拉伯、日本、朝鲜、林邑（越南中部）、真腊（柬埔寨）等等，当时都是以这种方式与唐帝国进行贸易的。除此而外，民间贸易也颇频繁。如黑衣大食（八世纪中叶以后，阿拉伯帝国分裂，在西亚的部分称黑衣大食即东大食），除了多次向唐派遣使节外，商业上的往来不可胜数。长安的西市，是黑衣大食商人的麇集之地。广州及东南沿海地区，还有许多从海路来的大食商人。他们成立特别的居留地“番坊”，暂住的 2 年往返一次，久居的则在中国成家立业，渗入了中国的社会，学会了中国的语言文字，以至有的能诗善赋，成了学者专家。

唐初，与波斯的贸易也很频繁，不管海路还是陆路，都有很多来往。波斯商人从东非、东南亚运来宝石、珊瑚、玛瑙、香料、药品及动植物，交换中国的丝、纸、大黄等物品。唐朝的主要城市，长安、扬州、广州、楚州（治所在今江苏淮安县）等地，都有他们开设的“波斯店”，做香料、珠宝生意。由于中国产品对人们很有吸引力，所以波斯常把产品冠以“中国”的名字，例如白铜叫“中国铜”，制瓷所用的高岭土叫“中国土”。中国吸引了波斯商人，贸易活跃，绝非偶然。

新罗商人来唐贸易的也不少，多在山东半岛的登州、牟平、文登，到江淮一带的扬州、楚州，并设有新罗馆，便于侨居。新罗商人带来朝鲜的土特产，又从唐朝贩回丝绸、瓷器、茶叶、书籍等物品，为中朝的贸易做出过贡献。

在近代的考古中，中国的很多地方都发现了外国的货币。如在新疆的乌哈、库车和吐鲁番，青海的西宁，陕西的铜川和西安，河南的陕县和洛阳，河北定县以及内蒙古的呼和浩特附近坝口子等地，都发现有波斯萨珊王朝的银币。1949 年以来，外国的货币在中国共出土约 30 起，总数有 1171 枚，分属波斯 12 国王（4—7 世纪中叶），其中以库思老二世时的铸币最多。当时，波斯银币是西亚、北非、东欧地区的通用货币。东罗马金币也有多处发现。先是在陕西咸阳隋独孤罗墓出土了 1 枚查士丁尼二世（565—578 年）金币，以后又陆续在西安市土门村唐墓中出土 1 枚希拉克略（610—641 年）金币仿制品，西安市何家村唐代窖藏中出土 1 枚希拉克略金币。新疆吐鲁番阿斯塔那墓地出土了东罗马金币及其仿制品，内蒙古华克齐镇出土 1 枚列奥一世（457—474 年）金币，还在河北赞皇东魏李希宗夫妇墓中出土 3 枚金币。在西安市西窑头村一座中晚唐墓中还曾出土有 3 枚阿拉伯金币，它们同属伊斯兰古币“第纳尔”。日本的和铜开珎银币，铸于奈良朝元明天皇和铜元年（705 年）。此币曾出土于渤海上京龙泉府遗址，又出土于西安何家村窖藏，有 5 枚。这些各种外币的发现，进一步证明了隋、唐皇朝在当时世界上贸易中所占有的极为重要的位置。

以佛教为纽带的各国间的互相交往，是国际文化交流的一个重要方面。佛教产生于印度，西汉末年传入中国。东汉以后，统治阶级出于维护其统治的目的，逐以提倡和促使佛教的强劲发展，到南北朝时非常盛行。到了唐代，佛教仍很盛行，玄奘赴印取经，说明佛教又有了进一步的发展。

唐代著名高僧玄奘赴印取经，在文化交流方面起到了重要的作用。他的名著《大唐西域记》记述了中亚细亚、阿富汗、伊朗、巴基斯坦、印度、斯里兰卡、尼泊尔、孟加拉等国的各种情况，在地理环境、山川形势、物产气候、城邑关防、交通道路、种族人口、风土习俗、宗教信仰、衣食住行、政治文化等诸方面都有研究。玄奘求法取经，已远远超出了佛教传播的最初目的，《大唐西域记》也为研究我国新疆地区、中亚、南亚各国的历史提供了极为重要的资料依据，弥补了当时印度、中亚、南亚各国历史资料的缺乏，因而也受到世界各国学者的重视，并译有多国文字的版本。直至今日，在中西交通史、印度与中亚各国的历史及古代地理的研究方面，《大唐西域记》同样占有十分重要的地位。至于义净的《南海寄归内法传》《大唐西域求法高僧传》等著作，也有大体类同的重要作用。客观上，当时的佛教的传播，世人扩展了视野，增强了各国、各民族间的互相了解，加深了人们对社会的认识，促进了国际间的经济文化的交流。

在艺术方面，音乐和舞蹈非常重要，唐代乐舞非常盛行，其中外国乐舞占相当比重。如隋炀帝制九部乐、唐太宗制十部乐，其中都有外国乐。《秦王破阵乐》（即《秦王破阵舞》，又称七德舞），是当时最受欢迎、最负盛誉的乐舞。其后传入日本，风行一时。玄奘到达印度，戒日王根据《秦王破阵乐》向他了解唐太宗的情况，可见《秦王破阵乐》在印度也有一定影响。

中国的医学自成体系，从古代到唐朝，已积累了丰富的经验，也出现了一些经典。在唐代，中医又传布于日本与朝鲜。经过日本与朝鲜的补充和发展，实际上构成了东方的医学体系；而拜占庭、阿拉伯、波斯、天竺的医学，多有互相承袭的共同之处，尤其是阿拉伯医学，为今天欧洲医学的基础，水平较高，另成一医学体系，唐人称其为“胡医”。在唐朝，这两个医学体系是互相交流的。印度医学早在南北朝或隋时传入中国，拜占庭、阿拉伯的外科医术在唐时传入中国，拜占庭、印度眼科医术也传入中国；中国的切脉和一些重要医书也传到了中亚和西亚，影响了阿拉伯医学。这两个医学体系的互相影响，唐朝起了枢纽的作用。

总而言之，文化方面的交流，范围很广，内容很多。日本学者认为：“唐朝的文化，并不单是汉人的文化，而且夹杂着来自四面八方的外国文化，尤其是夹杂着印度系统和伊朗系统的文化，这是很显著的事实。因此，留唐的日本学生和求学僧人当然直接或间接地受到这些影响，特别是在奈良时代，印度、波斯、西域等人经过唐朝前来日本直接传播文化，这是其他时代少有的例子。”综上所述，中国在东西方文化的交流中，无疑起了桥梁作用，中国成为东西方经济文化交流的中心。